XIANGMU DAOSHIZHI YU
SHENGTAIXING PEIYANG TIXI JIAOXUE
GAIGE TANSUO

主编 郭剑鸣 / 副主编 杨丽霞

项目导师制与
生态型培养体系教学
改革探索

浙江工商大学出版社
ZHEJIANG GONGSHANG UNIVERSITY PRESS
·杭州·

图书在版编目（CIP）数据

项目导师制与生态型培养体系教学改革探索 / 郭剑鸣主编 . — 杭州 : 浙江工商大学出版社 , 2020.12
ISBN 978-7-5178-4228-6

Ⅰ . ①项 … Ⅱ . ①郭 … Ⅲ . ①高等学校 — 导师制 — 研究 — 中国②高等学校 — 人才培养 — 研究 — 中国 Ⅳ . ① G649.2

中国版本图书馆 CIP 数据核字（2020）第 264790 号

项目导师制与生态型培养体系教学改革探索

XIANGMU DAOSHIZHI YU SHENGTAIXING PEIYANG TIXI JIAOXUE GAIGE TANSUO

主编 郭剑鸣　副主编 杨丽霞

责任编辑 王黎明
封面设计 红羽文化
责任印制 包建辉
出版发行 浙江工商大学出版社
（杭州市教工路 198 号　邮政编码 310012）
（E-mail：zjgsupress@163.com）
（网址：http：//www.zjgsupress.com）
电话：0571-88904980，88831806（传真）
排　　版 杭州红羽文化创意有限公司
印　　刷 广东虎彩云印刷有限公司绍兴分公司
开　　本 787mm × 1092mm 1/16
印　　张 15.25
字　　数 299 千
版 印 次 2020 年 12 月第 1 版　2020 年 12 月第 1 次印刷
书　　号 ISBN 978-7-5178-4228-6
定　　价 58.00 元

前言

我国高等教育已进入普及化阶段，迈入提高质量新时代。“高质量发展和改革创新”成为高等教育发展的主脉络。“本科不牢，地动山摇”，本科教育的全面振兴成为新时代高等教育改革发展的核心任务。近年来，浙江财经大学公共管理学院坚持“本科教育是根、人才培养为本”的办学理念，以“双万计划”为契机，以一流专业建设为抓手，狠抓人才培养质量，推进专业内涵建设和教学质量提升。学院已形成了学科交叉好、专业支撑强、资源共享的专业学科体系，行政管理和工程管理两个专业分别入选国家级一流本科专业建设点和省级一流本科专业建设点。这几年通过学院广大教师的共同努力，在育人和教学实践中，取得了重要的研究成果。本书是公共管理学院教育教学改革方面的一部分成果，主要包括教学理念、教学改革、课程改革、实践教学等方面。论文集主要分为以下四个部分：

第一部分，教学理念篇，共收录12篇论文，主要内容包括教育理念与人才培养模式改革发展及其效果，其中，《项目导师制：一种创新性教育与研究型学习有机耦合的培养模式》一文通过分析大学教师学术之长与大学生专业之趣相互分离、缺乏联系，构建了“项目驱动、倒逼创新、可进可出、复合培养”的促进教师创新性教育与学生研究型学习耦合培养模式；《“新文科”理念下“技管双强”交叉复合型人才培养研究》一文分析“新文科”理念下土地资源管理专业面临的挑战，提出五种“新文科”理念驱动“技管双强”交叉复合型人才培养的模式；《凝聚与赋能：卓越公务人才生态型培养体系构建——以浙江财经大学公共管理学院行政管理专业为例》一文基于学生成长需求动机，通过培育全流程人才培养“生态链”，搭建四层培养平台，构建出“学生自主＋教师引领＋社会参与”的生态型公务人才培养体系。

第二部分，教学改革篇，共收录6篇论文。主要内容包括教学改革及其效果，其中，《基于STEM+教育理念的社会保障专业教学改革探究》一文在STEM+教育理念引导下，剖析传统单学科内容传授的教育方式，形成以社会保障领域真实问题为导向的教育改革路径；《基于学生主体的数字化城市管理考核方式改革若干思考》一文分析了学生在考核方式、考核内容和考核目标上存在一定的局限性和问题，提出应该建立大学生的监督鞭策和激励机制，改革大学生的考核方式，并结合实践基地，形成校内外教师双评价机制，探索多途径的考核方式。

第三部分，课程改革篇，共收录9篇。主要内容包括课程改革及其效果，其中，《计算机辅助规划与制图课程翻转课堂实践教学研究》一文介绍了网络课堂的平台建设方式和翻转课堂的教学应用实效;《土地经济学主题活动教学模式探索》一文基于财经类专业统计学课程的特点和学情分析，探索通过混合式教学来增强学生的自主学习和创新意识、提升学生参与的积极性，提出从教学管理、设置分层学习任务、加强协作交流和培养学习氛围四方面提升学生混合式学习参与度。

第四部分，实践教学篇，共收录5篇。主要内容包括实践教学改革及其效果，其中，《城市管理专业实践教育模式创新与思考》一文分析实践教育基地建设方面情况，提出以校政合作为抓手，全方位开展合作，夯实合作基础，创新实践教育模式；《基于校企合作的大学生实践创新能力培养模式探索》一文通过校企合作为基础，提出了大学生实践创新能力培养的七种模式，即“竞赛 + 企业”的团队合作模式、“校内 + 业界”的双导师制模式、“专业 + 职业”的合作办学模式、“学生 + 教师”的双向育人模式、“教育 + 就业”无缝对接模式、“理论 + 实践”的项目实习模式、“竞赛 + 平台”的人才孵化模式。

本书是全院教师多年来深入推进教育教学改革成果的智慧结晶，体现了公管学院教师在教学过程中敢于探索和实践的精神。感谢各位作者的辛勤写作。我们还要特别感谢浙江工商大学出版社对出版本书的大力支持。希望本书能给广大读者提供教学改革上的帮助和思考。如有不妥之处，敬请批评指正。

编　者

目录

教学理念篇

教学改革篇

课程改革篇

实践教学篇

教学理念篇

JIAOXUE LINIAN PIAN

项目导师制：一种创新性教育与研究型学习有机耦合的培养模式①

◎郭剑鸣② 颜建勇③ 贺武华④

摘 要：本科教育是高等教育的“基础教育”，是“双一流”建设、高等教育强国建设的根基所在。然而，长期以来大学教师教学与科研“两张皮”、大学生专业兴趣不浓和专业志向不坚定、师生关系松散疏离等问题已成为本科教育的“顽疾”，严重影响了本科人才培养质量。落下本科教育“顽疾”的根本原因在于，大学教师学术之长与大学生专业之趣相互分离、缺乏联系。构建了“项目驱动、倒逼创新、可进可出、复合培养”的促进教师创新性教育与学生研究型学习耦合的项目导师制培养模式，是经过探索实践证明的解决“顽疾”的良方。

关键词：项目导师制；创新性教育；研究型学习

一、问题的提出

大学是人才培养机构和学术组织，探究是渗透于大学基本职能的底色，就此而言，“科研和教学的结合是大学至高无上而不可替代的基本原则”[1]，“教师传授给学生的最宝贵的本领不是事实和原理，而是精神状态和思想方法”[2]，“学生在大学里面应该独立地思考，批判地学习，并且要学会对自己负责”[1]。因此，大学水平的教育教学应该建立在教师创新性教育与学生研究型学习相耦合的基础上。但是实践中，大学教师教学与科研“两张皮”、大学生专业兴趣不浓和

①基金项目：浙江省“十三五”教育改革研究项目“基于项目导师制的卓越公务人才培养模式研究”（JG2019284）；教育部2020年人文社科规划项目“大学教师教学学术能力发展逻辑及机制构建研究”(20YJA88067)。

②郭剑鸣，浙江财经大学公共管理学院院长，教授，博士生导师，研究方向为政府监管与公共政策。
③颜建勇，浙江财经大学发展规划处处长，研究员，硕士生导师，研究方向为高等教育理论与管理实践。
④贺武华，浙江财经大学马克思主义学院院长，教授，博士，研究方向为高等教育。

专业志向不坚定、师生关系松散疏离等问题已成为本科教育的“顽疾”。本科教育是高等教育的“基础教育”，如不加快破解“顽疾”，则势必对“双一流”建设、高等教育强国建设等形成阻滞效应。如何破解“顽疾”则需要国家、社会、院校乃至教师个人进行多层面、多维度、多形式的改革探索。近年来，浙江财经大学公共管理学院实施的“项目导师制——创新性教育与研究型学习耦合培养模式”就是一个针对如何破解“顽疾”的富有成效的探索与实践。本文拟对此进行解析、介绍，并希望能为新时代本科教育教学改革起到抛砖引玉之效。

二、相关概念厘定

“真正的思想和科学的洞见，只有通过概念所做的劳动才能获得。”[3]在探讨解析“项目导师制——创新性教育与研究型学习耦合培养模式”之前，有必要厘清相关关键词的基本概念，以便能够更清楚地展示行动全景。

项目导师制是一种建立在以教师教学科研创新项目为载体的师生指导关系之上的育人模式，即教师根据自己的学术专业特长形成师生指导关系的项目库，面向学生开放，师生基于项目进行双向选择，确定指导关系后共同探索学习，从而促进教师之长与学生之趣相结合的育人模式。

教师创新性教育是指教师践行科研和教学相结合的理念，将学术之功转化为教学之长，以教学之长激发学生之趣的育人方式。创新性教育不同于传统灌输式教育。传统灌输式教育主要采用教师讲、学生听的方式传授确定性事实知识或者已有研究成果，与教师自身的学术研究活动缺乏联系；创新性教育则建立在教师的学术研究功底之上，将教师的学术研究方法、成果迁移运用到教学情境之中，创新性教育尊重教师主导地位、强调师生互动、注重对学生的启迪与指引。

学生研究型学习是指学生在教师指导下以类似或模拟科学研究的方法所进行的学习。研究型学习不同于接受型学习。接受型学习是指“学习内容或多或少以定论的形式呈现给学习者，学习者主要通过阅读、听讲、思考、练习等方法接受人类的已有知识”[4]。研究型学习的特点是鼓励学生质疑、批判、重构，实质就是用探求“未知”的方法来获得新知、形成能力、提高素养。研究型学习尊重学生主体地位，强调师生和生生互动，能够激发学生的专业兴趣，进而利于其确立专业志向。

三、教育理论基础

一部大学发展史就是一部大学教育发展史。千百年来，如何培养人才始终是高等教育思想家以及大学教师们探讨的热点话题。作为一种人才培养思路，教师创新性教育与学生研究型学习相结合的人才培养模式在历史上、在当代均能找到相应的高等教育思想源流。这些思想源流为我们开展“项目导师制——创新性教育与研究型学习耦合培养模式”探索与实践提供了深厚的理论基础。

（一）科研—教学—学习连接体理论

这一理论源自著名的19世纪初德国大学改革，伟大的高等教育思想家威廉·冯·洪堡（Wilhelm von Humboldt,1767—1835）在创建柏林大学时“把科研、教学和学习统一的思想建立成一个永久的原则。这种学术思想在德国和其他地方后来的实践中以不同的形式表达，建立了把知识的生产和传播联系起来的原则”[5]。后来，当代杰出的高等教育学者伯顿·R.克拉克（Burton R.Clark,1921—2009）对此做了更进一步的解释：“以科研作为首要的成分，教授的作用在于把科研和教学结合起来——科研活动十分恰当地成为一种教学模式。学生的作用就是把科研和学习结合起来——科研活动转变为一种学习的模式。因此，科研使教授和学生定向，把教学和学习合拢起来成为促进知识的一个无缝的承诺之网，铸成了一个紧密的科研—教学—学习连接体。”[5]在这个结合体中，科研创新活动成为连接“教师的教”与“学生的学”二者的关键纽带，突出了教师科研创新成果的育人性和学生学习的研究性。

（二）“5E”教学模式

20世纪60年代，美国的罗伯特·卡普拉斯（Robert Karplus）及其同事在科学课程改革项目研究中提出了“学习环”模式。“学习环”最初由探索、创造、发现三个阶段组成，后发展成为“5E”教学模式，即教学过程由“吸引（engagement）→探索（exploration）→解释（explanation）→迁移（elaboration）→评价（evaluation）”五个紧密相连的阶段组成[6]。简单而言就是，教师通过设计一定的问题、情境或事件，造成学生原有认知上的失衡，即过去的经验、知识不能解释眼前发生的现象，从而将学生吸引到思考问题的产生原因及解决途径等学习探索任务上来，鼓励学生用自己的语言解释探究过程并形成概念和定义，供同学们相互交流、批判、质疑，从而形成新的定义、定理并迁移运用到新的相似情景中，最后对这一探究学习过程进行效果评价，包括评价学生的理解力、教师的教学能力和教学目标达成度。“5E”教学模式实质上是一种基于认知建构和概念转变的教学理论，教师的创新性教育和学生的研究型学习实现了比较有效的结合，比传统的教学模式更有利于提高学生学业挑战度，激发学生学习兴趣，提升学生学业成就。

（三）项目教学法

项目教学法（project-based learning, PBL）又称项目导向性教学法，是指在人才培养过程中发挥教师的主导作用、学生的主体作用，师生共同努力完成一项完整的“项目”工作过程所采用的教学方法[8]。具体而言，就是教师围绕教学目标以项目的形式营造一个与工作情境相似的学习环境，指导学生制订、实施学习任务计划，鼓励学生对学习成果进行展示、交流、评价和改进的教学过程。作为一种新型教学模式，项目教学法不同于传统课堂教学，它传授的知识可以跨越专业乃至学科边界，它注重基于教师有效指导的学生自主学习，它强调对学生独立解决问题、协作交流以及批判反思等能力的培养，它成功的底线在于有严格合理的考核机制[8]。项目教学法是在教育范式转型、知识生产模式转型的背景下实现教师创新性教育与学生研究型学习相耦合的有效方法。项目教学法虽然多见于工程教育之中，但是它作为一种有普适性的教学方法，也同样可以迁移运用于其他学科的教育教学。

四、实施路径设计

以上教育理论充分说明，大学水平的教学应该是基于探究的学术型教学，应该突出教师科研活动的育人性、激发学生专业兴趣与志向，其关键在于是否能够找到教师学术之长与学生专业之趣相结合的有效途径，使师生在人才培养的理念、目标、动力、方式、评价等关键要素上达成共识、形成共振。这正是解决本科教育“顽疾”的良方。我们基于上述认识，结合浙江财经大学公共管理学院实施本科生综合导师制过程中暴露出来的问题，于 2012 年提出了项目导师制的人才培养理念，在组织专业教师深入研讨、广泛听取本科学生意见的基础上，设计并实施了项目导师制——创新性教育与研究型学习耦合培养模式。

（一）主要解决的问题

本模式重点解决长期阻碍本科教育水平提升的三个关键问题：一是教师的创新性教育与学生的研究型学习动力严重不足。由于综合导师与学生之间的指导关系缺乏明确的绩效考核和退出机制，出现了导师与学生之间“一选定终生”现象，导师不给学生真传，学生不向导师真学。二是教师的创新性教育与学生的研究型学习没有耦合载体。师生间的指导关系缺乏以导师之长和学生之趣相结合的项目共识为“价值—知识—能力”的传授纽带和抓手，师生双向选择比较随意和盲目，专业教师的科学研究、教育管理等项目成果难以转化为本科教育质量提升成果，而学生研究型学习的志趣也因为没有稳定的项目为依托，常常朝兴夕废。三是教师的创新性教育与学生的研究型学习耦合缺乏有效的促进机制。师生的教学互动没有持续的监督、科学的评价和较真的考核机制，综合导师指导内容过于笼统，指导目标过于模糊，指导形式比较单一，指导频率偏低；同时，学生与导师之间缺乏共识的项目连接，学生的学业方向与导师的专业特长渐行渐远，学生难以得到教师的精准指导。

（二）模式设计

本模式创造性地在本科教育中嵌入"项目引导式"培养理念，探索了基于"项目"的综合导师制，通过将具体学业项目、科研项目、竞赛项目、实践项目、创业项目等作为载体和抓手，构建了"项目驱动、倒逼创新、可进可出、复合培养"的促进教师创新性教育与学生研究型学习耦合的项目导师制（见图 1）。具体实施路径设计如下。

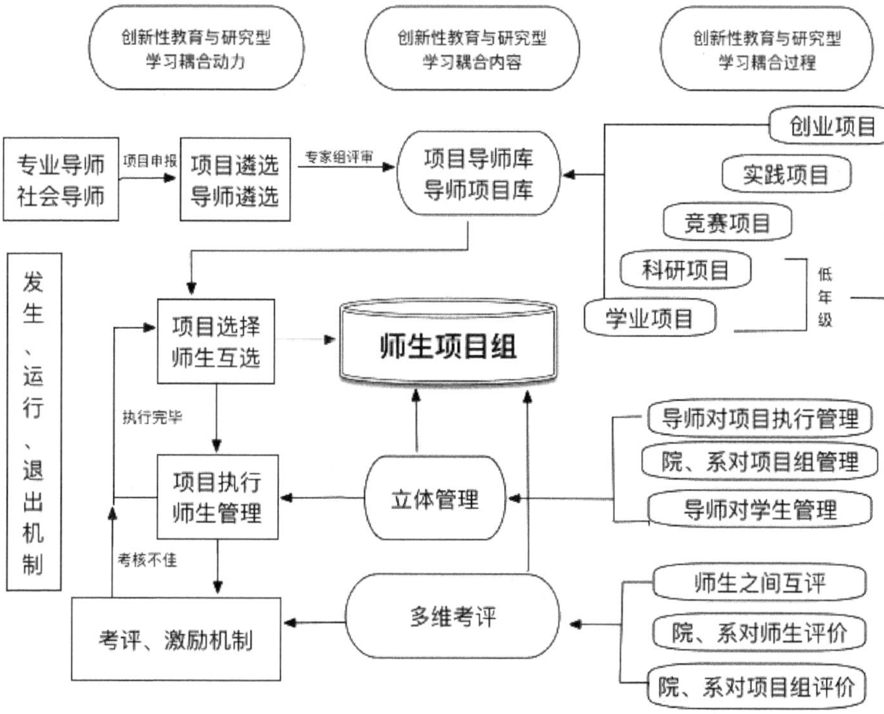

图 1　教师创新性教育与学生研究型学习耦合的项目导师制

1. 通过项目驱动，明确师生指导关系的载体，创建教师创新性教育和学生研究型学习的发生机制

（1）围绕促进教师创新性教育与学生研究型学习的需要，设立教与学耦合项目孵化基金，分别支持师生基于各自研究特长和兴趣申报各级各类教学项目、科研项目、竞赛项目、实践项目，形成师生指导关系的项目库。

（2）对项目进行分类，学生根据兴趣、志向选择项目和导师，教师根据学生的爱好与特长等选定学生，以项目为基础，确定指导关系，创建教师创新性教育与学生研究型学习相耦合的载体。

2. 通过动态调整，增加教师创新性教育与学生研究型学习的压力，形成教师创新性教育与学生研究型学习耦合的倒逼机制

（1）导师以项目为驱动，学生以项目为基础，可以在不同的学习阶段参与不同导师的项目。

（2）师生之间基于项目执行过程中的指导情况和项目的完成情况，定期调

整指导关系，重新确定项目和导师。

（3）同一项目有多名导师合作，学生可以选择项目中的任何一名导师，还可以参与多个教师的多个项目。通过动态调整，实现师生指导关系从固定的“一师多生”向灵活的“一生多师”和“多师多生”转变，增加学生得到复合培养的机会，增强教师创新性教育与学生研究型学习的耦合度。

3. 通过立体管理，明确师生之间在项目导师制下的权利和义务，构建教师创新性教育与学生研究型学习相耦合的行动机制

（1）设置项目导师制的管理机构，制定包括运行办法、职责划分、权利义务、奖惩考核等的相应规章制度，规定项目指导关系中师生的工作内容、过程和考核细则。

（2）建立项目导师库、项目组，根据项目管理要求与人才培养目标的要求，制订项目进度计划，确定关键节点。

（3）学院、系对项目导师制进行领导与组织、规划与协调，学院、系和项目组对项目实施、验收、评估等进行管理。

4. 通过多维评价，完善教师创新性教育与学生研究型学习相耦合的激励机制。以项目完成的质量为核心

（1）在学生方面，采用平时考核与最终考核相结合、自我考核与导师考核相结合的方式，对项目工作进行全面总结。

（2）在导师方面，采用过程考核与结果考核相结合、学生评价与院系评价相结合、项目绩效考核与学生培养考核相结合的方式，对指导工作进行全面评价。

（3）对考核优秀的学生在评优、评奖、就业推荐等方面给予不同程度的激励，对优秀导师在工作量、年终绩效、推优评奖、职称晋升和指导学生名额等方面给予鼓励。

五、模式实验的成效及创新

（一）模式实验及其成效

基于上述理论和模式设计的引领，我们共设立教师和学生合作项目基金 300 万元，分 5 年开展培养模式的实验，共组建各类项目组 600 多个，其中，学生申报各类项目近 300 项，教师申报各类项目 300 多项，参与新培养模式实验的学生 1200 余人，教师 65 人。学生项目由主持的学生自主聘请导师指导，教师项目由教师招收学生参加，采取动态管理、师生相互淘汰解聘机制。实验成效明显。

1. 项目倒逼责任，教师创新性教育与学生研究型学习的动力明显提高

学生研究型学习兴趣极大加强，参与到项目导师组的学生考研比例由原来的

8% 增长到 50%，有些班级甚至达到 80%。各类创新实践项目精彩纷呈，在项目兴趣和教师引导下，学生积极参加各类学科赛事、实践项目和社会服务，生均参与项目数 3.8 项 / 学期，有效地将学生从盲目学习、游戏生活中抽离了出来。有的创新创业成果得到了省委、省纪委主要领导的肯定批示和赞扬，有本科生暑期实践团队荣获全国优秀实践团队。实验成果得到中国教育报、新华网、光明网等多家媒体的专门报道。

2. 项目驱动教与学，创新性教育与研究型学习的“双创”效果充分彰显

因为项目的驱动，教师的创新性教育与学生的研究型学习相互耦合，相得益彰，“双创”效果逐渐显现。

（1）大大提升了参与实验的学生学习成果质量。学生在各类学科竞赛、科技竞赛及创新创业竞赛中荣获省部级以上奖项及项目 140 多项，其中，“挑战杯”“国创计划”等国家级竞赛和项目 45 项，专利发明项目 10 多项；学生发表论文近 30 篇，考入北大、人大，以及英国伦敦大学学院、曼彻斯特大学等国内外名校研究生的数量逐年上升，升学率达到 38%，在省内同类专业中名列前茅。

（2）有力促进了参与项目导师制培养模式实验教师的教学与科研水平稳步提升。在教学方面，1 人获评为省优秀教师，获得学校教学成果奖 2 项，有 4 人次获得学校各类课堂教学奖，有 10 人次获得省、校教学改革课题立项；在科研方面，学院近年有超过 100 项的各级各类科研课题立项，发表各类科研成果论文近 200 篇，获省科研成果奖 6 项，获得各类科研经费近 2000 万元，获各级领导批示近 30 项。有 5 名教师成长为省级人才。实验组教师与非实验组教师的教学、科研产出比为 1.8 ∶ 1。

3. 项目推动发展，学院人才培养水平和社会美誉度大大提升。

项目驱动了创新性教育与研究型学习耦合，也推进了学科和专业的转型升级。

（1）通过引入项目导师制培养模式，学生在各类项目引导的研究型学习中得到了研究、社会实践、调查等多种能力的锻炼，学生反馈的满意度从以往的学校后几名逆袭为前几名。

（2）专业排名持续上升，其中行政管理专业从转专业的大军中转型成为全省行政管理类专业中唯一的“十二五”“十三五”优势特色专业，还被评为省内唯一的国家“双万”计划一流专业。

（二）模式的新意

1. 找到了落实“以本为本”的抓手——教师创新性教育与学生研究型学习耦合培养模式

以各类项目为基础，教师根据自身的学术特长与专长设定项目，学生根据自己的兴趣与发展方向选择项目和导师，确立基于项目合作的师生指导关系。一

方面，促使教师开展创新性教育，不断通过知识和技能的创新及应用获得项目，取得指导学生资格，提升指导学生的动力与能力；另一方面，促使学生在参与项目的过程中开展研究型学习，明确学业发展方向，充实学业内容，提升学业水平。

2. 探索了落实教师创新性教育与学生研究型学习耦合培养模式的机制——师生指导关系的动态调整机制

师生指导关系的动态调整改变了原有的缺乏活力和压力的固定式师生指导关系，基于项目的资格审查、完成进度、参与主动性和成果水平，师生可以相互“淘汰”，定期调整指导关系，促使师生重新认识综合导师制，提升师生交往、生生交往的积极性，增强师生构筑“荣辱与共”的基于项目的教学共同体的动力，充分发挥导师的主导作用与学生的主体性作用，使教师创新性教育与学生研究型学习相耦合更有动力。

3. 构建了本科综合导师制的 2.0 版——基于项目的综合导师立体管理体系和多维评价体系

一是综合指导关系内容实化，明确师生以各类项目推进为依托，教师指导活动内容和学生学习内容耦合，在项目导师制下各自的权利和义务清单化，有效改变了以往综合导师制缺乏抓手、内容空虚、过程虚化问题；二是综合指导关系过程实化，在导师资格、项目库确立、师生双向选择、动态调整和激励评价各个指导环节都建立了管理监督机制，形成师生相互监督、导师组监督、院系监督三级核查管理体系，使师生指导关系的过程不流于形式；三是综合指导关系评价实化，通过对指导资格—指导过程—指导成果逐层标准化管理，形成“三结合”+项目组多维评价体系，强化对师生双方的激励与约束。根据评价结果动真格地限制导师资格、减少导师指导学生名额，同时延长学生学制、推迟学生答辩时间，使教师创新性教育与学生研究型学习相耦合有明确的努力方向。

“大学的一个重要使命，是利用人类智慧所发明的最经济、最直接和最有效的方法，把普通人培养成为最优秀的专业人员。”[9] 从实践情况看，“项目导师制——创新性教育与研究型学习耦合培养模式”确实是一种比较经济、直接和有效的育人方法，至于如何使之成为“最经济、最直接和最有效的方法”，仍在不断探索和改革中。

参考文献

[1] 卡尔·雅斯贝尔斯．大学之理念[M]．邱立波，译．上海：上海人民出版社，2007:73.

[2] 阿什比．科技发达时代的大学教育[M]．滕大春，滕大生，译．北京：人民教育出版社，1983:43.

[3] 乔治·A. 比彻姆 . 课程理论 [M]. 黄明皖，译 . 北京：人民教育出版社 ,1989:29.

[4] 魏所康 . 培养模式论：学生创新精神培养与人才培养模式改革 [M]. 南京：东南大学出版社，2004:12.

[5] 伯顿·克拉克 . 探究的场所：现代大学的科研和研究生教育 [M]. 王承绪，译 . 杭州：浙江教育出版社 ,2001:1.

[6] BSCS.The BSCS 5E instructional model:origins and effectiveness[M]. Dubuque,IA:Kendall/Hunt Publishing Company,2006.

[7] 张旸，于海燕 . 转型期新建本科院校人才培养模式变革探析 [J]. 高等教育研究 ,2016(9):60-66.

[8] 刘和，符波，刘宏波，等 . 德国大学工程教育项目教学法及其启示 [J]. 中国大学教学，2019(9):92-96.

[9] 奥尔特加·加塞特 . 大学的使命 [M]. 徐小洲，陈军，译 . 杭州：浙江教育出版社 ,2001:10.

"新文科"理念下"技管双强"交叉复合型人才培养研究——以土地资源管理专业为例

◎祝锦霞[①] 潘艺[②] 邱乐丰[③] 薛继兵[④]

摘　要：在地理学和公共管理学双重学科的支撑下，"技术型管理"将是"新文科"理念下土地资源管理专业有别于其他公共管理学专业的重要属性。探索与完善"新文科"理念下土地资源管理专业"技管双强"的交叉复合型人才培养模式，对提高土地资源管理专业人才培养的质量有着十分重要的意义。本文通过分析"新文科"理念下土地资源管理专业面临的挑战，提出了五种"新文科"理念驱动"技管双强"交叉复合型人才培养的模式，即课程体系优化设置模式、跨学科协同育人模式、文献阅读+实训模式、校企合作赋能模式、科研反哺教学模式，为"新文科"理念下探索符合国家未来发展需求的人才培养之路提供有力保障。

关键词：土地资源管理专业；"新文科"理念；"技管双强"；交叉复合型人才培养

一、引言

"新文科"建设是对建设高等教育强国的一种积极探索，需要立足新时代，回应新需求。"新文科"这一国家工程的启动，对未来的中国大学文科专业、中国教育乃至中国社会都将产生巨大的影响。未来的创新型人才不应只具备单一的理科知识或文科知识，而是需要融会贯通，更大程度地激发自主创新潜能。"新文科"具备开放性和文理兼通的特点，将自身文科的发展放到世界文科发

①祝锦霞，浙江财经大学土地与城乡发展研究院副研究员，博士，研究方向为遥感/GIS、城市与区域发展。
②潘艺，浙江财经大学土地与城乡发展研究院讲师，博士，研究方向为土地管理、城市与区域发展。
③邱乐丰，浙江财经大学土地与城乡发展研究院副研究员，博士，研究方向为遥感/GIS、乡村可持续发展。
④薛继兵，浙江财经大学公共管理学院副教授，博士，研究方向为土地可持续发展。

展的视野里对照比较，取长补短，交流共进。

土地资源管理专业是土地科学学科人才培养的具体化，旨在培养符合社会需求的应用型人才及从事学科研究的研究型人才。土地科学作为一门综合性学科，兼具自然科学、社会科学和工程科学的属性。基于土地的自然和社会经济双重属性，在新型城镇化过程中，土地资源管理专业的人才培养要求学生同时掌握管理类学科的理论知识和工程类学科的技术能力。打造一批既能从事管理亦能从事技术业务的高级应用型人才是新时代土地资源管理专业人才培养的新目标。在社会经济发展的新形势和国家机构改革、“新文科”建设背景下，土地资源管理面临快速发展的机遇期，人才培养面临挑战。

二、“新文科”理念下土地资源管理专业面临的挑战

“新文科”建设强调学科建设的交叉融合性、开放包容性和技术人文性[1]。以现有传统文科为基础，求同存异、协同发展。通过专业课程的重组形成文理交叉融合的优势，为学生提供综合性的跨学科学习，实现知识拓展和创新思维培养[2]。“新文科”的“新”重点体现在新技术和新需求。一方面，互联网、大数据、人工智能、虚拟技术等前沿技术不断融入各个学科，改变了土地资源管理专业的学术研究与人才培养方式。“新文科”理念下土地资源管理专业的发展需要新技术的支撑。另一方面，新时代背景下，社会发展新需求促使土地资源管理专业在人才培养、社会服务中必须以服务国家战略和区域经济社会发展为目标，追踪学科前沿，不断提升自主创新、咨政建言、服务社会的能力[3]。

浙江财经大学公共管理学科为浙江省一流一级学科，是学校重点建设的四个高水平优势学科之一，是服务国家特殊需求博士项目的重要支撑学科。然而，在取得良好成绩的同时，学校公共管理学科的理论体系、思维方式乃至研究方法等仍然禁锢于传统的文科教育模式。在当前全球经济、社会、信息趋于一体化发展的背景下，各行各业对人才的要求不再局限于理论知识的掌握，而是更加追求交叉复合型人才。因此，在“新文科”理念引领下，土地资源管理专业的人才培养模式改革势在必行。未来，我们需要培养掌握现代管理学、经济学、自然资源学和工程学等基本理论，同时具备土地信息获取与处理、国土空间规划、房地产开发经营与管理、地理信息技术等专业技能，具有国际视野、跨学科思维和创新能力，能胜任技术服务、科学研究、管理与应用的“技管双强”交叉复合型人才。

三、“新文科”理念驱动“技管双强”交叉复合型人才培养模式

当前，土地资源管理专业的人才需求呈现出显著的多学科交叉特性，对高校

土地资源管理专业人才的培养提出了更高的要求。单一的专业培养和课程设置难以形成完整的知识框架和提供充足的教学供给能力，亟须将“实践导向”和“创新思维”加载到现有的人才培养过程中，在学科设置的稳定性与实践需求的动态性之间寻找一个恰当的结合点。在“新文科”理念驱动下，“技管双强”交叉复合型人才培养是创新土地资源管理专业人才培养的有效途径。本文将从以下五个方面给予具体建议。

（一）课程体系优化设置模式

在当前高校实施素质教育或通识教育的基础上，通过优化课程设置体系，增强学生跨学科思维和解决综合复杂问题的能力，提高土地资源管理专业学生的实践技能水平。以地理信息系统课程（GIS）为例。GIS 侧重于宏观地理环境的研究，以直观的地理图形方式对空间地理信息数据进行采集、储存、管理和分析等，支持空间查询及空间分析功能。作为土地资源管理专业的学生，GIS 软件应用课程是实现非 GIS 专业培养 GIS 应用人才的重要载体。土地资源管理专业对于 GIS 的应用着重于制图、空间统计和空间分析等功能。学生的“学”和教师的“教”都有着不同于传统 GIS 专业相关课程的特点，需要从基础开始，逐步加深学生对技术与管理融合、理论与实践结合的理解，调动学生学习的积极性，有效保障土地资源管理专业 GIS 软件应用课程的教学质量。

（二）跨学科协同育人模式

学科交叉既在学科之内，也在学科之外[4]。交叉学科已成为知识生产过程的一部分，而不是单一学科的外围事件。“新文科”驱动下土地资源管理专业建设需要建立跨学科人才培养方案的联合制订机制、人才培养方案动态调整与持续改进机制、联合评定学生成绩的学业评价机制，需要根据社会发展需求更新、调整课程体系，将两门课程整合成一门新课程：由原来的两门课程主讲教师共同授课，联合评定学业成绩；课程设计内容包含设计报告和测试答辩两部分，两个环节的成绩评定由不同的教师独立负责，总成绩按 3 ∶ 7 的比例综合给定[5]。建立主辅修专业结合的本科生双导师制，注意师生资源配比，切实落实双导师制度；建立双专业毕业设计内容融合机制，重点关注毕业设计内容，学生只做一项毕业设计，但其内容涵盖两个专业的核心知识与技能；优化本科生毕业考核机制，毕业论文答辩考核小组由指导教师（两个专业教师各占一半）、工程师、相关企事业单位专家等成员组成，评价成绩按照 2 ∶ 3 ∶ 5 的比例评定[6]。同时建立“学校教育—行业教育—社会教育”的协同育人路径与机制，建立校企、校地、校校、国际合作的协同育人机制。建立“教学管一体化”协同管理育人的路径与机制，加强专业教师队伍、学生工作团队和实践能力培养管理团队“三支队伍”建设。

（三）文献阅读 + 实训模式

现有的土地资源管理专业课程体系滞后，课程安排照搬照抄现象突出。“新文科”理念驱动下土地资源管理专业的建设需要结合中国发展的实际，以服务社会为目标，构建具有学校特色、前瞻性和战略格局的“共同核心课程”，淘汰“旧课”“水课”，增强课程改革建设的实际应用性和灵活性；借力数字技术和先进网络平台，推动校际图书资源、精品课程及数据库资源线上共享，扩展国内外相关领域的文献资料，通过教师引导，激发学生提炼、讲解文献资料中有价值的案例，培养学生自我阅读能力；引入实训课程体系，将班级学生按合适比例进行分组，设置不同的教学场景和实训内容，模拟实际规划项目和工程项目，增强学生校园学习与社会工作的衔接程度。

（四）校企合作赋能模式

“新文科”驱动下，校企合作实践教育人才培养模式是高校坚持“以本为本”，培养高质量人才的有效路径。校企合作联合培养，注重培养学生的实际动手能力，鼓励学生进入企业实习，使学生的发展、教师的发展、学校的发展、用人单位的发展进入良性循环，四方互惠互利，合作共赢。高校借助企业具备的前沿技术优势，实现土地—城市—社会—人类交互系统的可视化和动态化追踪，提升学生对理论知识的理解和转化。仿真模拟教学又能促进学生掌握数据驱动、模拟感知、系统监测、预演未来等能力，突破传统文科专业人才的局限性，引领土地资源管理人才培养的升级。

（五）科研反哺教学模式

土地资源管理专业的教师历来注重科学研究，具有丰富的基础理论和应用研究的经验。科学研究是教师创造知识的源泉，也是课堂教学重要的素材来源。“新文科”理念驱动下，土地资源管理专业建设需要探索建立科研反哺教学的机制，制定相关政策措施，激励教师以科研促教学，形成教学科研相得益彰的格局。专业教师应具备高水平科研能力，将最新的研究成果及时引进课堂教学，追踪前沿，理论联系实际，保证人才培养体系的前沿性与实践性。完善人才培养、科学研究、社会服务相互融合的机制，提高土地资源管理专业育人的质量与效率。

四、结论与展望

本文以“新文科”理念为视角，通过分析土地资源管理专业人才培养面临的挑战，主张创新人才培养模式，注重学科交融，提出构建“技管双强”交叉复合型人才培养模式。“新文科”理念驱动下土地资源管理专业发展需要发挥自身优势和专业特色，从优化课程体系设置、跨学科协同育人、文献阅读与实训相结合、校企合作、科研反哺教学五个方面探索与完善土地资源管理专业“技管双强”的交叉复合型人才培养模式。本文的研究和讨论为“技管双强”交叉复合型人才培养提供了理论支撑，在一定意义上拓展了以往关于人才培养模式的研究内容，也为指导土地资源管理专业交叉复合型人才培养提供了支持，对于应对日趋激烈的国内外挑战和国家治理现代化人才培养具有重要意义。

参考文献

[1]樊丽明．对“新文科”之“新”的几点理解[J]．中国高教研究，2019(10):10．

[2]刘艳红．新文科建设背景下的高校图书馆服务研究[J]．图书与情报，2019(4):115-118．

[3]张胜，王斯敏，胡海男．新文科“新”在哪儿？并非“科技＋人文”那么简单[N]．光明日报，2019-07-23(8)．

[4]朱丽·汤普森·克莱恩．跨越边界知识、学科、学科互涉[M]．姜智芹，译．南京：南京大学出版社，2005:71．

[5]王元卓，隋京言．新工科背景下的大数据专业建设与人才培养[J]．中国大学教学，2018(12)：35-42．

[6]祁鑫．以校企合作为契机探索大数据人才培养新模式[J]．教育现代化，2017(43):6-8．

“网络化运作、组团式服务”：全面构建本科生考研支持体系[①]

◎冯涛[②] 潘迎春[③]

摘　要：提高本科生读研比例是推动高校专业建设的重要途径。多数本科生考研意愿强烈，但仍存在一定的认知偏差，专业系所力量应介入干预。本书提出构建以“网络化运作、组团式服务”为主要内容的考研服务支持体系，发挥学生、专业系所、校友等主体作用。实践证明，该体系效果较好，但也有亟待改进之处。

关键词：考研支持体系；网络化运作；组团式服务

近年来，本科在读生及毕业生数量急剧增长，我国大学本科教育大大普及，国民整体学历水平和科学文化素质显著提高。如果说，前一阶段本科院校扩招旨在提升国民学历水平，那么，如何提高国民综合素质与专业素养则成为当前国家经济社会发展的重大议题。特别是在广泛开展供给侧结构性改革的今天，如何推动高校专业人才培养的供给侧结构性改革是一个值得思考的问题。当然，对于国家、高校来说，提高专业人才素质的方法和途径很多，但对于在读本科生而言，获得读研机会，通过深造来提高自身专业素质是具有可行性的方式之一。

对于当今大学本科生来说，考研、读研并不陌生，而且经过高考，多数学生都有一定的备考复习能力。但是，在高中阶段，各科教师、班主任等在课程学习、备考及应考中发挥着主导作用。不同于高中时期，大学生理应在考研备考及应考全过程中扮演关键角色，为自身长远发展承担起主要责任。然而，多数大学生却难以较好地应对考研备考，部分学生还存在着认知偏差和学习困境。专业、

①基金项目：浙江财经大学2020年度研究生教育创新研究项目一般课题“基于社会治理参与能力培养的公共管理研究生专业教育‘课程思政’优化路径研究”（1L039020005）。

②冯涛，浙江财经大学公共管理学院副教授，博士，研究方向为地方政府治理。
③潘迎春，浙江财经大学公共管理学院副教授，博士，研究方向为公共政策。

系所等力量需要积极介入，力争纠正各类偏差，助推学生达成考研目标。

一、本科生考研备考中可能存在的认知偏差

（一）考研意愿与实际行动间的偏差

在学校、家长的影响下，特别是在已考取研究生的学长影响下，多数本科生都存有考研的意愿。仅以浙江财经大学公共管理学院行政管理系大三学生的摸底数据为例，着手准备考研的学生超过60%，另有部分学生准备出国。但是，考研是一个漫长的过程，一般学生至少要经历整整一年的“冷板凳”学习。经历了高中三年的高压式学习，学生进入大学后极易出现“反弹”，较为彻底地放松。经过两年松懈期，又要进入“冷板凳”状态并非易事。另外，大四上半学年既是冲击考研的阶段，也是就业的重要阶段。由于其他学生忙于实习或达成就业目标，可能会大大动摇考研者的决心，甚至造成不少学生放弃“冷板凳”，或者被动地应对考研，最终，其实际行动与考研意愿相悖而行。

（二）目标院校、专业选择上产生的偏差

研究生入学考试先由学生自主确定目标院校及专业，然后再参加全国统一的英语、政治考试，以及由目标院校自主命题的专业课考试。另外，从各科考分构成来看，专业课比重占60%。学校、专业选取合适与否直接关系到考生考试成绩及录取结果。就多数学生的经历来看，高考后，他们大多在家长、高中学校的影响下完成填报志愿工作。不同于高考后填报志愿，在研究生考试的目标院校及专业选择过程中，学生自身的主体作用更为显著。多数学生会参考往年考试及录取情况，选择与本科就读的相同或相关度较高的专业。但是，事实上，学生对外校，甚至本校目标专业的特点、要求，以及研究生考试竞争程度等方面存在着“信息不对称”问题，由此导致在目标院校、专业选择上发生偏差。

（三）个性化需求与学校统一要求的偏差

大学相对自由的学习生活环境使大学生个性化特征更加显著，多数学生形成了适合自己的学习习惯，并愿意选取适合自己的客观环境和主观方法来开展考试复习。但是，正如前文所述，多数大学生心智仍处于成熟与不成熟的中间状态，在考研复习备考中，集中表现为自律能力差。针对这一问题，学校、学院及各专业系所都希望通过“统一化”管理来帮助学生达成自律目标。比如，浙江财经大学采用了考研教室，并配以点名登记等制度规定。但是，实地调研发现，考研学生中存在“个性化”需求与“统一化”管理之间的矛盾，这甚至成为影响学生考研复习效果的重要因素。

（四）专业学习与应对考试的偏差

高中学习“应试”色彩浓厚，几乎全部教学行为都听令于高考这一“指挥

棒”。经过高中的学习，学生的学习思维及行为习惯难免带有“被动”“功利”的特点。部分学生进入大学后难以摆脱这种固有思维习惯，专业学习常常以“是否有立竿见影的用处”“是否有助于将来的考试”为参照。无疑，本科生培养的专业设置完全不同于校外培训机构。可以说，本科生培养方案是一个注重深厚专业积累的有机体系，而每一门教学课程、每一个教学环节都将构成这一体系中不可或缺的一环。特别是低年级学生，如果仅以“是否有助于将来的考试”来衡量专业课学习，那么势必会削弱学生的专业基础。此外，现在多数高校在研究生招生过程中都比较重视学生的综合专业素养。因此，专业学习与应付考试的偏差往往成为学生考研复习及录取的瓶颈。

二、本科生考研支持体系的构建

要解决上述问题，学校、学院力量固然要积极介入，并进行有效干预，但是，目前大学生“个性化”特征显著，而专业系所在掌握学生动态信息工作中处于相对优势地位。下面将结合实际工作，立足专业系所，探索学生考研支持体系的构建途径。

（一）构建本科生考研支持体系的若干原则

激发学生主体性作用，专业系所更好地扮演引导者角色。考研支持体系旨在通过为学生提供个性化服务和专业化引导，激发学生学习兴趣，提高学生学习主动性，而非简单地管控学生，甚或替代学生在研究生入学考试复习备考中的主体性作用。专业系所及其教师仅仅起到辅助功能和服务作用。

戒骄戒躁，夯实专业基础。尽管备考冲刺阶段重在讲究应试技巧，但是，日常专业教育应重在夯实基础，积极发挥身边学生的榜样作用，彰显其胸怀大志、寒窗苦读的精神，彻底摒弃“以考试成功论英雄”的功利主义心态，引导学生多读书，鼓励学生读好书，做到戒骄戒躁，做实、做厚专业基础。

奉献与激励并存。就现有高校教师考核及职称晋升要求而言，为学生考研服务乃是一种奉献行为。凡奉献行为都有可能面临可持续性问题。为了确保教师参与考研服务的持久性，学校、学院及专业系所应建立配套的激励机制，以津贴、奖励、评优及职称晋升加分等措施，激励更多专业教师投入到此项工作中。

学生、校友、教师的传承与延续。考研支持体系离不开必要的物质资源，而本专业校友基金会则是重要物质来源之一。每一位考上研究生的学生都将获得一份物质奖励，但同时将承担起为下一届学弟学妹传经送宝的责任，多数校友还会给基金会捐赠，返校传送经验，实现“传承”与“延续”目标。

（二）网络化运作与组团式服务

上述原则强调学生的主体性作用，但必须指出，该体系的实际运作及其功能发挥还离不开校友、专业教师，以及学校、学院、专业系所等主体的配合，可以说，学生考研支持体系呈现出一种“网络化运作”形态。另外，考研支持体系重在提供复习备考指导，但又不仅限于此，还包括目标院校专业选择咨询、考生心理咨询、体育娱乐活动、考前营养支持、困难学生帮扶等各类服务。可见，学生考研支持体系所提供的服务并非单一的，而是由多元主体共同参与的，多样化、个性化的“组团式”服务。为了更好地描述“网络化运作与组团式服务”的考研支持体系，下面，我们将以学生在校期间经历的四个学年及毕业后为竖轴，不同主体为横轴，描述该体系的实际运作与服务功能（见表 1）。

表 1　“网络化运作、组团式服务”的学生考研支持体系

<table>
<tr><th rowspan="2">学年</th><th colspan="3">主体</th></tr>
<tr><th>学生</th><th>专业系所</th><th>校友</th></tr>
<tr><td>第一学年</td><td>专业入门学习
参与读书会
协助基金会工作</td><td>引导功能
组织兴趣阅读
专业教育功能</td><td rowspan="4">支持并参与基金会工作；
返校传授成功经验；</td></tr>
<tr><td>第二学年</td><td>专业学习
参与读书会
参与研究立项
承担基金会日常工作</td><td>布置专业阅读书目
组织专业阅读
专业教育功能
指导立项研究活动</td></tr>
<tr><td>第三学年</td><td>专业学习
确定考研方向
完成研究项目
为基金会培养工作人员</td><td>专业教育
指导完成研究活动
考研院校及专业选择咨询
复习入门咨询
困难学生帮扶</td></tr>
<tr><td>第四学年</td><td>组建复习团队
自愿参与系所各项娱乐活动
复习备考
毕业前，为下一届传送经验</td><td>专业复习指导
复试指导
心理减压
考研营养支持
困难学生帮扶</td></tr>
<tr><td>毕业后</td><td colspan="3">力所能及地给基金会捐赠；为后续考研学生传经送宝；志愿参与基金会管理工作</td></tr>
</table>

根据表 1 所示，在不同的阶段，学生、专业系所和校友等主体发挥着不同的功能和作用。

第一学年，即新生入学的学年，学生重在适应大学生活，开展专业入门学习。但是，如前所述，新入学的大学生因初离高考压力容易出现“反弹”，即出现彻底放松现象。为此，专业系所亟须发挥积极作用，一是鼓励学生确立大学学习目标，引导更多的学生往考研方向发展；二是由专业班级学生自愿分组，形成读书小组（也是学习小组、研究小组），指派一位专业老师（一般是班主任）组织各小组读书，但书目选择、阅读方式等都由学生自行决定，专业老师仅仅起到指导和把关功能；三是专业系所、一线教师通过大一学生所选修的部分专

业课程，帮助学生打开专业大门，让学生爱上专业。当然，本专业校友基金会是支持这一阶段各项工作的主要物质来源，本着“共建、共享、共治”的原则，大一新生将初步参与校友基金会日常管理工作，切实感受专业传统和校友力量。

第二学年，根据专业培养方案，学生将开始较为全面、系统地参加专业课学习。专业系所和一线教师将通过讲授各自负责的专业课程向学生传授专业知识。系所工作重点有二：一是布置相应的阅读书目[①]，督促学生开展专业阅读，学生依托读书会平台，开展分组阅读，并形成阅读成果，专业教师利用专业课提问、考试等方式检验阅读效果；二是结合“新苗杯”“挑战杯”，以及校级、院级科研项目，指导学生研究组（读书组、学习组）申报项目，并力争立项。总之，在第二学年，除了重点开展专业课学习，学生还将积极参与专业阅读、研究项目申报等工作，提高学习热情，激发研究兴趣，争取研究经费。二年级学生还将在校友基金会日常管理工作中起到主要作用，负责经费收支登记管理、财务报销，以及与校友沟通等工作。

第三学年，多数学生将在这一学年完成培养方案中的大部分学习任务，并确定考研目标院校及专业。专业系所除了正常的专业教学及培养工作，还要为学生提供目标院校及专业咨询。学生确定目标后，逐渐进入备考复习阶段。专业系所为学生提供复习计划制订咨询、阅读书目推荐等服务，让学生“静下心来，坐稳‘冷板凳’”。当然，专业系所还将重点关注特殊群体学生，比如贫困生等，及时提供必要的帮扶，绝不让一个学生因经济原因而放弃考研。此外，在第二学年立项的研究项目，专业教师，特别是指导教师将指导并督促学生保质保量地完成研究计划，并争取产生若干成果，让学生享受研究的获得感和喜悦感。就校友基金会的日常管理工作而言，大二学生起着主导作用，进入大三后，将逐步把日常管理工作交由下一级同学接手，并为基金会培养合适的学生领导。

第四学年分为两个阶段，第一阶段即考研初试备考复习阶段，第二阶段则是复试准备及录取或调剂，或者择业就业阶段。第一阶段，学生将在原先研究组（读书组、学习组）基础上自愿形成考研伙伴团队。在学校政策许可及寝室条件允许的条件下，尽量让同一伙伴团队的学生同住一间寝室，以便相互督促、彼此鼓励，共同准备考研。因个人习惯，个别学生倾向居家复习，或另择他处学习。也建议与他人组建伙伴团队，通过电话、网络等途径，保持联系，共同勉励。根据学生目标院校及专业选择的实际情况，基于“最大公约数”原则，邀请本系所老师或外来专家为学生提供三次左右的专业课备考复习指导。同时，由于备考复习压力

①为了避免各专业教师之间书目重复，由各专业教师列出阅读书目，经系所会议讨论，最终确定一份阅读书目。

大、身心易倦怠，系所请低年级学生、老师，或者校友牵头，每月举办两次体育娱乐活动，全体师生、校友均可自愿参加。此外，考前最后两个月，系所还将提供营养支持、困难帮扶等服务。第二阶段，学生如顺利通过初试，并获得复试资格，我们将为其提供复试准备指导等服务。学生一旦被录取，将给予一定的物质奖励，但该生必须为下一届同学提供不少于一次的经验交流。如需调剂或就业，我们也将力争获取最新信息并发布出来。值得一提的是，如果学生考上研究生，而经济条件确有困难，考研支持体系也将通过各种办法为其解决后顾之忧，绝不让任何一个学生因经济困难而放弃读研。

必须指出的是，本专业校友基金会是学生考研支持体系的物质支撑。该体系一方面支持学生考研，另一方面，学生毕业后也将为基金会贡献自己的一分力量。根据经验，多数毕业生，特别是曾受惠于基金会的毕业生，都会怀着感恩之心回馈基金会。本着“共建、共享、共治”的原则，未经校友会同意，专业老师一律不得参与基金会任何工作，由在校学生与校友共同组建委员会，维护、管理基金会。

三、总结与讨论

以“网络化运作、组团式服务”为主要内容的学生考研支持体系是一个新事物，就实际工作而言，形成至今仅5年时间。尽管该体系已出现效果，赢得了广大学生、校友，以及专业教师的好评，但在实际运作中还存在一定的困境，有待进一步突破。

（一）校友基金会经费“短板”

经费是学生考研支持体系的血液。本专业校友基金会成立仅5年，经费有限。但是，我们相信，随着学生考研支持体系、专业校友基金会等工作的进一步开展，加上“胸怀天下”的专业培养，以及“感恩之心”的情感培养，该问题应会迎刃而解。

（二）专业教师激励机制的“天花板”

目前，数位年轻老师在学生考研支持体系工作中投入了大量的时间和精力，虽然院系层面会给予一定的物质奖励，但是具体到教师评奖评优、职称晋升等方面，仍存在“以科研成果论英雄”的现象。如何将教师奉献与其实际获得切实地关联起来，是亟待思考的一大问题。

（三）校内外有关政策的冲突

学生考研需要静下心来，如果有志于科研事业，更要学会“坐冷板凳”。必须看到的是，目前校内外部分政策固然对部分学生，特别是对有着较强创新创业意识的学生具有积极意义，但不可否认的是，这些政策措施容易让一部分学生浮躁，不利于“静下心来，做好读书人”。

参考文献

[1]陈拥贤，苏芝兰，盛正发．基于供给侧结构性改革理念的地方本科院校人才培养研究[J]．当代教育论坛，2017(1):1-8.

[2]谯银霞，曾福平，李佳阳，等．大学生学习偏差行为的传导特性及干预对策研究[J]．经贸实践，2018（5）：216-217.

[3]鲍威，李珊．高中学习经历对大学生学术融入的影响——聚焦高中与大学的教育衔接[J]．清华大学教育研究，2016（6）：59-71.

[4]黄新苹，王武朝．浅谈大学生主体作用的发挥[J]．吉林教育，2011（1）：6.

[5]黄燕，陶晶，宋梅．转变功利主义学习观，增强大学生思想政治课教学实效性[J]．教育教学论坛，2013（12）：108-110.

高教强省战略实施背景下高校发展和学科建设的路径研究

◎莫玮俏[①]

摘　要：高校是一个国家或地区最重要的战略资源，一流的高校或学科是经济社会发展的最根本支撑。改革开放以来，高校的功能角色正从过去的单纯教研逐步向服务和引领社会发展转变，对教学提出了新要求。在浙江进入“两个高水平”建设的新阶段，省第十四次党代会聚焦经济社会发展的瓶颈制约，突出强调了高等教育在创新驱动中的作用，首次提出要全面实施高等教育强省战略，为全省高校发展和学科建设指明方向。全省高校应主动寻找机会，抓准战略定位，把握政策机遇，在加大学科建设、主动融入实践、强化人才引领、优化教学管理等方面积极作为，为建设一流大学、一流学科提供有力支撑。

关键词：超常规；高等教育强省战略；短板

一、前言

高等教育是制约浙江创新发展的突出短板[②]，主要表现在高水平大学数量相对不多、有影响力学科整体偏少、高层次人才培养规模不大等。从“双一流”建设情况来看，全省一流大学建设学校只有浙江大学 1 所，一流学科建设学校只有中国美术学院与宁波大学 2 所，在全国 31 个省市中排名比较靠后，与浙江作为经济大省的地位极不相称。早在多年前，就有学者从办学应从量的扩张到质的提高转变、统一发展各类高等教育等多个角度进行了阐述，并提出了推动高等教育超常规发展的对策建议[1]。近些年来，加快补齐高等教育短板成为浙江实现教育现代化的重要路径和推动经济转型发展的重要着力点。在此整体形势驱动下，全省高校发展面临前所未有的机遇。

---

①莫玮俏，浙江财经大学公共管理学院副教授，博士，研究方向为劳动经济学、人口经济学。
②详见浙江省委原书记车俊在中国共产党浙江省第十四次代表大会上所做的报告。

二、新时期高校发展和学科建设面临的机遇与挑战

2019 年，浙江省高等教育毛入学率为 61.3%①，全国高等教育毛入学率为 51.6%。可见，经过改革开放四十年的发展，浙江高等教育的事业发展与经济社会进步并行不悖，发展速度远高于全国平均水平。现阶段，随着浙江进入大有可为的战略机遇期、干事创业的发展黄金期、不进则退的转型关键期，全省高校的学科发展也面临前所未有的机遇和挑战。

（一）高教强省战略的政策效应不断凸显

高等教育发展水平是一个国家发展水平和发展潜力的重要标志[2]。浙江实施高等教育强省战略，既是新时期贯彻落实国家“双一流”建设战略部署的重要举措，也是深入推动创新强省、人才强省建设，实现经济社会转型发展的重要抓手。在省第十四次党代会首次提出高教强省战略的基础上，浙江又进一步提出“以超常规举措实施高等教育强省战略”②，表明浙江省委将以更大力度、更实举措推动高等教育发展的决心。在此宏观政策驱使下，一方面启动实施第二批省重点建设高校③，加快优势特色学科建设。根据相关文件要求，“省重点高校建设计划”资金由省财政和高校共同筹措，省财政设立专项资金。省内相关资源配置优先支持“省重点高校建设计划”，省级科技创新项目及平台建设资金向重点建设高校倾斜。同时，允许社会力量资助省重点高校建设，并给予重点建设高校在资金使用上更多的自主权，这为纳入省重点高校建设计划的高校发展带来极大的政策利好。另一方面，制定印发省重点建设高校绩效考核办法和省一流学科建设绩效评估办法，并启动考核评价工作，按照高校建设规划确定的目标、任务和年度实施计划，每 3 年开展一次考核和评价，构建“优胜劣汰”的激励机制，以考评督促我省“双一流”建设取得实质性进展。

（二）人才生态不断优化

当今世界的竞争，越来越体现为人才的竞争。人才成为当之无愧的第一资源。

---

①详见《2017年浙江省国民经济和社会发展统计公报》。

②在中共浙江省委《关于高举习近平新时代中国特色社会主义思想伟大旗帜 奋力推进“两个高水平”建设的决定》中，提出了“以超常规举措实施高等教育强省战略，持续增加高等教育经费投入，大力支持双一流建设高校和学科发展，加大力度实施省重点高校建设计划，力争5年内引进20所左右著名高校在浙江开展合作办学，推动高等教育实现跨越式发展”。

③2014年，浙江省人民政府制定实施《关于实施省重点高校建设计划的意见》（浙政发〔2014〕40号），经省政府同意于2015年4月公布第一批重点高校建设名单，包括中国美术学院、浙江工业大学、浙江师范大学、宁波大学、杭州电子科技大学5所高校。为进一步加快省重点建设高校发展，提升办学水平，浙江省人民政府办公厅又于2016年制定出台了《关于支持省重点建设高校的若干意见》（浙政办发〔2016〕25号）。2017年8月，浙江省人民政府办公厅公布第二批省重点建设高校名单，包括浙江理工大学、浙江工商大学、浙江中医药大学、浙江农林大学、温州医科大学、浙江财经大学、杭州师范大学等高校。

浙江的人才政策经历了释放人才资源活力的战略调整阶段、人才地位提升的实验性阶段、人才价值凸显的战略推进阶段及人才结构优化的质量发展阶段，如今已进入强化生态优势的深化改革阶段。近些年来，浙江大力推进“人才+”行动，实施更加积极、开放、有效的人才政策。2016年6月，浙江出台了《关于深化人才发展体制机制改革 支持人才创业创新的意见》，对推进重点高校、重点学科建设进行了一系列部署。2017年，浙江又制定实施《高水平建设人才强省行动纲要》，并从与人才工作、生活高度相关的医疗、教育、居住等环节破题，着力打造人才生态最优省份。同时，制定出台《关于深化职称制度改革的实施意见》等细化配套政策，进一步完善人才发现、培养、使用和评议机制，努力构建具有国际竞争力的人才制度体系。此外，还制定出台提升人才国际化水平的实施意见，加大海外高层次人才引进力度，探索研究对浙江企业海外研发中心、海外分支机构新引进人才的支持举措，扩大“海鸥计划”规模，着力提升人才国际化水平。继续开展省级特级专家评选，完善省领军型创新创业团队引进培育计划，鼓励高校、科研院所新引进的基础研究团队申报立项。一系列人才政策的创新实施，使得浙江的人才生态环境不断优化，成为人才流入的洼地。

（三）经济社会转型发展为学科建设提供实践土壤

改革开放以来，浙江形成以中小企业为主体的特色块状产业，并由此形成了小商品、大市场产业格局，助推经济实现腾飞。纺织、服装、皮革、化工等传统制造业在全省经济中仍然占据相当大的比重，在继续为全省经济发展做贡献的同时，也积累形成了诸多亟待破解的发展难题。现阶段，浙江的产业发展自然而然走到了抓好传统产业改造提升、打破路径依赖和发展惯性的路径上来，促使量大、面广的传统产业直接转化为新的有效供给，在推动旧动能改造的同时，抓好新动能的培育，促使形成产业发展新引擎，深入实施“10+1”传统产业改造提升行动计划，大力推进“凤凰行动”等一系列战略决策，使得全省高校的特色优势学科建设有了丰富的实践土壤。从社会方面看，近年来，我省不断推进县、乡两级社会治理综合指挥平台的建设，促使基层社会治理格局面临全新的建构。这些举措都为高校相关学科的建设发展提供了重要的实践素材。特别是对于社会科学领域的相关专业而言，在经济社会快速发展的过程中产生的一系列现象和难题，更值得从学理层面加以总结、提炼，进而为实践的发展提供理论支撑。

（四）学科自身建设不断产生正向积累效应

任何学科的建设都离不开持续的投入和关注[3]。近些年来，浙江的高校在长期的发展中日益聚焦特色优势，形成了“把长板做长”的学科建设思路。例如，杭州电子科技大学以控制科学与工程、电子科学与技术、计算机科学与技术、机械工程4个省“重中之重学科”为代表，迄今已获得国家科技进步奖、国家科学技术奖技术发明奖、国家教学成果奖等一系列重量级奖项，根据中国科学评价研究中心的最新数据，其中3个一级学科进入全国的前20%。一些新设学院，通过聚焦人才培养，加大支持力度，在师资队伍建设、课程建设、课堂教学、实践教学、学科竞赛、教学改革等方面均取得了明显成效。如浙江财经大学公共管理学院的学科建设在短短5年时间内就取得了明显的进步。根据中国科学评价研究中心、武汉大学中国教育质量评价中心和中国科教评价网联合推出的《中国大学及学科专业评价咨询报告（2018—2019）》（邱均平编著），2018年该院各专业的全国排名位次均有明显提升。与2016年相比，行政管理专业提升0.15%、劳动与社会保障专业提升0.07%、城市管理专业提升0.08%、工程管理专业提升0.18%、城乡规划专业提升0.37%。其中，城市管理专业排名位次进入全国前16%并成功跻身四星专业，公共管理类专业整体竞争力进入前10.86%。这些都充分说明，学科建设的累积效应正在持续形成。

但同时，在浙江学科建设的具体实践中，还面临着很多内外方面的挑战。主要表现为：目前浙江省高考录取率已达到94.95%，高考报名人数呈整体下降趋势，招生计划上升到31.5万人，高校之间的办学竞争压力不断增大，且省内高校之间学科设置同质化现象较为严重，人才、资金、政策等学科建设资源的竞争比较激烈，不利于集中做大优势学科；浙江一部分高校脱胎于行业院校或中专学校，学科专业的知名度、创新成果的领先性相对不高，大学科、大平台、大团队和领军人才的支撑力相对薄弱，学科基础、师资队伍、科研人才、管理团队等整体水平有待提高；杭州作为浙江高教资源的主要集中地，一流高校和一流学科的数量远不及南京、武汉等地，并且除浙江大学外，很多省属高校都布局在杭州下沙、城西和小和山等地，区位条件整体不优，使得高校在科技创新等方面的辐射带动效应不够明显。这些因素促使浙江在高校发展和学科建设上，同时面临起点低和路径长等多方面难题，成为浙江高等教育下一步发展的重要突破口。

三、实现高校发展和学科建设的现实路径

从国际经验来看，高教发展与社会经济发展存在很强的相关性。凡是经济中心，大多都是高教中心。现阶段，我国已成为世界第二大经济体。据世界银行估测，2019年中国经济占世界经济的比重超过16%，对世界经济增长的贡献率达到30%。浙江作为沿海经济发达省份，在全国经济发展大局中的地位和作用不断凸显，特别是随着浙江社会经济发展不断迈向中高端，对高校发展和学科建设提出了更高的要求。

（一）突出人才的第一资源作用

人才是高校发展和学科建设的根本，浙江的高校发展关键是重视一流师资队

伍和科研队伍的建设。一方面，要注重高校人才数量和质量的双向提升。把加强现有高校师资队伍建设作为一项重要工作予以重点突破，通过支持青年教师出国研修、访学，以及与国内外学者开展合作研究等方式，提升本土师资的科研和教学水平。同时，依托国家“千人计划”、省海外高层次人才引进计划等重大人才引进行动，立足学校特色优势学科建设，大力引进海内外知名高校的学科领头人、青年教师、优秀博士等高端人才。另一方面，要全力构筑良好的科研教学环境，持续激发人才的创造力。不断完善与高校人才队伍建设相适应的激励体系，充分尊重和体现智慧价值，让浙江的高校教师收入水平进入全国同类高校前列。积极改革完善人才分类管理和分类考核，突出考核的针对性和“软性”要求，避免科研岗和教学岗考核一刀切，让不同系列的人才有通畅的成长通道，实现人尽其才、才尽其用。

（二）高校发展与经济社会发展协同

高等院校是推动科技进步和创新的生力军，是战略性新兴产业发展的重要源头。随着创新在经济社会发展中的作用日益凸显，作为各类科研人才集聚的高校，其地位和作用也持续提升。高等院校在建设改革发展时期，应顺应和紧跟经济社会发展的脚步，与经济社会各部门、各主体开展深度合作和密切交流。一是大力实施“走出去”，跨出校门，与政府、企业等开展广泛、深入的交流，充分认识和了解政府和企业的技术需求和资源优势，在扩大合作领域、丰富合作项目、深化合作内涵、促进科研成果转化等方面开展一系列富有成效的实践，构建互惠互利、校地（企）共赢的发展格局。二是与地方或企业共建实验室或研究院，搭建各类科技资源共享服务平台，畅通高校科技成果转移转化的渠道。同时，要看到企业是创新实践的主体，是战略性新兴产业发展的最前沿，高校要创造条件将政府、社会、企业等方面的需求信息“引进来”，进一步发挥高校自身的科研优势，在解决企业、社会、政府等相关难题的过程中，提升学科发展的整体水平。特别是要支持社会科学类相关专业，密切跟踪经济社会转型过程中产生的各类现象，进行理论分析，并形成好的决策咨询成果。

（三）加大学科平台建设力度

高校的发展，特别是学科建设发展，必须注重打造一批具有加强支撑力和带动力功能的科学研究平台。在条件允许的情况下，要集中高校优势学科力量，推进建设重点实验室等重大科技基础设施，全面提升高校从事基础研究的能力，夯实重大创新成果涌现的基石。要最大限度整合高校科研资源，立足特色学科，集中力量打造优势明显、特色鲜明的高水平科技创新平台和哲学社会科学研究平台，提高承担国家和省重大科研项目以及解决重大实际问题的能力[4]。支持开展与国外高水平高校、科研机构等建立国际合作科研平台，跟踪世界最前沿科技，开展常态化合作研究，提升学科的国际化水平。

（四）探索学科群建设和学科交叉融合

学科是高校承载人才培养、科学研究、社会服务和文化传承创新等功能的基本单元，以学科建设为抓手推进高教强省建设，具体要做好以下两点。一是探索学科集群建设。按照学科集群模式建设学科，有利于解决学科间相互割裂的问题，能够促进相关学科的相互联系和整体推进。例如，宁波大学积极对接现代海洋渔业、海洋新材料、海洋生物医药等海洋特色产业，形成以水产为带头学科，以力学、海洋科学、船舶与海洋工程等为主干或支撑的学科群。二是探索和实践学科交叉融合。学科交叉点是学生成长性最好的领域，也是最有可能突破的领域。学科专业交叉是高等院校人才培养的优势，如果能实现交叉融合，将是一种学科资源的优化配置。本科人才培养中采取复合型人才培养方式，以及研究生培养中实施双学科导师制等，都是学科交叉的范例。

四、结语

现阶段，浙江对创新强省、人才强省建设产生迫切的内生需求，对高校发展的依赖性将与日俱增。在此逻辑下，浙江的高校必须抓住国家实施“双一流”计划和省级层面实施高等教育强省战略的契机，推动高校实现内涵式提升发展，提高高等教育的实力和竞争力，为“两个高水平”目标提供坚实支撑。

参考文献

[1] 张黎明 . 高等教育超常规发展的几个问题 [J]. 浙江经济，2001(3):23-24.

[2] 刘景胜 . 加强高校思想政治工作实效性的研究 [J]. 现代职业教育，2018(9):176-177.

[3] 许赞 . 基于演化博弈的研究型大学学科创新发展机制研究——以 36 所 985 工程高校为例 [D]. 南京：南京航空航天大学，2015.

[4] 伍宸，查星星 . 省域优质高等教育发展支持计划政策分析——基于广东和浙江省重点建设计划文本分析 [J]. 高校教育管理，2016(6)：99-106.

基于导师制的“四位一体”本科生分类培养路径探析

◎曾辉[①]

摘　要：如何增强本科生的创新与实践能力成为高等教育界日益关注的热点问题。越来越多的高校开始实施本科生导师制，期望通过加大教师力量投入来提高本科生的培养质量。但在这一制度的实施过程中，还存在导师角色定位和职责不清、缺乏系统性的培养计划、沟通与考核机制不健全和师生双向选择时存在一定的盲目性等问题。为完善本科生导师制，本文提出应充分考虑本科生未来的发展方向，将本科生分为就业导向型和学术导向型两大类，并分别构建“岗位需求—课程群建设—实习实训—毕业论文或毕业设计”和“科研项目—课程群建设—社会调查—小论文—大论文”四位一体的本科生分类培养体系，以此提高大学四年学习的系统性、针对性和有效性。

关键词：导师制；四位一体；分类培养

一、引言

导师制由来已久，最早可以追溯到14世纪。1379年，牛津大学新学院开始实施付薪导师制，给每一位本科生安排一名或数名导师，以便，指导其学业、道德和生活，其最大特点是师生关系密切[1]。我国自民国时期开始在本科生中引入导师制，最早探索的高校包括金陵女子大学（1913年）、清华大学（1916年）等。1952年之后，本科生导师制基本停止，只在研究生培养中继续实行这一制度。但进入20世纪90年代以来，国家和高等教育界又开始推崇本科生导师制，浙江大学、南京大学等著名高校重启了本科生导师制，认为本科生导师制有利于充分发挥教师作为高校育人主体的作用，有利于促进学生的个性化发展[2]。当

①曾辉，浙江财经大学公共管理学院讲师，博士，研究方向为房地产政策与经济。

前，越来越多的高校开始将本科生导师制作为学校的一项基本制度，为本科生配备包括硕导、博导和院士等在内的优秀导师，在潜移默化中培养本科生的学术素养和道德规范。

二、导师制在本科生培养过程中存在的主要问题

本科生导师制在当下的高等教育界越来越受到推崇，许多高校还对该制度进行了创新，取得了一定的效果。但总体来看，这一制度还存在许多问题。

（一）导师角色定位与职责不清

目前，高校中管理学生的一线教师主要包括导师、班主任和辅导员。班主任、辅导员主要负责管理大学生的日常生活以及思想政治工作，导师则重点培养学生的学术或科研素养能力，指导学生的专业学习[3]。但在实际中，导师指导学生往往缺乏能动性与系统性，多为被动式地解答学生学习中遇到的一些问题与困惑，对于一些学习积极性不高的学生，导师很少主动去沟通交流。导师的角色应该是学生学习和发展的引路人，给在迷茫中摸索的学生指引方向，帮助学生尽快制订系统的学习和发展规划，培养学生良好的学习习惯和创新思维，帮助学生掌握扎实的理论和方法。

（二）导师缺乏系统性的培养计划

目前专业培养方案的制订和修改受到学分、专业培养总体目标、原有教师教学经验与习惯等多重制约。导师往往缺乏建立符合自身教学和研究方向的课程群的自主性，导致在给学生制订学习规划时受到约束。如果导师从自身的研究方向或学生未来就业岗位的知识技能需要出发，额外给学生制订系统性的学习计划，又会导致学生的学业负担过重、学习热情不高的问题。此外，部分导师对本科生导师制的重视程度不足，认为形式重于实质，从未深入思考如何将所带的学生培养成什么样的人的问题，也从未思考和制订过系统的指导方案，引导学生学习和成长。

（三）导师沟通和考核机制不健全

实行本科生导师制之后，导师与学生之间仍然普遍存在缺乏沟通的问题。高校教师科研教学任务繁重，压力较大，部分教师上完课就回家或应付各类项目；本科生在大一、大二时的课程学习压力也较大，而且很多学生缺乏主动联系老师的意识，或者根本不知道要向老师提什么问题。因此，师生之间的交流非常少。如今，各种互联网沟通交流平台非常便利，可以有效地弥补导师在校时间不足的缺陷，关键是学校或学院要建立相应的沟通和考核机制。

越来越多的高校不断倡导注重本科教育，提高教学质量，也建立了与导师制相关的激励机制，但与科研激励相比，差距仍然很大。师生比过高，导师指导

的本科生数量过多也是影响师生沟通的重要原因[4]。一些知名导师指导的本科生有几十个，再加上研究生甚至博士生，很难有精力对本科生进行细心周全的一对一指导。对指导教师的考核，应注重过程与结果并重，不仅考虑学生的就业率或升学率，也应考核学生平时的学习表现。应将导师的指导工作量进一步细化，大幅提高奖励力度，确保教师科研和教学付出获得同等的回报。

（四）师生之间彼此盲目选择

虽然大部分高校都实行导师与学生双向选择机制，但导师对学生、学生对导师往往都缺乏深入了解。大部分学生在选择导师时只注重导师的知名度和职称的高低，很少考虑自己的兴趣和职业规划，结果导致部分教师有特别多的学生选报，师生比例极不均衡。极端情况是，一个系中一半教师没有学生选报，而个别教师带的学生达到十几个甚至几十个。应效仿研究生导师制，对每名导师指导本科生的数量进行限制，特别是对所指导本科生学习成绩、就业和升学等方面表现较差的导师，应减少允许指导名额。教师在选择学生时，也缺乏与学生的深入沟通，对学生的兴趣和特点知之甚少，导致后续培养过程中师生之间容易出现矛盾与分歧。一些高校通过多轮双向选择机制来弱化这种不利影响，但实际上，由于师生之间缺乏有效的沟通交流，多轮选择与第一次选择的差异并不大，而且多轮选择有时间间隔要求，会产生很大的时间成本。因此，解决师生之间盲目选择的机制有待进一步创新。

三、基于导师制的本科生创新与实践能力培养的基本思路

目前高校本科生教育往往存在课程学习与社会实践、毕业论文相脱节现象，学生读完大学四年都不明白所学课程的作用与意义。部分课程的知识体系过于老化，社会实践流于形式，毕业论文也缺乏专业性、创新性和专业关联性。教师的科研与教学脱钩现象也较为严重，造成教师精力分散，不仅不利于教学能力的提升和学生创新能力的培养，也不利于科研理论基础的积累和方法的创新。

导师制本科生创新与实践能力培养的基本思路是，根据学生的特点和兴趣，对本科生进行分类培养，大体分为就业导向型和学术导向型两大类，并分别构建“四位一体”的培养体系。具体而言，就是以科研项目或就业岗位需求为导向，构建相应的课程体系，通过社会调查、社会实践提升学生理论应用能力，并基于课程学习和社会实践，确定其学术论文和毕业论文方向，将学生大学四年的学习实践与未来的升学或就业紧密联系在一起，以此提高学生的学习兴趣和促进创新实践能力的培养。

四、基于导师制的本科生创新与实践能力培养的基本路径

根据毕业后的发展方向，本科生大体可以分为两大类：学术导向型本科生和就业导向型本科生。两者的培养方式应该有所区别，学术导向型本科生应注重学术能力的培养，加强文献搜集、阅读、整理能力的锻炼和研究思路、研究方法的教育；就业导向型本科生应注重专业知识、专业技能的培养，加强理论联系实践能力的锻炼。

（一）学术导向型本科生培养路径

学术导向型本科生可以遵循“科研项目—课程群建设—社会调查—小论文—大论文”的培养路径。学术导向型本科生的培养应以学生感兴趣的研究方向为导向，根据不同研究方向所需的理论知识和研究方法，设置相应的课程群，并定期安排一些社会调查任务。教师在问卷设计、数据收集和统计分析的基础上，指导学生完成学术期刊论文的撰写、投稿和发表任务。学生毕业论文的选题应以相关领域的社会热点问题为切入口，注重理论与方法的应用，注重理论学习、社会调查、小论文与毕业大论文的衔接性。

高校教师群体根据侧重点的不同大致分为研究型、教学型和社会服务型三大类。学术导向型本科生在选择导师时应优先考虑研究型导师，在深入了解导师的研究领域、近期的研究课题，以及明确将来自己计划报考的学校、专业和方向的基础上确定指导教师。指导教师应根据科研项目所需理论基础和研究方法，为学生量身定制系统的培养方案，从课程群建设入手，指导学生完成必要的理论知识和研究方法的学习，并安排学生参与自身科研项目的研究。学术导向型本科生主要培养其发现问题、分析问题和解决问题的能力，为将来进一步深造打下理论、方法、思维和写作能力基础。

（二）就业导向型本科生培养路径

就业导向型本科生可以遵循“岗位需求—课程群建设—实习实训—毕业论文或毕业设计”的培养路径。就业导向型本科生的培养应以就业岗位的实际需求为导向，根据不同岗位所需的理论知识和专业技能，设置相应的课程群，并安排大量的实习实训课程，通过理论与实践的锻炼，提高学生的动手能力和对职业的感知度。毕业论文或毕业设计的选题也应与就业岗位密切相关，以提高岗位工作能力为目标。

就业导向型本科生的课程群建设应充分考虑就业岗位的需求。以工程管理专业工程造价岗位为例，要使学生掌握工程造价编制能力，需配套的课程包括建筑制图与识图、房屋建筑学、施工技术与管理、清单与定额原理等。对于期望将来从事工程造价这一职业的学生来说，这些课程都应作为必选科目。在实际选课过程中，不少学生都存在误区，一方面是一些学生并不清楚将来所要从事

的职业所需的专业知识体系，另一方面还有一些学生首先考虑的是如何轻易地通过考试从而获得学分，结果就是学习热情不高、系统性不强，毕业之后很难快速进入职业状态。

实践能力是影响就业竞争力的重要因素，特别是对于一些应用性较强的专业来说，能否掌握最新的技术、工具，能否快速上手成为企业是否录用大学生的重要因素。例如，工程管理专业的学生在求职面试过程中，经常被问及是否熟悉广联达工程算量和计价软件，是否熟悉斯维尔工程造价软件，或者最新的BIM相关应用软件。实习实训是提高学生实践能力的重要途径，可以通过创建校内实训基地，安排实践经验丰富的教师指导学生完成实际任务，也可与企业建立合作关系，创建校外实习实训基地，让学生在实践过程中了解企业的运作模式。学生也可以充分利用寒暑假时间，自己寻找实习实训机会。实习实训有助于学生在走上工作岗位之后快速成长为专业骨干，在增强学生就业竞争力的同时也减少企业新员工培训压力。

五、结语

越来越多的高校开始建立并不断完善本科生导师制。虽然这一制度在具体实施过程中还存在诸多问题，但本科生导师制是提高本科生培养质量的重要且有效的途径。本科生导师制能否取得良好效果的关键在于导师，应通过细化量化考核指标、提高激励强度、完善激励考核机制，激发导师用心指导学生的意愿。应加强导师培训，建立导师岗位培训制度，提高导师的职业道德和育人能力。同时，也应赋予导师更多更大的培养自由权，特别是在专业培养方案制订过程中，应留有足够的空间，允许导师根据自己的研究方向、职业需求或社会发展需要设置相应的课程群。此外，目前本科生在选择导师时比较盲目，主要看中导师的知名度和职称级别，因此，高校在开展导师选择之前应加大宣传和指导，纠正学生的错误观念。最后，应建立导师与学生多轮双向选择机制，便于导师找到合适的学生，学生拥有合适的导师，两者的匹配与协作是确保本科生导师制充分发挥育人作用的关键。

参考文献

[1]王辉，王卓然．牛津大学导师制发展探究及启示[J].黑龙江高教研究，2012(9):23-25.

[2]平和光．本科生导师制：困境与出路[J].现代教育科学（高教研究），2019(11):105-110.

[3]张蓉，侯思阳．我国高校本科生导师制的实践与发展[J].教育与职业，2016(24):106-108.

[4]徐博．高校本科生导师制探究[J].教育教学论坛，2020(28): 31-32.

基于专题读书会的公共管理人才知识和能力培育机制探索
——浙江财经大学“行管雏论”读书会解析

◎汤武[①]

摘　要：国家治理体系和治理能力的现代化依赖于公共管理人才，高校公 g 共管理类专业是相关人才培养的主力。但近年来，公管类专业建设受课堂教学“空心化”和课外实践“形式化”等问题影响极大。对此，浙江财经大学公共管理学院积极推进教学改革，并以专题读书会建设作为人才培养的补充机制，在建设中以学生为主体，以教师为辅助，从公共伦理、专业知识和自主管理能力等方面加强人才培育，有效地支撑起专业建设。

关键词：专题读书会；公共管理人才培养；专业建设

国家治理体系和治理能力的现代化依赖于一大批拥有崇高的公共精神、全面的专业知识和强大的组织能力的公共管理人才。高等院校的公共管理类专业，特别是行政管理学科是培养公共管理人才的最主要力量。但是近年来，诸多高校在相关专业建设和人才培养上正面临着很大的困境，特别是课堂教学即第一课堂的“空心化”问题和课外实践即第二课堂的“形式化”问题越来越突出。对此，各个高校直面相关问题，积极推进教学改革。浙江财经大学公共管理学院以专题读书会建设作为专业人才培养中第一和第二课堂之外的补充机制，从公共伦理、专业知识和自主管理能力等方面加强人才培育，有效地支撑起专业建设。可以说，为相关教学改革提供了有益的启示和值得借鉴的经验。

一、行管专业公共管理人才培养中的不足

1996—1997年，我国教育主管部门对高校的专业设置进行了重大调整。早先，

---

①汤武，浙江财经大学公共管理学院讲师，博士，研究方向为基层治理、乡村发展等。

行政学作为二级学科，归属于法学门类政治学一级学科之下，调整后更名为行政管理，转为归属于新设的管理学门类公共管理这一一级学科之下。除了名称的变更，最大的意义在于，行政管理专业开始了从传统的学术型向新时期的应用型的转变[1]。此后二十多年，行政管理专业的本科教学越来越注重培养学生的实际经验和应用能力，乃至近几年仍在强调探索和拓展实践教学，培养应用型人才[2][3]。对于该专业教学改革的研究也主要集中在实践教学和案例教学的模式、方法、体系和评价机制等方面[4]。这一转变尽管促进了实践教学的发展，但是在一定程度上也产生了第一课堂“空心化”的问题，即由于专业知识的学时相对不够而使得有关政治和历史的教学往往过于简单化。此外，因为相关的实践教学不是对流行案例的探讨就是在企事业单位的短暂实习，实际上使得学生只是作为被动的教导对象而接受训练，所以对于公共管理人才必需的自主管理能力的培养是大大不足的，这在很大程度上也带来了第二课堂“形式化”的问题。

塑造个体坚持正义、承担公共责任和奉献于公益的公共伦理是公共管理人才培养的基础和灵魂。而公共伦理的塑造有赖于对经典著作的学习和思考。古今中外，对公共精神的强调都是一致的。从古希腊柏拉图的《理想国》到现当代美国哈佛大学教授罗尔斯的《正义论》，对城邦和国家正义的探讨和追求都是共同的主题。而从儒家经典主张“诚心正意修身齐家治国平天下”到孙中山主张的“天下为公”和中国共产党主张的“为人民服务”，追求正义、服务公益也是中华文明的核心价值。

因此，探索一种可以弥补第一和第二课堂教学的不足，在伦理价值、专业知识和实际能力三个维度都能高标准地实现公共管理人才培养的机制，成了高校公共管理类专业学科建设的重要课题。面对这一课题，浙江财经大学公共管理学院行政管理专业设立了“行管雏论”读书会，探索具有自我特色的读书会机制，在相关实践上形成了诸多经验。

二、浙江财经大学“行管雏论”读书会解析

（一）读书会机制

读书会尚缺乏统一的明确界定，一般指的是一群朋友根据事先确定的题目或议题，共同进行的有方法、有组织的学习[5]。作为一种集体的阅读和交流活动，现代读书会主要起源于启蒙运动后的欧美地区，并且近几十年来作为全民阅读或终身学习的方式，在美国、德国、瑞典和澳大利亚等国受到了广泛提倡和推行。

在西方读书会漫长的发展过程中，各个时期成立读书会的目标存在着明显的差异。向剑勤根据这些读书会不同的目标，将其发展分为三个阶段：19 世纪末 20 世纪初的初期阶段，以成员自我教育为主要目标；20 世纪中后期的社会运动

时期则注重阅读分享和集体讨论；近年来则主要是以兴趣为导向的休闲阅读[6]。改革开放以来，受西方和国家对全民阅读的提倡和影响，我国各地形成了众多的民间读书会。各个读书会目的不尽相同，有的以自我提升为主，有的以社会交往为主。其中公立图书馆和高校图书馆在读书会开展中作用巨大，并且特别注重诗歌、小说等人文经典著作的阅读推广[7]。关于读书会，国内的相关探讨主要集中在信息管理和图书馆学等相关学者的研究中，并且要么是对国外相关实践经验的介绍，要么是对国内典型案例的分析[8]，对于高校专业建设中的读书会仍缺乏深入考察。

但是，实际上，如表 1 所示，读书会在学习方式上与正式的课堂教学差别较大。读书会对于地点、形式和选题或阅读书目等的选择都极具灵活性，并且以参与的所有成员为中心，避免了教师的单纯讲授，在学习效果上作用明显，因此很多高校院系往往会采用读书会作为辅助机制来推动学科建设和人才培养。基于同样的理由，浙江财经大学行政管理专业也采用了读书会模式来推动专业建设和辅助公共管理人才的培养。并且，基于强调以学生的发言和讨论为重，其将该读书会命名为“行管雏论”读书会。

表 1 正式课堂教育与读书会的区别

类别	正式课堂教育	读书会
知识传播者	教师	读书会成员，而领导者只是组织者或协调者
学习地点	教室	家中或书店、网上及图书馆等公众场所
学习者地位	被动接受	以成员为中心，积极参与学习
知识来源	教材或教师	阅读材料或成员
学习氛围	不对等的单向传播	对等的互动学习
讨论方式	结构化	非结构化

注：表格来源见向剑勤：《读书会的演进及其功能探析》，《图书情报工作》2015 年第 3 期。

（二）“行管雏论”读书会

1.“行管雏论”读书会的创立及其理念

“行管雏论”读书会是由浙江财经大学公共管理学院行政管理专业和行政管理协会共同发起和组织的。它基于该专业早年的读书会办理经验之上，在 2017 年开始推行，并在 2018 年经过一定的形式微调后形成了现有的模式，同时正式命名为“行管雏论”读书会。

它以政治学、社会学和历史学的基本知识为底，以公共管理学的专业学识为轴，并且试图在共同阅读经典书目的基础上，通过教师和学生对谈的方式，推动大家共同学习和思考“国家和政府是如何组织的，它们的运行机制和内在逻辑是怎样的”“面对纷繁复杂的政治、经济和社会问题，国家和政府是如何治理的”“什么是中国，她的传统政治、社会和经济是怎样的”“西方的历史和传统又是怎样的”“东西方的宗教和伦理是如何影响了各自的经济和社会发展的”“近代以来大国兴衰的原因是什么”“全球化时代的大国博弈和竞争是怎样的”，以及“作为社会性动物，大众心理是怎样的，又是怎么影响人们的集体行动和社会治理的”等政治学和公共管理的经典问题，同时希望通过严谨又活泼的组织和交流方式，以及参与者之间精彩的思想和智慧的碰撞，来调动广大师生的学习兴趣，培养阅读习惯，增进知识存量，从而在个体思辨的基础上促进公共精神的形塑，在自主管理和运作的基础上促进自我组织和管理能力的提升。

2.“行管雏论”读书会的具体阅读书目

基于上述理念，“行管雏论”读书会从政治学、社会学、历史学和公共管理学的经典著作中选择了众多书目，形成了读书会的初步书单，之后经过多次讨论，最终把阅读书目定为 16 组共 32 本书。

第 1 组：李零的《丧家狗：我读〈论语〉》和柏拉图的《理想国》；第 2 组：卢梭的《社会契约论》和托克维尔的《旧制度与大革命》；第 3 组：钱穆的《中国历代政治得失》和许倬云的《说中国》；第 4 组：洛克的《政府论（下）》和弗兰克·古德诺的《政治与行政》；第 5 组：约翰·密尔的《论自由》和史蒂芬·霍尔姆斯等的《权利的成本》；第 6 组：埃莉诺·奥斯特罗姆的《公共事物的治理之道》和盖伊·彼得斯的《政府未来的治理模式》；第 7 组：道格纳斯·C. 诺思的《经济史上的结构和变革》和曼库尔·奥尔森的《国家兴衰探源》；第 8 组：古斯塔夫·勒庞的《乌合之众》和埃利奥特·阿伦森的《社会性动物》；第 9 组：马克斯·韦伯的《新教伦理与资本主义精神》和余英时的《儒家伦理与商人精神》；第 10 组：查默斯·约翰逊的《通产省与日本奇迹》和詹姆斯·C. 斯科特的《国家的视角》；第 11 组：何炳棣的《明清社会史论》和罗伯特·D. 帕特南的《我们的孩子》；第 12 组：费孝通的《乡土中国》和瞿同祖的《清代地方政府》；第 13 组：亚里士多德的《政治学》和孟德斯鸠的《罗马盛衰原因论》；第 14 组：黄仁宇的《万历十五年》和茅海建的《天朝的崩溃》；第 15 组：贾雷德·戴蒙德的《枪炮、病菌与钢铁：人类社会的命运》和保罗·肯尼迪的《大国的兴衰》；第 16 组：秦亚青的《霸权体系与国际冲突》和亨廷顿的《文明的冲突与世界秩序的重建》。

从上述书目可见，每组的两本书或是主题相似，或是主题恰好相对应、值得比较性阅读的。另外，这些书也都是与读书会的理念和读书会试图引导大家思考的问题密切相关的，同时通过阅读这些经典著作，除了谋求知识的增进外，读书会更希望达成的目标是使得大家能够通过阅读和思辨来形塑自我的公共精神。

3.“行管雏论”读书会的具体举办方式

“行管雏论”读书会的具体举办方式主要借鉴了美国大学研究生培养中的阅读课模式，但是并不完全一致。美国大学在历史、政治等人文社科专业的研究生培养中，主要采用 3 种专业课类型：知识课（lecture）、研究课（seminar）和阅读课（colloquium），授课方式和训练重点不尽一致。知识课以基础知识训练为目的，授课方式以教授讲课为主、课堂讨论为辅。研究课的课程由教授主持，以学生为主角，在教授指定阅读一些著作或论文后，由学生围绕专题提出自己的研究题目，写出选题报告，交由全班讨论。阅读课的工作主要是读书和讨论，通过以读和讨论为主的方式来深入研究某一专题。上课前，教授根据主题，给出阅读书目，学生在上课前完成阅读，然后到课上讨论，从著作的内容、观点到写作风格等，各抒己见，相互评价，教授则在讨论中穿针引线，保证讨论有序有效地进行。每次讨论大家轮流担任首席讨论人（leading discussant），其任务是综述阅读要点，提出讨论问题[9]。

"行管雏论"读书会每次都有两位老师参与，同样事先由这两位老师从上述阅读书目中选定阅读书籍，参与学生将会被分成数组，然后每组选出一人做主题发言代表（即前述的首席讨论人），另外，每次从学生中推选一人作为该次读书会的主持人。具体流程是，在主持人开场发言后，先是学生发言代表（一般 4—6 人）轮流各进行 5 分钟发言。尽管发言代表们总结的阅读内容要点可能近似，但是这是为了尽量让更多学生来具体实践"首席讨论人"角色，同时基于每个人的阅读总结和所提问题必然不尽相同这一点出发，增加了发言代表的数量而压缩了单个代表的发言时间。在学生代表发完言后，由两位老师分别进行点评，最后师生之间就本次主题进行对谈和问答。

与阅读课比较不一样的是，"行管雏论"读书会设置了学生主持人来分担阅读课模式中"首席讨论人"的部分职责，这主要是基于让更多的学生参与实际流程以及分担单个发言学生的参与负担的考量而设定的。因为串起整个讨论的主持人需要拥有较强的把控能力，并且这种把控能力不单单是现场的控场能力，作为读书会的主持人还需要拥有更多的知识储备，这一点对于学生知识和能力的训练与提升都极有益处。

读书会的具体进行更多地依赖于学生的自主参与，从前期场地和时间的确定与通知到实际流程中的把控等都由以行管学会为主的学生组织来安排。这自然有助于锻炼他们的组织和管理能力。

读书会一个月举办一次，针对同一届学生一共举办两学年 16 次。这一安排的原因主要有二：一是对于学生而言，每次阅读所需投入的时间较多，一月一次可以保证事先的阅读都比较充分；二是读书会的目标之一就是在第一课堂替学生相对粗线条地勾画专业知识之后，尽可能地推动学生深化和扩展其专业知识，因此举办时间尽量和学生大一、大二学年接受相关课程的时间相关联。此外，由于大三、大四时学生主要忙于考研或就业，因此读书会也以大一、大二的学生为主体。基于浙江财经大学一学期16周的时间安排，两学年总计64周即16个月，因此最后阅读书目定为16组，一届学生总共举办16次。

4.“行管雏论”读书会的举办成效

“行管雏论”读书会已顺利开展两年多，能有效地推行主要有赖于学生们的踊跃参加。他们不仅努力阅读书目中的图书、准备好发言或提问，同时自我组织、自我管理，把读书会的实际举办安排得井井有条。另外也得益于专业老师的积极参与，不仅行政管理专业，而且公共管理学院乃至外校的诸多老师都积极参与读书会活动。另外，图书馆和读书会所在院系在场地和物资上也提供了有力的保障。

“行管雏论”读书会的目标是作为第一课堂和第二课堂的一种辅助机制，为行政管理专业的人才培养目标，即培育卓越的公共管理人才做出贡献，特别是在公共伦理塑造、专业知识训练和自主管理能力提升等方面做出贡献。尽管读书、阅读和思考是个体的事情，但思想交流和活动组织是集体活动，在集体活动的推进中学生获得了成长。读书会举办以来，相关老师和学生都认为其为学生的成长发挥了重要作用。

三、总结

国家治理体系和治理能力的现代化依赖于卓越的公共管理人才，而高等院校的行政管理专业是培养公共管理人才的最主要力量。但是近年来，诸多高校在专业建设和人才培养上面临着越来越突出的第一课堂“空心化”和第二课堂“形式化”等问题。对于此，浙江财经大学公共管理学院积极推进教学改革，其行政管理专业以专题读书会建设作为专业人才培养中第一和第二课堂之外的补充机制，借鉴美国大学研究生培养中的阅读课模式，在举办读书会时以学生为主体，以老师的有效参与为保障，从公共伦理的形塑、专业知识的训练和自主管理能力的提升等方面有效地支撑了专业建设，为卓越公共管理人才的培养做出了贡献。

参考文献

[1] 陈振明．行政管理专业由传统的学术型向应用型转变的探索[J]. 中国行政管理，2001(10)：23-24.

[2] 孙婷．基于能力培养视角下的高校应用型专业课程本科教学实践改革探析——以公共管理类专业课程为例[J]. 民族高等教育研究，2016(2)：74-77，93.

[3] 刘靖．基于建构主义的行政管理专业实践教学探索[J]. 科技风，2020(24)：52-54.

[4] 覃举东．近十年行政管理专业本科教学研究可视化分析[J]. 高教论坛，2020(7)：98-101，115.

[5] 赵俊玲，白人杰，葛文娴，等 . 我国民间读书会研究 [M]. 北京：国家图书馆出版社，2020.

[6] 向剑勤 . 读书会的演进及其功能探析 [J]. 图书情报工作，2016(5)：38-44，76.

[7] 朱立红 . 读书会在阅读推广中的重要作用 华中师范大学“风雅读书会”解析 [J]. 图书情报研究，2015(4)：8-11，14.

[8] 赵俊玲 . 国内外读书会研究现状及展望 [J]. 图书情报研究，2015(3)：15-21.

[9] 王希 . 美国名牌大学的博士生培养制度——以历史学研究生的培养为例 [M]. 中国政法大学人文论坛（第一辑）. 北京：中国社会科学出版社，2004.

简论土地资源管理创新型人才培养

◎徐保根[①] 薛继兵[②]

摘　要：本文在阐述创新过程、创新思维及其影响因素的基础上，重点结合土地资源管理专业特点和创新型人才培养的时代背景，针对创新型人才培养的限制因素，提出了土地资源管理创新型人才培养的基本思路、教学方法改进、保障措施等。作者认为，锻炼学生的创新思维能力，是土地资源管理创新型人才培养的关键；积极采用探究性教学方法，是土地资源管理创新型人才培养的有效手段；搞好土地资源管理专业课程体系建设和教师人才队伍建设，是土地资源管理创新型人才培养的重要保障。

关键词：创新思维培养；探究性教学方法；土地资源管理

一、引言

培养创新型人才是大学教育的主要目标。大学里培养创新型人才，实际上就是以培养大学生创新思维为核心，综合培养大学生发现问题、解决问题的能力。

一般来说，一个完整的创新过程主要包括发现问题、解决问题的构想及方案形成，创新思维是创新过程的灵魂[1]。目前已有学者开展了相关的研究。任娇菡、任真等学者通过对国外知名大学的教学与科研模式进行剖析，最终归纳出创新型人才培养模式的主要特点是，为学者提供教学基本保障、创新文化土壤及学术生态环境的人才培养[2]。代富强、李斌主要分析了重庆工商大学土地资源管理专业本科人才培养现状及其存在问题、优势与特点、实践教学方案[3]。蔡太义、黄会娟主要围绕土地资源管理人才培养模式的改革目标，提出了“平台＋模块”的课程体系、深化教学内容和创新型实践教学体系共三方面的改革措施[4]。另外，

---

①徐保根，浙江财经大学土地与城乡发展研究院教授，博士，研究方向为土地资源管理。
②薛继兵，浙江财经大学公共管理学院副教授，博士，主要研究方向为土地可持续发展。

还有学者开展了新形势下地方农林院校土地资源管理专业的再定位与思考[5]、创新人才培养综述[6]等相关研究工作。

总体上看，针对土地资源管理本科专业创新型人才培养的研究成果较少，针对性不强。本文以大学创新型人才培养的基本理论方法为指导，从土地资源管理专业的特点及其创新型人才培养的时代背景出发，针对创新型人才培养的限制因素，重点论述土地资源管理本科专业创新人才培养的基本思路、教学方法改进、保障措施等。

二、土地资源管理专业特点及创新型人才培养的时代背景

（一）土地资源管理是跨学科综合性十分强的专业

土地资源管理专业旨在培养具备现代管理学、经济学、信息技术科学及资源学的基本理论、基本方法、基本技能，掌握新时代土地资源开发利用保护、国土空间规划、生态修复等方面的基本技能，熟悉我国土地管理方针、政策、法规和技术的创新型高级专门人才。通过土地资源相关专业课程的学习，学生能掌握土地资源管理的相关基础理论和应用技术，初步具备开展土地资源调查与评价、国土综合整治与保护、国土资源规划与管理等方面的综合技能，提高协调经济社会发展与生态环境保护矛盾问题的能力。因此，土地资源管理专业是一个综合性较强的专业，要求学生不仅掌握本专业的相关基础理论，还具备解决实际问题的能力。

（二）培养土地资源管理创新型人才是新时代的客观要求

党的十八大以来，我国在生态文明建设方面进行了一系列改革，在原国土资源部的基础上，组建了自然资源部，设立了国土空间规划、自然资源调查、耕地监督保护等职能司局，开展了全国第三次国土资源调查、自然资产核算等工作。新时代迫切需要土地资源管理创新型人才。

新时代的土地，应该理解为国土、自然资源的重要组成部分，既是资源也是资产，同时也是其他资源的储存库和载体。

新时代自然资源开发、利用、建设、保护和管理，需要协调解决经济社会发展与生态环境保护面临的一系列矛盾问题，这就离不开创新型土地资源管理人才。对创新型土地资源管理人才的基本要求是，及时发现土地资源开发、利用、建设、保护及高质量发展中存在的问题与矛盾，形成解决这一问题的各种方法或方案，并通过多目标、多方案比较，提出解决这一问题的最佳方案。

三、土地资源管理创新型人才培养的限制性影响因素

目前在土地资源管理专业本科生培养中，影响或限制土地资源管理创新型人

才培养的因素主要有权威定势、从众定势、唯经验定势、唯书本定势、非理性定势、自我中心定势等。

权威定势，就是认为学术权威的观点都是正确的，权威的思想观点不能否定，只能顺从。教师盲目信权威，拿权威知识教学生，学生跟着盲目崇拜名师和向权威学习。

从众定势，即大家都认可的或者大多数人都认可的观点，就是正确的。例如，通过数理统计分析的结果，往往是多数人认可的观点，被认为是正确的，不能否认的。

唯经验定势，即认为祖祖辈辈传承下来的做法经验都是正确的，不能轻易否定。课堂教学上表现为教师认真介绍理论知识和经验，学生认真听讲、记笔记。

唯书本定势，即盲目崇拜经典名著，认为经典名著上写的都是正确的，不敢提出怀疑。还往往把书本知识观点盲目作为自己科研工作的论据。

非理性定势与自我中心定势，就是以感性认识取代理性认识，以自己的感觉和认知为主导，缺乏客观、理性认识。

以上几种定势，在很大程度上影响了土地资源管理本科专业创新人才的培养。

四、土地资源管理创新型人才培养的基本思路

土地资源管理专业教学的价值不仅体现在学生对知识的掌握上，还要体现在学生的创新能力培养上，而学生创新思维培养的核心便是批判性思维与创造性思维教育。创新型人才的核心要素是创造性思维。爱因斯坦曾经说过："想象力比知识更重要，因为知识是有限的，而想象力概括着世界的一切，推动着进步，并且是知识进化的源泉。"创造性思维教育也因此更多地为研究型大学、科研机构和经济发展到一定阶段的国家所关注。

创造性思维是一种不受常规思维约束，寻求全新、独特的发现问题、解决问题方法的构思过程。其不仅能揭示客观事物的本质及内在联系，而且能产生新颖的、具有社会价值的思维成果。创新思维源泉：一是无穷多的数量，即创新的素材到处都是，只要仔细观察、开动脑筋，思考任何一种事物或者现象都能够产生创新；二是无穷多的属性，所有的事物和现象都有无穷多的属性，每一种事物和现象都不同于任何别的事物和现象，都是独一无二的；三是无穷多的变化，即事物是不断变化发展的，对于充满创新的头脑来说，变动意味着发展的机遇。

根据土地资源管理专业涉及经济、管理、社会、技术等各个领域的综合性十分强的特点，土地资源管理本科专业创新型人才的培养，应该以学生自学能力、表达能力培养为基础，以发现问题、大胆设想等创新思维能力培养为核心，土地资源管理及相关知识学习积累与三大能力培养相结合，创新思维训练与自学

能力、表达能力培养相结合，研究性教学方法与教师团队建设相结合。

五、土地资源管理创新型人才培养的教学方法改进

（一）以专职科研团队促本科教学

科研是一项创新性很强的工作，是培养创造性思维的重要途径和方法。大学里的教学活动，不仅要教会学生知识，还要培养学生的创新能力以及自学能力、表达能力。因此，大学教学一定是以科研为基础的教学。没有科研的教学，最多是知识积累性教学，不能算是完整意义上的大学教学。这里的科研，既包括经济、管理等学科科研，同时也包括专业建设、课堂教学、教学方法等教学改革。

瑞士苏黎世联邦理工学院（ETH Zurich）是世界上创新型人才培养良好的大学之一。长期以来，ETH Zurich 的教学与科研都具有相同重要的地位，几乎所有的科研人员都参与教学，该校的知名教授都会亲自给低年级大学生讲授基础课程。在第二次世界大战前后直到 20 世纪 70 年代初，该校大一约 600 人的物理大课始终是由诺贝尔物理学奖获得者夏尔·爱德华·纪尧姆教授讲授的，从力学到原子物理，帮助学生建立针对物质世界的物理现象和运动规律的全面认识。

应充分发挥浙江财经大学土地与城乡发展研究院的专职科研团队特别是应用性科研团队的优势，使研究院专职研究教师进课堂，使科研成果特别是应用性科研成果进课堂，促进土地资源管理本科教学及创新型人才培养。

（二）推行探究性教学方法

积极支持学生进行探究性学习，允许学生在课程中进行研究，使他们学会实践研究方法和技能，教育学生使用系统和跨学科的方法，培养学生的创新精神和企业家精神。应针对土地资源管理专业综合性、应用性强和班级人数少的特点，积极推行探究式教学方法。课堂上，教师角色要由以往的“主讲”转换为“组织者”或“导演”，学生则由原来的“主听”转变为“主讲”或“主演”。教师的主要任务是准备课堂教学内容、案例等，策划课堂教学方案和计划；学生则主要按照教学方案和计划，通过合理分组，开展土地资源管理的问题发现、问题解决、方案优选及相关理论分析提炼等讨论，然后各组派代表交流他们的观点，或开展小组之间的辩论。通过教师在课前做导演、提前告诉学生做充分准备、课堂上组织学生开展教学活动的途径，不断改进土地资源管理专业课堂教学方法，激发学生课堂学习的能动性和创造性，促进土地资源管理创新型人才培养。

（三）实施创造性思维培养计划

应积极采用批判性思维与创造性思维计划，以及辩论式、实践式、批判式、逆向式教学方法，推进学生探究性学习。

积极启动批判性思维计划，旨在面向土地科学、社会和经济的长期需求，培

养学生的批判性思维、沟通和领导才能，使学生具备分析、管理技能和批判性思考的能力，培养学生能够独立思考并采取负责任的行动的能力，使学生能更好地处理复杂的、跨学科的土地资源经济生态社会问题，成为助力可持续发展的一员。

定期开展培养创造性思维、提升学生创造力的教师—学生互动活动，采用辩论式教学方法、批判式教学方法，通过既定主题和规定时限要求，解决某一具有挑战性的现实问题。

六、土地资源管理创新型人才培养的保障措施

（一）搞好创新课程体系建设

个性化课程能够使课程发挥最大效用，刻板、不具创造性、学生无法很好参与的课堂对培养学生主动思考的习惯、创新能力以及批判性思维十分不利。灵活、合理、个性化的课程是培养创新型人才的重要途径。课程设置要面向土地科学及社会、经济发展对土地科学的长期需求，让学生认识和接触土地科学和土地资源利用管理实践中的新课题和新挑战，以应用为目的传授学生高水平的知识以及培养其能力，使学生可以尽早地从事土地科学研究工作。课程设置应有利于给学生传授土地学科知识，课程内容应充分考虑学生已有知识、尊重学生的多样性，同时也要有利于培养学生主动参与土地问题研究的意识、责任感及沟通能力。应进一步加强本科生的土地资源管理实践教学活动，增设实践教学课程，并根据自然资源利用与管理的发展变化不断调整实践教学课程及内容。

（二）加强本科实践教学的创新平台建设

应积极打造由学校—政府—企业构成的高效率产学研合作平台，使其成为新思想和新服务的孵化器，培养下一代土地资源管理创新型人才的训练场。重点加强专业大讲堂、规划设计竞赛、自主调研、项目化实践等创新平台建设。

将校外导师请到学校，以大讲堂的形式，不定期地开展相关实践方面的讲座，把他们的生态文明发展观和丰富的土地资源管理经验传授给学生，增加学生理论与实践结合的能力。实践能力优秀的学生也可以利用这样的形式，在同学间相互交流，以此增强创新能力。

每年组织一次全校性规划设计竞赛，不定期组织班级学科竞赛，选拔相关专业优秀人才，推广教学经验，传播教学成果。积极组织、指导学生申报浙江省及国家的课题、参加各类竞赛、撰写论文等。

鼓励学生开展自主调研。学生根据自己的研究兴趣或研究课题，深入实践基地开展自主调研，获取翔实的资料和数据，提出自己对乡村建设的设想与观点，培养创新能力。

积极组织学生开展土地资源管理方面的课题项目，让学生进行真题实战，根

据专业要求分配给学生不同的子项目，让学生成为项目参与主体，校内外导师共同指导学生进行项目研究，培养学生理论联系实际的工作能力。

（三）推动科研创新型教学科研团队建设

构建科研创新型教学科研团队，充分发挥专职研究院的科研团队优势，通过支持学生进行探究性学习、鼓励教学创新、提供研究机会的方式培养创新型人才，为学生提供有国际水平、高质量、以研究为基础的教育，使学生既能接受文化教育，又具备科学研究的能力。

积极构建“师徒制”模式的教学科研团队。这种团队可以帮助其培养的优秀人才不间断地继承和发展教学科研团队所积累的研究资源，使研究成果、研究设施、研究资源、知识、诀窍等宝贵的研究资源得以传承，形成独特的学术流派，有助于团队的原创性成果产出、提高团队的研究效率，进一步完善目前的本科生项目导师制度，积极引导、鼓励学生进入教师的科研团队，跟着老师以做科研的方式学习发现问题、解决问题的方法。

参考文献

[1] 王向清，陈艳阳．论批判性思维及其在创新过程中的作用[J]. 湖南城市学院学报，2007(5):1-5.

[2] 任娇菡，任真，徐进．瑞士苏黎世联邦理工学院创新型人才培养模式及其启示[J]. 世界科技研究与发展，2020(2)：245-252.

[3] 代富强，李斌．财经类院校土地资源管理专业实践创新能力培养研究[J]. 教育教学论丛，2015(3)：137-138.

[4] 蔡太义，黄会娟．土地资源管理专业创新人才培养模式改革研究[J]. 人才培养改革，2013(10):33-34，38.

[5] 陈文波．新形势下地方农林院校土地资源管理专业的再定位与思考[J]. 实践技术与管理，2016(1)：6-8.

[6] 田方萌．创新人才培养综述[J]. 装饰，2012(4)：191-196.

凝聚与赋能：卓越公务人才生态型培养体系构建
——以浙江财经大学公共管理学院行政管理专业为例

◎潘迎春[①] 宋晓清[②]

摘　要：卓越公务人才是肩负“治国理政”重任的复合型专业人才，其培养是一个系统工程。浙江财经大学公共管理学院行政管理专业在人才培养中，引入互联网企业“生态型”发展理念，基于学生成长需求动机，通过培育全流程人才培养“生态链”，搭建四层培养平台，构建出“学生自主＋教师引领＋社会参与”的生态型公务人才培养体系。本文以行政管理专业为例，探讨如何通过生态型人才培养体系构建，凝聚多元力量，赋能卓越公务人才的培养。

关键词：卓越公务人才；生态型培养体系

党的十九届四中全会提出了全面推进国家治理体系和治理能力现代化的目标任务，并排出了明确的时间表。而要实现治理现代化，必须要大力推进和优化公共管理类卓越公务人才的培养，创新培养体系和机制。

一、问题的提出

生态型人才培养体系借用了生态型组织的概念。生态型组织是互联网时代在企业中探索而出现的一种新型的组织形态，如同自然界中的生态圈，是一个互利共生、自发运行、可持续发展的生命系统，能够大力吸纳、整合内外部要素，快速新陈代谢并实现自身演化。今天的BAT公司（百度、阿里巴巴、腾讯）都在努力建构这种生态型组织。生态型组织具有三个特征：①平台性——无平台不生态；②自主性——无思维不生态；③进化性——无演化不生态（黄胜忠，

---

①潘迎春，浙江财经大学公共管理学院副教授，博士，主要研究方向为公共政策。
②宋晓清，浙江财经大学公共管理学院讲师，博士，研究方向为公共事务管理。

2015）。简单地说，生态型组织基于内生的成长需求动机，依靠互联网生态圈的平台，吸纳、融合各种内外部资源，自我发展、自我进化。

那么，公务人才的培养为什么要建构生态型人才培养体系呢？

（一）公务人才培养的公共性特征需要建构一种生态型人才培养体系

公共伦理塑造和公共管理能力的培养是公务人才培养的应有之义。西方古典时代的柏拉图、亚里士多德、西塞罗的文献中都强调了公共管理的公共性问题，提出城邦或共和国的管理者都必须坚持正义，承担公共责任，为公共利益服务，同时强调良好的公共治理必须重视公民公德教育。美国政治哲学家约翰·罗尔斯则分析了公共政治文化中的公共理性，认为公共性是对公平和正义的“重叠共识”。美国学者帕特南则认为：“所谓公共精神是指孕育于现代市场经济和公民社会之中，位于最深的基本道德和政治价值层面，以全体公民和社会整体的生存和发展为依归的一种价值取向，它包含着对民主、平等、自由、秩序、公共利益和责任等一系列最基本的价值目标的认可与追求。”对于公共管理人员而言，公共精神意味着更高、更严格的要求，意味着对于公共服务的召唤以及有效管理公共组织的一种深厚、持久的承诺。中国儒家思想中的“大道之行也，天下为公”和“修齐治平”等思想无不是对公共伦理和公共精神的诠释和弘扬。

公务人才是未来肩负“治国理政”重任的专业人才，从其培养的公共性特征来看，公共精神的培养和公共管理能力的锻造是公务人才培养的灵魂和核心任务，从根本上决定着公务人才培养的素质。儒家所说的“德能配位”就是对公务人才的公共精神和管理能力应相互吻合的最好诠释。既然卓越公务人才是肩负“治国理政”重任的复合型专业人才，其培养就是一个系统工程，更应着重培养学生的综合素质和能力。公务人才的培养无论外部资源如何投入，最终都要归结到人的自我成长的需求，这符合生态型组织的内生成长需求动机的要求；同时公务人才必须是高度复合型的人才，需要吸纳和融合各方面的资源，因此需要建构一种生态型的人才培养体系。

（二）公务人才培养的现实短板需要建构一种生态型人才培养体系

现在高校普遍存在师生疏离、校友淡漠、专业教育和学生管理“两张皮”、“象牙塔”与社会脱离等人才培养碎片化问题，对于公务人才培养尤其不利，带来了非常现实的公务人才培养短板。

1．公共责任伦理薄弱问题

公共责任伦理的养成，既需要专业教育传授，也需要学生自己在实践中习得。碎片化培养难以使教与学、理论与实践、校内与校外有机融合，限制了学生的专业视野和社会认知能力，“精管为公、善治天下”的公共伦理难以内化成学生内心的坚定信念。

2．综合知识和素养不足问题

师生疏离、校友淡漠、专业教育和学生管理“两张皮”“象牙塔”与社会脱离等人才培养资源问题，使得公务人才培养难以形成合力，降低了复合型公务人才培养整体效能，不利于综合知识和素养的提升。

3．自主管理和公共管理能力低下问题

公务人才必须具有强大的公共管理能力，但“一屋不扫何以扫天下”，碎片化培养不能有效激发学生内在生长需求动机，没有为学生提供自主管理平台，因而自主管理能力得不到充分发展；同时碎片化培养也不能有效建立学校教育和社会参与的联合，阻碍了自主管理能力向公共管理能力进化的通道。

总之，碎片化的人才培养体系导致了卓越公务人才培养质量下滑，难以满足国家治理现代化对人才的需求，因此构建内生融合的生态型人才培养体系非常必要。

二、浙江财经大学公共管理学院行政管理专业对于卓越公务人才生态型培养体系构建的改革探索

浙江财经大学公共管理学院行政管理专业是浙江省重点专业，浙江省唯一一个行政管理类“十二五”和“十三五”新兴特色专业，在2019年入选首批国家级一流本科专业建设点，是国内先进、省内领先的面向区域经济社会发展需要的高素质应用型与复合型公务管理人才培养及政策咨询的重要基地。行政管理专业积极探索人才培养模式的创新，进行了构建生态型公务人才培养体系的改革探索，即引入互联网企业生态型发展理念，基于学生成长需求动机，通过培育全流程人才培养生态链，搭建四层培养平台，构建出“学生自主＋教师引领＋社会参与”的生态型公务人才培养体系。

（一）生态型培养体系构建的具体举措（见图1）

1．围绕公务人才培养方案，建立“160学分内＋160学分外”全流程人才培养生态链

（1）160学分内。打造鲜明的“行管本色＋财经特色＋大数据管理”专业建设新样态，并根据“专业素养、知识要求、能力达成”的要求，设置了通识、学科、专业、个性化等系统化人才培养课程体系。

（2）160学分外。组织了“行管雏论”读书会（夯实专业理论基础）、项目研究和学科竞赛（锻炼学术能力）、考研（出国）服务（推进高层次人才培养）、就业服务（卓越公务人才出口）、行管“共建共享”校友基金会（感恩反哺）等活动。

（3）“160学分内＋160学分外”相互支撑、相互强化，形成“价值—知识—能力”三维融合的公务人才培养生态链。

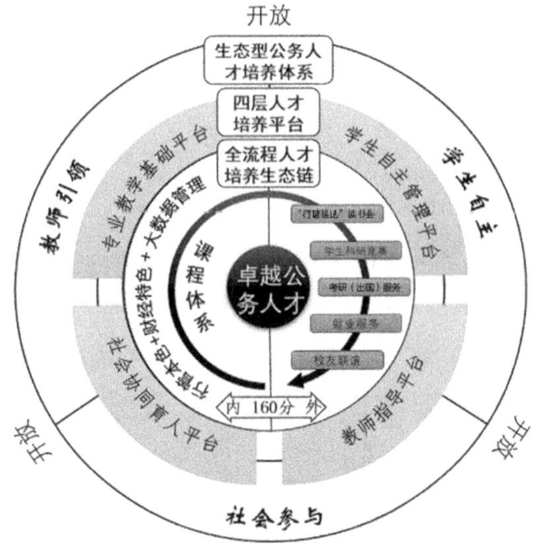

图 1 行管专业生态型人才培养体系

2．生态链交叉、延伸，形成四层公务人才培养平台

（1）专业教学基础平台。由通识教学平台、学科教学平台、专业教学平台、个性化教学平台组成。

（2）学生自主管理平台。升级学生社团“行政管理学会”至 3.0 版（联结学生—老师—社会），实行“自我组织、自我管理、自我发展、自我服务”；设“行管雏论”读书会、项目组、学科竞赛、考研服务、校友联络、对外宣称等事业部，开展 160 学分外各项学生自主管理活动。

（3）教师指导平台。组建各类教师（专业和学生管理）指导团队，分别由具体老师牵头，并和行管学会相关事业部对接，具体指导学生各项活动，形成教师指导平台。

（4）社会协同育人平台。组建行政管理校友会，成立“共建共享”校友基金，进行资金、信息和情感反哺；与住建部政策研究中心、浙江省人大、杭州下城区委组织部等各级党政部门、事业单位和社会组织共建 50 多个多层次、立体化的实践教育基地；与临海市尤溪镇人民政府等浙江 11 个地市的 30 多个乡镇签署战略合作协议，共同打造面向乡村振兴战略的卓越公务人才培养实践平台，为地方基层政府治理提供人才支持；与政府、协会、高校、社会组织等合作创办、承办浙江省大学生公共管理案例大赛，参与大学生乡村振兴创意大赛、“互联网＋”“挑战杯”等各类大型创新创业竞赛活动。

3．围绕四层平台，进化出“学生自主＋教师引领＋社会参与”的生态型公务人才培养体系

（1）通过四层平台资源的整合与转化，公务人才培养层层进化。具体而言，

专业教学平台奠定了公务人才培养的基础；学生自主管理平台激发了学生“自我组织、自我管理、自我发展、自我服务”的意识和能力；教师指导平台改变了师生疏离现状，让老师在课堂外也能参与到学生培养之中，既能提升学生活动质量和层次，又能增进师生情谊，同时还能激发老师教书育人的热情，提升科研和教学水平；社会协同育人平台引进了多方教育资源，扩大了学生的专业视野，锻炼了专业实践能力，同时又促进了校政、校企、校社合作。

（2）平台融合进化，形成了“学生自主＋教师引领＋社会参与”的卓越公务人才生态型培养体系。它既是一个完整的闭环，又是一个开放的系统；它整合了内外部的资源，同时又促进了所有参与主体的发展。

（二）改革的创新点

1．引入了回归“以学生为中心”教育初心的生态型培育理念

培育理念回归“以学生为中心”。公务人才培养必须基于学生成长需求动机，行政管理专业的改革旨在先激发公务人才自我学习、自我发展的内在动力，然后再引入多元力量和资源投入。这种内生融合的生态型培养理念与现阶段教育改革过于强调技术革新和资源投入等强外部性介入不同，具有重大创新。

2．构建了实现公务人才综合素质和能力培养的多维平台整合模式

行政管理专业的改革针对公务人才培养的碎片化问题，重构出多层平台推进的整体式公务人才培养模式，形成“学生自主＋教师引领＋社会参与”的多元主体无缝对接的公务人才培养生态体系，最大程度地复合了公务人才“价值—知识—能力”的综合性培养。

3．形成了“链—平台—生态”三级人才培养自我进化机制

形成了“链—平台—生态”三级人才培养进化机制。这种新机制具有高度灵活性和创造性，所有人才培养链和平台都有明确的价值创造目标，不需要“有形之手”的过多干涉，依靠生态系统相互促进的“无形之手”就可以自主运行，因此具有很强的自管理、自进化的特征。而且因其开放性，新机制可以持续吸纳外部资源，使公务人才培养的生态力越做越强，从而为国家治理体系和治理能力现代化培养更多卓越的公务人才。

三、行政管理专业卓越公务人才生态型培养体系构建探索的效果

行政管理专业人才培养的改革探索推广到了整个公共管理学院，取得了比较好的人才培养效果，并因此获得了浙江财经大学教学成果一等奖。具体成效如下。

（一）增强了学生的自主服务意识和公共服务精神

1．大大提升了学生的自主服务意识

行政管理学会能够独立承办“行管雏论”读书会、浙江省大学生公共管理案

例大赛浙江财经大学校赛，独立筹划每年的考研（出国）经验交流会和校友返校日校友返校接待工作，还创办了公众号进行对外宣传，扩大专业影响力。行政管理学会获得了浙江财经大学十佳学生社团称号，并带动了其他公管专业学生社团向生态型组织发展。

2. 学生的公共精神逐渐养成

学生更加主动关心社会热点问题，积极投身社会服务。2017 年，公共管理学院的“古村之友”公益创新创业成果得到浙江省委原书记车俊同志的肯定；“传七载薪火，筑文化之桥”本科生暑期实践团队荣获全国优秀实践团队；行政管理学生参与的百人廉政调研团，连续出版 5 本《浙江省县级政府反腐败公民感知评价报告》，先后得到两任省纪委书记的批示，并由中国教育报、新华网、光明网等多家媒体进行了专门报道。学生踊跃参加社会实践，共参加各类实践项目 500 多人次，各类社会服务活动 200 多人次，圆满完成服务保障 G20 杭州峰会、全球私募基金西湖峰会、“五水共治”宣传调研等的服务，还有各种支教志愿服务等。

（二）提升了学生的综合素质和能力

1. 提升了学生的学术能力

公共管理学生在各类学科竞赛、科技竞赛及创新创业竞赛中荣获省部级奖项或项目 140 多项，“挑战杯”“国创计划”等国家级竞赛和项目 45 项，在省内公共管理类专业中名列前茅；学生发表论文近 30 篇。

2. 提升了学生的升学能力

公共管理学院考研、出国深造率从 2015 届的 9% 大幅增长到 2019 届的 18%，行政管理专业连续三年考研、出国率平均达到 23%，考入国内外名校研究生数量逐年上升。

3. 提升了学生的就业能力

公共管理学院就业率稳步提升，行政管理专业就业率从平均 91% 提升到 100%（有民族生），其他专业的就业率都在 97% 以上。

（三）推动了教学科研和学科专业平台的发展

1. 提升了学院教师的教学与科研水平

在教学方面，1 人被评为省优秀教师，获得学校教学成果奖 4 项，有 5 人次获得学校各类课堂教学奖，有 10 多人次获得省、校教学改革课题立项；在科研方面，学院近年有超过 100 项的各级各类科研课题立项，发表各类科研成果论文近 200 篇，获省科研成果奖 6 项，获得各类科研经费近 2000 万元，发表各级领导批示近 30 项，有 5 名教师成长为省级人才。

2. 发展了学科教学平台

公共管理学科在教育部第四轮学科评估中排名显著提升，评估的等级为B-，位列省属高校公共管理学科第一。在2018年软科排名中更是在参评的222所大学中排名前18%，位列第41名，较上一轮进步12名，同样位列省属高校公共管理学科第一。专业排名持续上升，其中行政管理专业成为全省行政管理类专业中唯一的“十二五”“十三五”的新兴特色专业，2019年成为首批国家一流专业建设点。

（四）扩大了社会影响力，提升了学科专业的社会认同度

《中国教育报》大篇幅报道了公共管理学院卓越公务人才的培养成效，《中国建设报》深度报道了公共管理学院探索校政合作人才培养、为G20杭州峰会保驾护航的成功经验，人民网、新华网、光明网、法制网、中国教育在线、浙江在线等也进行了大量相关报道。“双师双行”活动项目连续获得教育部新时代高校党建“双创”工作项目、教育部全国学生党支部工作案例优秀作品及浙江省高校辅导员工作精品项目（全省仅五项）等奖项及荣誉。中国教育报也大篇幅报道了生态型培养体系的重要节点项目导师制的发展及其成效。

四、结语

通过上述的行政管理专业人才培养的案例分析，可以看出，公务人才的生态型培养体系确实能调动学生的积极性，并通过生态型育人平台，凝聚各方教育资源，解决人才培养资源的碎片化问题，最大程度赋能卓越公务人才的综合培养。生态型培养体系一旦成型，就会发挥巨大的潜能。但是我们也应该看到，生态型体系的构建并非一日之功，而是需要长期的培育和积累，特别是需要进一步精准定位卓越公务人才培养的目标和能力达成，梳理课程体系，着力打造人才培养的平台体系，因此还有很长的路要走。

参考文献

[1] 柏拉图．理想国[M]．郭斌和，张竹明，译．北京：商务印书馆，1986.

[2] 亚里士多德．政治学[M]．吴寿彭，译．北京：商务印书馆，1986.

[3] 西塞罗．论共和国[M]．李寅，译．南京：译林出版社，2013.

[4] 罗尔斯．正义论[M]．何怀宏，何包钢，廖申白，译．北京：中国社会科学出版社，2019.

[5] 帕特南．使民主运转起来[M]．王列，赖海榕，译．南昌：江西出版社，2001.

[6] 张志红．注重公共精神塑造强化实践教学环节——西北师范大学公共管理人才培养的探索与实践[J]．高教学刊，2016（12）：155-156，158.

[7] 祝天智 . 公共管理专业人才培养中的公共精神塑造[J]. 大学（学术版），2014（4）：21-26.

[8] 黄胜忠 . 互联网时代的生态型组织构建研究——基于马云的组织变革逻辑[J]. 中国人力资源开发，2015（16）:107-112.

项目驱动土地资源管理专业复合创新人才培养研究

◎李武艳[1] 薛继兵[2]

摘　要：社会发展对土地资源管理创新人才的培养提出了更高的要求，项目驱动方法是提高学生学习主动性、能动性和创新精神的重要途径之一。本文在分析项目驱动教学方法优势的基础上，分析土地资源管理专业复合创新人才中运用项目驱动方法的必要性，以及当前土地资源管理人才培养中存在的问题，最后提出在人才培养模式中扩大学生的学习自主权，实施以学生为中心的驱动式教学，注重学科交叉建设，培养学生的基本技能和学习能力、实践技能和创新能力，将复合创新人才培养作为教学改革的重要方向。

关键词：项目驱动；土地资源管理专业；复合创新人才；教学改革

一、引言

复合创新型人才对于国家、产业、企业都有着无可取代的地位，培养具有全球视野、创新精神和实践动手能力的复合创新人才既是经济社会发展的迫切需要，也是时代的迫切需要。土地资源管理专业是一门综合性学科，培养的人才兼具管理能力和实践能力。虽然土地资源管理专业在 1998 年才被列入《普通高等学校本科专业目录》之中，但自东北农学院在 1956 年成立我国第一个土地规划与利用专业以来，土地资源管理学科建设已经有 60 多年的发展历史。在这 60 多年里，土地资源管理专业为政府和咨询、测绘、房地产等不同类型公司输送了成千上万复合型人才，为我国土地资源合理利用和保障经济发展空间等方面做出了重大贡献。但 2018 年国家机构改革，将原国土资源部、农业部、水利部

---

①李武艳，浙江财经大学土地与城乡发展研究院教授，博士，研究方向为土地可持续发展。
②薛继兵，浙江财经大学公共管理学院副教授，博士，研究方向为土地可持续发展。

等部门的部门职责归并到自然资源部进行统一管理。自然资源部的组建标志着我国土地资源管理行业进入全新的发展阶段。同时，在当前复杂的国际形势下，我国面临能源、环境、健康等问题，土地资源管理专业更加应将传统的人才培养转变为致力于培养复合创新人才，满足国家与社会的需要。

项目驱动教学法萌芽于欧洲的劳动教育思想，最早的雏形是18世纪欧洲的工读教育和19世纪美国的合作教育，经过发展，到20世纪中后期逐渐趋于完善，并成为一种重要的理论思想潮流。项目驱动教学法是一种建立在建构主义理论基础上的新型教学法，被誉为近年来教育领域最引人瞩目的革新。项目驱动教学法是通过项目的形式进行教学，所设置的项目是由精心设计的任务构成的探究性过程。学生在教师的指导下通过合作学习处理、完成项目的任务，在这一过程中学习掌握教学计划内的教学内容。在土地资源管理专业教学中有不少学者开始探讨使用项目驱动教学法，并取得了显著效果。例如，王枫设计基于项目驱动的土地信息系统实验教学方案，以项目贯穿整个实验教学过程，将土地信息系统相关技术要点有机联系和统一起来，在实际应用中取得了较好效果。目前，研究者更多是用项目驱动法探索教学研究，而对项目驱动土地资源管理专业人才的培养模式研究较少。本文首先说明新形势下土地资源管理专业人才培养要求，然后介绍项目驱动教学模式的优点，接着分析当前专业人才培养中存在的问题，最后提出如何用项目驱动方法进行土地资源管理专业复合创新人才的培养。

（一）项目驱动教学可以推动第二课堂建设

土地资源管理专业开设的学科课程、专业必修和选修课一般一周两节或三节。在这有限的两三节课中，无论教师如何高效地设计课堂教学形式，如果不辅以学生的课外学习与练习，学习效果都不会很理想。项目驱动下的学习可以给学生提供大量的课外学习资源，创造一个以学生为中心、培养学生自主学习能力的专业学习环境，是课堂教学的自然延伸和促进。比如，给学生推送自然资源部、所属行政区域的自然资源管理网站和土地资源管理的相关微信公众号，利用这些资源设计学生学习动机高的项目，使每个学生都参与到项目的学习中，完成一系列的任务，这样，教师可以给学生创造一个多维的专业学习环境，以及专业学习理论与实践融合的多通道。

（二）项目驱动教学可以突破单一的授课方式

在传统的土地资源管理教学中，教师角色主要定位于授课，而使用项目驱动教学法的教师需扮演多重角色，如项目的设计者、参与者、鼓励者、监督者等一系列角色。教师在扮演不同角色时，能够与学生充分地互动，比起较传统的教学方式，更易了解学生需求，做到因材施教，使学生更愿意参与到适宜自己学习需求、适宜自己专业学习能力的项目中去，有利于发挥学生的学习主动性。应用项目驱动教学法可以突破单一的授课方式，辅之以分组教学、个别教学，以及课外与学生交流、辅导，充分发挥教师和学生双方的主动性。

（三）项目驱动教学有利于培养学生的综合能力

项目驱动教学有利于培养学生的实践能力、合作能力和创新能力，促进学生学习动机、兴趣、信心及学习自主性。在传统的专业教学中，学生一般是独立学习，完成与教材相关的作业，做一些与考试相关的习题等。以这种学习方式培养出的人才多数情况下不能完全满足社会需要：他们的实际运用能力差，达不到单位工作要求。而项目驱动教学下，教师可以设计各种项目，创设真实的工作环境，利于培养学生的理论联系实践能力；学生在项目完成过程中进行合作学习，也锻炼了交际能力、合作能力和创新能力；项目驱动教学重视学习成果的展示，这又可以使学生体验到学习上的成功和进步，提高学习信心，促进学习动机，进而培养学习自主性。

二、土地资源管理专业人才培养运用项目驱动方法的必要性

（一）土地资源管理专业本身特点的需求

土地资源管理专业是以管理学、经济学、土地资源学等为基础，以公共管理理论为核心，以规划、信息技术为手段，多学科紧密联系的综合性学科，是一门实践性和应用性较强的学科。随着土地制度改革的深入，土地资源管理信息化、工程化、规范化的推进和相关学科的快速发展融合，社会对土地资源管理人才的应用创新能力和研究创新能力提出了更高的要求。项目驱动方法可以提供土地资源管理实践平台，成为将各种学科知识串联的纽带，使学生接触到土地资源管理最真实的问题和需求，驱使学生熟悉、掌握各类专业知识，并进行大脑风暴，研究和创新性地解决实际问题，进而引导学生向复合创新人才方向转变。

（二）土管专业发展变革的需求

2018 年十三届全国人大一次会议通过了关于国务院机构改革的方案，对国家机构做出了重大调整，决定组建自然资源部等部门，将原国土资源部、农业部、水利部等部门的部门职责归并到自然资源部进行统一管理。自然资源部的主要职责是对所有各类自然资源进行监管和保护，自然资源管理强调的是对所有自然资源包括土地、矿产、水资源等的统一管理，土地资源管理侧重于对土地资源的开发利用和保护。原国土资源部的建立使得土地资源管理专业得到了快速发展，在机构改革的情况下，土地资源管理专业面临着转型发展。项目驱动方法可以使高校及教师快速了解我国土地资源管理机构变革带来的专业需求变化，使学生尽快掌握专业知识，满足新形势下土地管理转型发展需求。

（三）复合创新人才培养的需求

习近平总书记在全国教育大会上强调，“推进产学研协同创新，积极投身实施创新驱动发展战略，着重培养创新型、复合型、应用型人才”。产学研协同创新必须有项目的支撑。项目驱动方法可以提供完善的理论体系和框架，加强复合创新人才培养的理论基础，提升培养方案的系统性和完整性。

三、目前土地资源管理人才培养模式的缺陷

（一）学生缺少输出过程

目前的教学模式是老师授课与学生自学相结合，学生参与度较低，学生之间的合作也少。现状是学生已经有了大概的知识框架，在课程中也都做了相应的笔记，但总是感觉自己对于很多知识还是理解得太浅，无法熟练运用所学知识。在这样的情况下，学生对自己是否可以独立完成项目并没有太大的把握，认为做项目的实战效果一定不佳，总是认为自己需要先把项目中需要运用到的知识点给拎出来，进行单独的学习，才可以在熟练运用知识的基础上去做项目。

（二）课程中缺少案例教学

目前的人才培养模式过于注重通过教材灌输基础知识和管理方法给学生，教学过程过于程序化，没有足够多的项目和案例穿插在课堂中，学生缺乏探索知识的欲望和实践技能的学习。学生的知识都仅限于书本，很难联系具体的案例，导致课程知识和实践是两个独立的部分，也不能通过具体的项目案例来了解土地资源管理的实操，整个课程的教学最终沦为一个讲解课本知识的过程。

（三）学生在学习过程中易趋易避难

结合我校财经院校的背景，土地资源管理专业希望可以培养出兼具土地资源管理和财经特色的复合创新人才，即能够从财经角度认识到土地资源管理重要性的技能型人才。因此，我校对土地资源管理专业的人才培养模式既不能脱离土地资源管理，教学过程又应与财经内容相对接，努力培养出复合创新人才，这就对学生的知识背景有了较高的要求，需要学生花费更多的时间学习相关学科知识。但是学生在学习的过程中，总是会趋易避难，因为平时的学习没有足够的压力和任务，学生们往往会陷入一个舒适区，偏向于学习简单的东西，然后下意识地逃避有难度的内容，这样看似在不停地学习，实际上进步却不大，还浪费了时间。

四、项目驱动复合创新人才培养

过往的课堂教学以教师为主导，学生常常会因对课堂内容不感兴趣或是专业知识较难掌握而对学习失去兴趣，逃课、应付作业的事件时有发生。基于此，我们要通过项目驱动下的教学改革来改变这一现状。该项改革以项目活动为主线，

将土地资源管理专业学生所需的专业知识与企业提供的项目结合起来，通过这种新型教学方式提高学生学习的主动性与积极性。学生通过自己的努力完成资料收集、探索研究、设计方案、实施方案等一系列步骤。这些步骤将学生推到了项目主导者的位置上，使学生拥有更多的自主性与选择权，在提高学习能力的同时进一步得到了成就感，从而正向刺激学生主动参与课堂活动，积极学习新的知识，完成新的项目，提高学生对于课堂的认同感与归属感，达到人才培养模式灵活化的目标。这样一整套正向循环体系正是项目驱动教学改革的优势所在。

（一）强调以学生为中心

在项目驱动型的教学模式中，教师只是承担了引导者和帮助者的角色，在不同的情境下尽可能地调动学生学习的主观能动性，从而使学生在项目开展过程中将课程涉及的知识点进行重新建构。这种教学方式一改学生被动获取知识的模式，将学生转变为知识的主动建构者，学生主动建构教材中的知识，而不是依赖教师搭建的知识框架，而教师传授的过程也不再是学生获取知识的唯一媒介和方式，学生开始探索通过协作和自学来建构自己的知识框架。在这种模式下，学生主动探索知识的欲望将会被放大，创造能力、操作能力和解决问题的能力都能够得到锻炼。

（二）注重学生综合能力和创新精神的培养

企业现在越来越看重学生的综合能力和创新精神，其中包括了学习能力、沟通能力、团队协作能力、创新能力等多种素养。项目驱动式教学与传统教学模式的不同点在于，团队协作的重要性被放大，加强了教师与学生间及学生与学生间的关联性。这种模式有利于培养学生沟通、分享、团结合作的能力，同时也为项目驱动式教学模式多元的课程评价体系提供了依据。作为实践的载体，团队将成为项目完成主体，两者高度结合才可以完成教学目标。因此在课程中，教师应该给学生更多探索学习、讨论交流、合作解决问题的机会。学生在团队的背景下依据自己的兴趣特长选择角色分工，并在不同的团队中通过角色转换锻炼自身的综合素养。

（三）促进了实践教学体系的建设和改革

目前大部分学校主要通过实习的方式与企业合作，这样导致学校长期处于被选择的位置，企业掌握了主导权，且由于实习与教学的时间跨度较大，很大一部分学生不能够将所学的知识与实践相结合，使得企业实习流于形式。因此，项目驱动的教学模式将企业中的项目应用在教学过程中，同时在项目设置的过程中，将课程的知识框架、实际项目实施情况等都纳入考虑，做到宏观把控项目的难度，能够尽可能地包含所学的全部重要知识点，而不是局限于部分独立的知识。在此基础上，注重学科交叉，学生能够综合串联财经知识与土地资源管理知识，认识到知识体系之间密切的关系，而不是割裂地看待两门学科。同时，学校可以更好地为企业输出优秀的复合创新人才，改变校方在校企合作中的被动地位。

（四）考核方式和评价方式多元化

作为认知主体的学生，如果在整个学习过程中一直处于一种被动学习的状态，那么会对培养创新型人才造成很大的阻碍。项目驱动的教学模式不再延续考试这一种单一的考核方式，除了卷面考试和课程论文之外，教师可以通过学生在项目实施过程中的表现，建立一个多维度的考核体系，例如从组织协同能力、表达能力、项目完成度等多方面展开考核，在此基础上再结合传统的考核方式，这就避免了学生平时懈怠、期末突击学习的情况。

五、结论

本文通过分析土地资源管理专业目前人才培养模式中的缺陷，构建了项目驱动型的复合创新人才培养模式，注重学科交叉，扩大了学生的学习自主权，通过参与课程项目，学生掌握专业知识与技能，提高创新思维与意识、组织协调能力。本文也具有重要的理论意义，为项目驱动型的复合创新人才培养模式提供了理论支撑，在一定意义上弥补了以往对于人才培养模式研究的不足，也为土地资源管理专业的复合创新人才培养提供了支持。

参考文献

[1] 陈文敏，吴翠花，于江鹏．创新型人才培养模式的系统分析 [J]. 科技和产业，2011,11(1):117-121.

[2] 马玲玲．项目驱动教学法在大学英语教学重的应用 [J]. 和田师范专科学校学报（汉文综合版），2010，29(4)：133-134.

[3] 王枫，基于项目驱动的土地信息系统实验教学设计探讨 [J]. 中国教育技术装备，2012(27)：134-135.

[4] 李纯青．王志玲，朱治安．基于建构主义的课题研究教学模式对学生创新能力的影响研究 [J]. 清华大学教育研究，2006(S1):179-183.

[5] 唐炜．基于“项目驱动”的单片机类课程实践教学改革 [J]. 实验室研究与探索，2010,29(5):130-132，154.

[6] 任艳，任勇．基于团队协作的项目驱动教学模式实践研究 [J]. 现代职业教育，2019(28):190-191.

[7] 吴晓刚．基于项目驱动的数据库课程自主探究式教学模式 [J]. 计算机教育，2012(2):81-83,87.

[8] 田浩．基于项目驱动的团队协作式实践教学模式研究 [J]. 湖北经济学院学

报(人文社会科学版),2015,12(3):168-169.

[9]高冬梅.基于项目驱动的工程审计课程改革研究[J].低碳世界,2019(12):306-307.

[10]代洪亮,王新刚,陈芳艳,等.基于项目驱动式教学的水工程经济学课程教学建设与改革[J].科技视界,2019(36):55-57,14.

[11]赵志娟.项目驱动式教学在环境工程微生物学课程中的应用[J].大学教育,2019(11):79-81.

[12]田秀霞,彭源,孙超超,等.创新实践项目驱动的信息安全专业教学改革[J].计算机教育,2015(23):30-33.

[13]张水波.分组协作式学习在计算机教学中的实践与思考[J].宁德师专学报(自然科学版),2006(3):307-309.

培养全球数字经济的领导者：工程师能力框架构建
——基于国际比较的视角[①]

◎吴婧姗[②]

摘　要：数字化转型趋势下，各国正加紧布局数字化人才战略，特别是培养一批适应未来复杂工程场景和新技术挑战的工程师成为全球数字经济领导者，推动并引领数字化发展方向。本研究基于国际比较视角，对以欧美为主的发达工业国家和地区近年来构建的工程师能力框架开展深度文本分析，同时比较研究不同视阈下数字化能力内涵及其要素构成，从而识别全球工程科技人才培养目标的共性特征和多元化需求，为数字中国建设背景下我国工程师能力框架构建提供借鉴和启示。

关键词：工程师；能力框架；数字化能力

以大数据为核心动力，伴随人工智能、云计算、物联网等前沿技术的深化与广泛应用，世界各国加紧布局数字化战略、着力发展数字经济，以抢占新一轮全球竞争的制高点。数字中国是新时代国家信息化发展的新战略，涵盖了经济、政治、文化、社会、生态等各领域，体现数字驱动高质量发展的根本性要求。当前我国数字经济规模已位居全球第二，有望成为全球数字化发展的引领者，为世界提供数字赋能的“中国样本”和“中国方案”。人才竞争决定格局之变。工程科技人才作为创新驱动发展的战略资源，是数字中国建设的中坚力量，更是未来全球竞争格局和定位的关键。那么，如何培养全球数字经济的领导者？首先要瞄准定位，即明确人才培养目标——构建“工程师能力框架”。本研究将从国际比较的视角，通过系统梳理全球工程师能力框架的已有基础（工程教育认证标准），并重点就近年来欧美工程师能力标准及数字化能力框架的相关研究进

①基金项目：浙江省自然科学基金青年项目（LQ19G030009）。
②吴婧姗，浙江财经大学公共管理学院讲师，博士，研究方向为工程教育、科教管理。

行比较分析，为数字中国建设背景下我国工程师能力框架构建提供借鉴和启示。

一、全球工程师能力框架的已有基础

工程师能力框架是工程科技人才培养目标的系统化表达，是工程教育质量保障体系的重要组成。本文所指的“能力”主要对应英文中的“competence”一词，侧重于工作胜任力，是丈量教育与工作需求之间差距的有效标尺[1]，意即从教育产出的角度，考察工程毕业生胜任工作所需的知识、技能、态度等。所谓“框架”是由基本概念组成的架构，用以解决或者处理复杂问题。因此，能力框架（competence framework）作为一系列能力项的集合，既反映能力要素的结构特征，同时也通过要素的有机组合实现整体目标。

作为工程师能力框架的重要组成，工程教育认证不同于以往着重于教育投入的评估，认证的标准已从“专业结果”（program outcome）向着“学生学习结果”（students' learning outcome）过渡[2]。这意味着工程师能力框架在工程教育认证中的基础和核心作用。我国工程教育一方面积极参与国际互认，借鉴和参考欧美国家相对成熟的标准以适应经济全球化（如 2016 年正式加入“华盛顿协议”）；另一方面也在积极探索具有本国特色的培养计划和标准体系，如 2010 年启动“卓越工程师教育培养计划”，2017 年启动“新工科建设”等。

鉴于此，本研究选取以下五个典型的国内外工程教育认证标准，采用扎根理论的方法，对标准体系的文本内容进行编码分析，从而识别全球工程师能力框架的主要导向及个性化要求。分别是：①“华盛顿协议”（WA）提出的毕业生要求[3]；②“欧洲认证工程师计划”（EUR-ACE）规定的资历框架标准[4]；③“美国工程和技术鉴定委员会 2018—2019 年度工程专业认证标准（《EC2018-2019》）”中的学生结果标准[5]；④“中国工程教育认证标准”设定的毕业要求[6]；⑤“卓越工程师教育培养计划”通用标准[7]。

总体而言，上述认证标准所体现出的全球工程师能力要求较为一致（见表 1）。目前国际主流的两大认证体系（“华盛顿协议”与“欧洲工程师认证”）尽管在一级条目设置上有较大差异，但通过文本分析和二级编码后发现，两者所涵盖的能力要素基本趋同。其中，ABET 工程专业认证标准和中国工程教育认证标准根据“华盛顿协议”的实质等效性要求，所设置的毕业生素质要求较为接近。值得注意的是，“卓越计划”是为培养我国各行业高质量创新型工程技术人才而提出的战略举措，因此在能力标准上有更多元化的表达，比如对工程运行与维护、创新意识与能力及危机处理能力等方面尤为强调。

本文基于对五份全球典型的工程教育认证标准的文本分析，形成了对当前工程师能力框架及其基本构成的初步理解，分析结果基本呼应当前工程教育改革的主要诉求：第一，以工程设计为核心的知识应用与工具使用，工程的本质是设计[8]，是在充分考虑社会、健康、安全、文化、环境、经济等限制条件的前提下，设计、选择与实施工程问题方案，是技术性知识与非技术性知识的集成应用；第二，工程问题的处理与解决，尤其强调复杂工程问题解决的能力及跨学科团队的有效沟通与合作。

表 1　工程教育认证标准要素识别

模块 / 要素	华盛顿协议（2013年6月）	欧洲认证工程师计划（2015年3月）	ABET 工程专业认证标准（2017年8月）	中国工程教育认证标准（2017年11月）	卓越工程师教育培养计划通用标准（2013年11月）
共性要素					
知识应用与综合 问题处理与解决 团队合作与沟通 职业发展与素养	STEM 知识与应用 / 工程设计 / 问题识别与分析 / 问题解决 / 团队与跨界合作 / 有效表达与沟通 / 终身学习 / 职业道德与规范				
科研实践 工程意识	科学研究 / 技术与工具使用 / 工程与社会 / 环境与可持续性				/
个性要素					
工程专业知识	√			√	√
项目管理与决策	√	√		√	
人文社科知识					√
工程运行与维护					√
创新意识与能力					√
危机处理					√

注：√表示该要素在认证标准中有明确提及。( )表示该标准的发布或最近更新时间。为便于比较，统一以本科阶段工程科技人才的能力要求作为参考依据。

二、欧美工程师能力框架的前沿进展

国内外工程师能力框架呈现出以工程设计、复杂问题求解、跨学科团队合作、职业发展等作为共性特征，基本体现了工程教育工程范式下的实践性和综合性导向。然而，欧美近年来敏锐地捕捉到数字化、智能化趋势对未来工程和工程师的颠覆性影响，提出工程师能力构建的新思路，指向数字能力以及数字世界下全新的思维模式等。

（一）"数字世界的能力"

2017 年，欧洲工业家圆桌会议（European Round Table of Industrialists）发布《数字世界的能力构建与转型》（*Building and Transforming Skills for a Digital World*）报告[9]。ERT 由荷兰皇家壳牌、西门子、飞利浦、诺基亚、英国航空公司、菲亚特、雀巢等欧洲大型企业的首席执行官和董事长组成，成员单位几乎囊括欧洲所有最重要的非金融企业，因此该会议研讨的主题在欧洲乃至全球产业界具有重大影响力。

报告强调，数字化转型需要“数字技能”，而非仅仅“ICT 技能”。这里的“数字技能”是广义上的，泛指数字化转型影响下各领域所需的一系列综合能力，而非狭隘的 IT 技术能力。主要包括三个方面（见图 1）：①基础数字通识能力（basic digital literacy），包括信息处理、数字交流、数字内容创造、安全、问题解决（数字化解决方案）；②专业技术能力（technical skills）或某领域技术诀窍（domain know-how），包括云计算、增材制造、数字孪生、隐私 / 安全保护、数据分析、数字市场、开发新商业模式；③思维模式与行为（mindsetand behaviours）或可转移的技能（transversal skills），处理复杂问题、敏捷的工作方式、创造力、终身学习。“数字世界的能力”反映了欧洲在数字经济背景下，试图通过提升从业者应对数字转型的能力素质，保持其在传统工业时代延续至今的产业根基，同时提升面向新经济和新产业的创新活力。

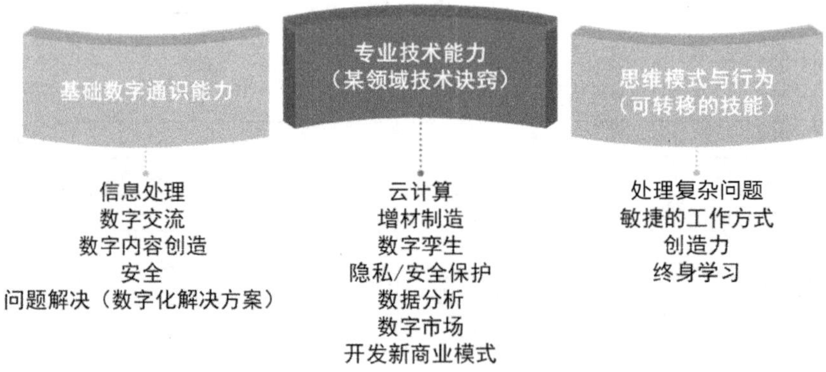

图 1 “数字世界的能力”构成

（二）STEM2.0 新能力平台

2014 年，美国发布报告《STEM2.0：为了我们未来的劳动力势在必行》（*STEM 2.0-An Imperative for Our Future Workforce*）。其倡议者 STEM connector，是连接美国政、产、学、研各界人士与资源的 STEM（科学、技术、工程与数学）教育与研究联盟。该机构下设的创新特别小组（Innovation Task Force, SITF）由来自企业、政府、教育机构和非营利组织的 30 多名领袖组成，致力于设计和运作 STEM 创新项目，促进全美 STEM 领域人力资源开发和 STEM 产业可持续发展。STEM2.0 正是由该小组率先提出并作为近些年重点推进的项目之一（见图 2）。

STEM2.0 的提出是对美国 STEM 教育 30 年的回顾与反思，同时也是美国出于对新一轮产业革命和全球竞争格局重塑的考量，而对科技人力资源战略储备做出的积极响应。倡议者认为，当前 STEM 教育重视科学、技术、工程与数学学科的发展，但重视的是教育内容（content）；而 STEM2.0 应以需求的角度、长远的眼光，关注工程师对未来真实工程场景（context）的适应性。如何实现从 STEM1.0 到 2.0 的升级，报告给出如下公式（见图 2）：STEM1.0+ 未来新能力平台 =STEM2.0。其中，“新能力平台”（new capability platforms, CPs）直指未来 STEM 从业者的四人核心竞争力(见图 3): 基本的就业技能(employability skills2.0 ）、卓越的创新技能（innovation excellence）、娴熟的数字技能（digital fluency）和过硬的专业技能（hard skills）。值得关注的是，数字技能被单独列出，被视为未来工程师所需的核心能力。可见，STEM2.0 所期望的工程师不仅是物质世界的建设者，也将成为数字时代的领导者（见图 3）。

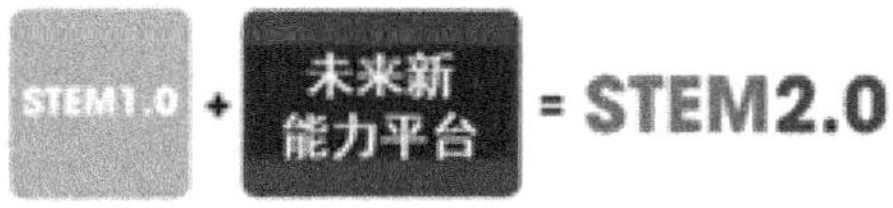

图 2 STEM2.0 公式

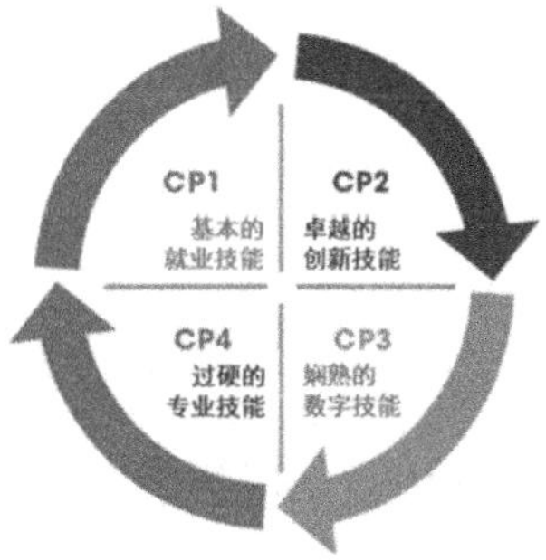

图 3 “新能力平台”构成

三、工程师数字能力框架的国际比较

尽管数字能力被视为未来工程师的核心能力受到高度的重视，但是对于其内涵的理解目前尚未有统一界定。各国学术界提出的数字素养、e 能力、ICT 技能、计算能力等相关概念层出不穷，从某种程度上也反映了不同国家和地区基于本国数字化产业基础及其对数字经济转型的重点方向存在不同考虑。本研究将在全球数字能力研究动态的基础上，立足于数字中国的本土情境和现实需求，为我国工程师能力框架构建提供借鉴。

（一）欧洲 21 世纪 e 技能（e-Skills 21）

2007 年，欧盟委员会沿用 2004 年欧洲 e 技能论坛的术语[10]，发起一项研究：21 世纪的 e 技能：提升竞争力、创造增长与就业（e-skills for the 21 century: fostering competitiveness,growth and jobs）。该项研究考察了受 ICT 环境影响程度不同的三类群体，由此开发出多层次的“21 世纪的 e 技能”（e-Skills for the 21st Century，eSkills 21）[11]，它包括以下三方面：① ICT 从业者技能（ICT practitioner skills）：指研究、开发、设计、策略规划、管理、生产、咨询、市场开发、销售、整合、安装、管理、维护、支持与服务 ICT 系统所需的能力。

② ICT 使用者技能（ICT user skills）：个人有效地应用 ICT 系统和设备的能力，包括使用常用软件工具、专业工具支持工作。该层次对接数字通识能力（digital literacy），即 ICT 在工作、休闲、学习和交流中的基本应用。③电子商务技能（或称"电子化领导力"）（e-business skills, also called e-leadership skills）：主要是指基于 ICT（特别是网络）开发机会，进行商务处理、管理和组织流程设计，以及新业务拓展等。

（二）欧洲 ICT 从业者 e 能力框架（e-CF）

欧洲数字能力框架（European e-competence framework，e-CF）是欧盟 21 世纪 e 技能的重要组成部分[12]。该框架起源于 2006 年欧洲标准化委员会（CEN）ICT 技能研讨会达成的一项共识，而后几经讨论、修改（2013 年 3.0 版完成），并于 2016 年正式成为欧盟官方标准（EN16234），成为欧盟成员国所有企业、教育机构、人力资源管理者、政策制定者等评价人才能力的通用标准。e-CF 系统梳理了 ICT 工作场景下工程师所需技能的方方面面，将之归纳为五大能力模块、40 项子能力，并根据技能、知识和熟练程度对能力水平进行差异化界定，全面涉及了信息化环境下的各要素。具体而言有：计划模块（PLAN），包括商业计划、架构设计等；建构模块（BUILD），包括应用开发、测试等；运行模块（RUN），包括用户支持、问题管理等；赋能模块（ENABLE），包括信息安全战略开发、数字营销等；管理模块（MANAGEMENT），包括风险管理、ICT 质量管理等。

（三）欧盟数字能力框架（DIGCOMP）

数字能力（digital competence，DIGCOMP），来源于 2006 年欧盟发布的《对终身学习关键能力的建议》（*The Recommendation on Key Competences for Lifelong Learning*）[13]。报告识别了面对知识社会，欧盟所有从业人员应该具备的八项核心能力，其中将数字能力提升到与母语交流、学会学习、主动意识和创业精神等同样重要的位置。欧盟官方将"数字能力"定义为：在工作、就业、学习、休闲以及社会参与中，自信、批判、负责任地使用信息技术的能力。此后，欧盟围绕数字能力开展的研究更加丰富与深入，其中以欧盟委员会联合研究中心（the Joint Research Centre, JRC）实施的数字能力项目尤为瞩目。JRC 的数字能力框架经年累月修改成型（2013 年第 1 版、2016 年第 2 版），框架内容包括：信息与数据素养（information and data literacy）、交流与合作（communication and collaboration）、数字内容创新（digital content creation）、安全意识（safety）和问题解决（problem solving）五个能力领域，21 项具体指标[14]。其中，每个能力项又区分为基础、中等、高级三个能力水平，并分别在知识、技能和态度三个维度展开具体描述。

（四）美国计算思维能力（CT）

计算思维（computational thinking，CT）于 2006 年由美国华裔科学家，卡梅隆大学周以真教授（Jeannette M. Wing）正式定义：计算思维是运用计算机科学的基础概念进行问题求解、系统设计，以及人类行为理解等涵盖计算机科学之广度的一系列思维活动[15]。此后，她两度补充和完善该定义，分别强调了计算思维的抽象化和自动化本质属性[16]，以及问题解决过程观[17]。在周教授的推动下，美国自然科学基金会（NSF）于 2007 年和 2011 年先后启动“CDI”和“CE21”计划，专门支持计算思维在科学与工程领域研究的创新以及 K-14 阶段师生的计算教育研究。美国国家科学委员连续两年组织各领域专家研讨计算思维的范围与性质[18]、教育方式[19]。尽管如此，对计算思维能力内涵的讨论莫衷一是，有从问题求解过程、计算科学的知识体、思维活动的属性特征等各角度出发的诠释，其中较具权威性的是一个操作性定义，将计算思维解构为六个实施过程：问题结构化、数据分析、模型建设、算法设计、方案实施和应用迁移[20]。

（五）数字能力框架的比较

上述数字能力从不同视角强调数字技术在各层次、各领域的丰富内涵（见表 2）：eSkills21 覆盖面最广，提纲挈领地指出数字能力在专业化、通识化和商业化三个方向的应用，但并没有就具体能力项进行展开；e-CF 是对专业化方向的延伸（即 ICT 领域的从业技能），落脚在数字应用层面；DIGCOMP 定位为从业者在知识社会的核心能力之一，属于基础就业能力的范畴。如果说欧洲的数字能力主要关注知识、技能的细节构成，那么美国提出的计算思维反映的就是一种数字时代特有的思维方式，即利用计算科学的基本原理和方法进行工程问题求解、系统再造。

表 2　数字能力内涵的比较

数字能力	eSkills 21	e-CF	DIGCOMP	CT
特点	覆盖不同应用层次	侧重 ICT 领域的从业技能	从业者通用性标准	侧重思维与行动
能力框架 / 层次对应	ICT 从业者技能 ICT 使用者技能 电子商务技能 （或数字领导力）	计划模块 建构模块 运行模块 赋能模块 管理模块	信息与数据素养 交流与合作 数字内容创新 安全意识 问题解决	问题结构化 数据分析 模型建设 算法设计 方案实施 应用迁移
数字基础能力层	√		√	
数字应用能力层	√	√	√	
数字系统能力层	√			√

四、结论与启示

纵观全球工程师能力框架的已有标准和最新研究，尽管在架构上并没有明显创新的痕迹，但工程毕竟始终是一门解决现实问题的学问，因此"解决问题的能力"贯穿始终。然而，伴随新一轮科技革命对工程师及其工作场景的强烈冲击与影响，工程要解决的现实问题更为不对称、复杂且不确定，工程师解决问题的手段和思维方式也更显著地体现出数字驱动、人机耦合和跨界融合的趋势与特征。因此，产业和社会环境对工程师的能力提出了更高的要求。本研究从国际比较的视角，对近些年来以欧美为主的主要工业国家和地区工程师能力框架的文本内容进行扎实深入的分析后发现，这些工程师能力框架至少包括以下几个模块。一是基础就业能力，即职业生涯中所需的通用知识与技能，包括基础知识、工具使用、沟通交流与表达、团队合作与跨界等。其中，具备编程、数据采集、处理与分析、可视化表达等数字与信息素养成为未来所有工程从业者的基本要求。二是工程专业能力，即综合应用专业知识分析、处理与解决工程问题的能力，包括专业知识、问题分析与解决、工程设计、科学研究等。面对未来数字经济蓬勃发展的多元化、复杂性要求，工程师的建模仿真技能、基于情境的数字化工具使用、基于大数据的预测和决策能力等将成为专业竞争力的关键。三是创新创业能力，不仅是对于技术难题的突破，还需要面向市场和社会提供可行性的解决方案。传统意义上的创新创业能力将在数字化情境下呈现出更丰富的内涵，包括数字内容创造与传播、基于大数据的变革与风险防控等。最后，也是最重要的，与其为工程师能力增设又一个冠以"数字化"名义的能力项，不如将"数字"理解为未来工程师的基因，它将作为内核充分集成并融入工程师解决问题的全部过程中，服务于未来工程师在全球数字经济的新局面下改造世界、创造世界的使命。

面向数字化转型的趋势，欧美积极提出对未来工程师能力重构的思考，以期保持科技与人才的全球竞争优势。工程科技人才能力框架是人才培养目标的标准化呈现，是工程教育质量保障体系的重要组成。长期以来，欧美在工程教育评价体系上领跑，掌握工程师能力框架标准的话语权，而今又迅速提出新的改革理念。我国在追赶欧美的过程中，要清醒认识到本国的工业发展基础和工程教育需求，在"工业 2.0 补课、工业 3.0 普及、工业 4.0 示范"的并联式发展模式下，以"数字中国"建设为战略导向，构建有中国特色的工程师能力框架，为全球数字经济新浪潮下的世界主动输出工程科技人才培养的"中国方案"。

参考文献

[1]VAN KLINK M R, BOON J. Competencies: the triumph of a fuzzy concept[J]. International Journal of Human Resources Development and Management, 2003,

3(2):125-137.

[2]余寿文．工程教育评估与认证及其思考[J]. 高等工程教育研究，2015(3):1-6.

[3]IEA. Graduate Attributes and Professional Competencies[Z]．2013-06.

[4]ENAEE .EUR-ACE® Framework Standards and Guidelines[Z]．2015-03.

[5]ABET. Criteria-for-accrediting-engineering-programs 2018-2019[Z]．2017.

[6]中国工程教育专业认证协会（CEEAA）．中国工程教育认证标准[Z]．2017-11.

[7]教育部，中国工程院．卓越工程师教育培养计划通用标准[Z]．2013-12.

[8]王沛民，顾建民，刘伟民．工程教育基础[M]. 北京：高等教育出版社，2015.

[9]ERT. Building and transforming skills for a digital world[EB/OL]．https://www.ert.eu,2017.

[10]European Commission. E-Skills for Europe: towards 2010 and beyond[Z]．2004-09-20.

[11]European Commission. E-Skills for the 21st Century: Fostering Competitiveness, Growth and Jobs[EB/OL]．http://eskills 21.eu,2007.

[12]CEN. European e-Competence Framework3.0[EB/OL]．http://ecompetences.eu，2014.

[13]European Commission. Recommendation of the European Parliament and of the Council on key competences for lifelong learning[Z]．2006-12-18.

[14]JRC. DigComp 2.0: The Digital Competence Framework for Citizens[Z]. 2016.

[15]Wing J M. Computational Thinking and Thinking about Computing[J]. Philosophical Transactions of the Royal Society of London A: Mathematical, Physical and Engineering Sciences, 2008,366(1881):3717-3725.

[16]Wing J M. Computational Thinking[J]. Communications of the ACM,2006,49(3):33-35.

[17]Wing J M. Research Notebook: Computational Thinking-What and why?[J]. The Link Magazine,Spring,2011.

[18]NRC. Report of a Workshop of Pedagogical Aspects of Computational Thinking[Z]．2011.

[19]NRC. Report of a Workshop on the Scope and Nature of Computational Thinking[Z]．2010.

[20]CSTA&ISTE. Computational Thinking in K－12 Education Leadership toolkit[Z]．2011.

（本文部分研究结论已发表在《高等工程教育研究》2019 年第 6 期：《未来工程师的核心能力——基于智能技术驱动型企业实证研究的内容分析》）

营造以学生为中心、激发创造性思维的教育发展思路

◎肖月[①]

摘 要：中国高等院校的主流教学模式是以教师讲课为主，高等院校排名也较多注重学校的科研成果、办学资源和学术水平等指标，对于教学过程和学生的发展等方面关注度有待增强。本文以此为基础，提出创造以学生为中心的教学理念，通过借鉴西方先进国家的经验，结合我国的特殊情况，开展以学生为中心的课堂教学方式。并且，进一步探讨了树立激发学生创造性思维的教学模式和围绕学生的教学评估思路，为有效促进大学生的成长和发展提出建议。

关键词：教学理念；以学生为中心；创造性思维

一、坚持以学生为中心的教学理念

目前，中国高等院校的主流教学模式是以教师讲课为主，尽管老师们花费了大量时间进行备课，并在课堂上尽可能细致地讲解，正是仍然无法防止课堂上同学们不专注、开小差等影响授课效率的行为的发生。并且，现有授课模式主要以期末考试作为依据对学生进行考核，学生被动地接受知识，接受考核，而主动参与的机会较少。现有的课堂教学方法较难有效提高学生的学习意识和综合素质，特别是创新精神。

西方高等院校的教学方法值得我们借鉴。例如，英国的高等院校要求学生在上课前和下课后进行大量的阅读和写作工作。比如牛津大学在这方面的要求较高，一些课程每周需要写一篇论文，学生需要进行大量的前期阅读工作，才能完成这样一篇论文。教师则通过对所教授学科前沿知识的深入研究和对学生水平的把握，精心挑选供学生阅读的参考书目。大量的阅读为学生的知识积累奠

---

①肖月，浙江财经大学公共管理学院讲师，博士，研究方向为房地产经济与管理。

定了坚实的基础，培养了他们的批判性思维和自主探索精神。接着，教师会修改和指导学生提交的课程论文。这种一对一的学术指导，有利于培养学生的科研探索能力。这样的培养方式以学生为中心，有助于教师了解不同学生的学习状况、知识掌握情况，进而因材施教。在课堂上，教师采用鼓励学生进行互相交流和讨论的教学方式，而不仅仅是自己进行全程授课。这样的教学方式有助于鼓励学生进行批判和分析，提出问题，并想方设法解决问题。在这一过程中，学生的批判性思维、表达能力和创新意识得到较大的提升，真正做到将书本上的知识进行消化和掌握。在英国的课堂上，教师扮演的角色是问题的提出者，同时也是问题的研究者，和学生一样。教师适当引导讨论方向，倾听学生的见解，理解他们并指引他们向着正确的方向前行，提出有价值的新问题，不将自己的观点直接抛给学生，而是辅助他们更好地思考问题。除此之外，英国的学校也强调实际运用所学的知识，进行社会实践与服务，增强实战经验，扎实巩固所学。学校鼓励学生进行实习和创业，激励他们学以致用，锻炼解决实际问题的能力。

一直以来，西方类似的以学生为中心的培养体系取得了较好的成效，培养出了众多领域的领军型创新人才，促进了社会的快速发展[1]。我国一直以来的授课方式都较为传统，因此未来课程改革可适当借鉴西方先进国家的经验，并结合我国的特殊国情（比如学生人数众多），尽可能开展以学生为中心的教学方式。在我们的课堂上，应适当地提高学生的参与度，改变单一的讲课方式，为学生提供更多小组合作和课堂展示的机会，锻炼他们的思维能力和创新意识等。在课前、课后，一些科研性质较强的课程也可参照西方的做法，布置相关文献书目鼓励学生进行广泛的阅读与精准的写作。总的来看，笔者所倡导的高质量教学的本质是以学生为中心，不将注意力集中于学生到底学到了什么，而是关注学生发展了什么能力，简单来说即“授之以鱼，不如授之以渔”。

二、打造激发学生创造性思维的教学模式

一个国家的重要财富在于青年。为了在当下保持国内和国际上的竞争力，青年需要具备的用于竞争的技能包括：思维能力，包括批判性思维、解决问题的能力、创造力和认知能力；能够与各方有效沟通和协作的能力；创新能力，能够发展创造力，产生创新性突破；信息和通信技术素养，能够利用信息和通信技术来改善日常生活的素质等。其中，排名第一的就是学生的创造性和批判性思维能力。

批判性思维一直是教育中的重要问题，并已成为高等教育的流行语。实际上，教师不仅要帮助学生丰富知识储备，还要培养其思维方式。批判性思维是青年人需要的一项基本技能，对他们未来的发展至关重要。教育学专家们普遍认为，为了跟上不断变化的时代，学生将需要以更加有效的方式获取、理解和分析信息，

做出科学决策。作为教育工作者，我们的任务是锻炼学生进行批判性思考的策略和技能，以帮助他们应对未来可能遇到的问题和障碍。

在课堂上，教师可以多抛出问题，让学生思考并解答。从一个问题开始是培养创新性思维较为直接的方式。这个问题可以是基本的，但要激发学生对解决问题以及探索问题背后知识的热情，这会很好地支持批判性思维的发展。当教师在课堂上向学生提出问题时，鼓励集体讨论也对培养其创新思维能力有重要作用。教师可以先提供可能的答案作为参考，接着让学生进行公开讨论，最终得到属于他们的答案。小组讨论是让学生进行深入思考的理想方式。当学生一起工作和思考时，会接触到同龄人的思维过程。在这个过程中，他们能够学习如何流畅地表达自己的观点，并充分地理解他人的想法。要注意的是，如果学生缺少关键的信息，就难以批判性地思考。所以在开始练习或讨论等活动之前，教师可以提供必要的数据与资料，以确保学生了解与该主题相关的事实。这些资料包括但不局限于参考书目或文献、阅读作业和其他作业、以前的课程或练习。同时，在这一过程中，专业知识的积累也至关重要。和上文中提到的一样，教师应鼓励学生在课堂上和课余时间多阅读。正确使用所掌握的信息对学生在未来的学习生活中至关重要，是其挖掘知识和找到解决问题的途径的有效手段之一。作为教师，有责任为学生提供有用的参考文献，但也要鼓励他们自行寻找对自己有用的信息。这个过程其实无须太复杂，实际上，学习者对信息的可行性和可信度的查询越多，发现有用信息的机会就越大。

每个学科都可以为学生提供进行创新性思维的机会。因此，在未来的课堂上，教师可以考虑将思维技能的教学放在课程的开始。即使时间很短暂，也可以考察学生对课堂上传授知识的理解程度，并给他们自由讨论和思考的空间。教师应将批判性思维视为一种文化，而不仅仅是一种活动。最重要的是，教师不仅要教给学生批判性和创新性思维的技能，还要给他们提供使用的机会，激励他们继续在学习和生活的各个领域练习这些技能。鉴于思维是我们每时每刻都需要做的事情，受到启发的学生可以运用他们在课堂上培养的批判性和创新性思维来提高自己的成绩并做出更好的人生决定，从而增强自身价值。

三、结合围绕学生的教学评估新思路

目前，主流的高等院校排名主要根据学校的声誉、资源、产出和质量等方面进行打分，较多注重学校的科研成果、教学成就、办学资源、学术水平等指标，相比而言对教学过程和学生发展等方面的关注不多。实际上，培养人才是高等院校的首要任务，也是未来教学评估参照的依据。

国内外学者皆指出，大学的教学质量应围绕学生在知识、技能等方面的发展[2]。由此可见，学生的成长和发展也是衡量教学质量的重要因素之一。美国的NSSE（National Survey of Student Engagement）就是一个围绕人才发展的高等院校质量评价体系，从两个方面来测度高等院校的质量水平：一是学生在德、智、体、美各方面发展的情况；二是学校是否从政策、资源、环境等侧面对学生的成长起到积极作用[3]。许多专家一致认为，高等教育的核心是围绕教育目标与学生的发展，教学方法则在实现教育目标的过程中发挥着重要作用。一些西方的实践经验显示，学生高度参与的课堂教学方式能显著影响教育质量，若能在当下主要依据高等教育资源产出的评估思路的基础上，进一步结合学生的发展状况进行考量，将会具有重要的意义。

以学生为中心的教学思路在已有教学观念的基础上，进一步提倡从学生的成长和发展状况等方面促进本科教育成效；通过把一部分工作重心聚焦到学生身上，帮助学生发展创造性思维等多方能力，从根本上掌握科学的学习方法，从而达到预期的教育目标。

参考文献

[1] 周光礼，黄容霞．教学改革如何制度化——“以学生为中心”的教育改革与创新人才培养特区在中国的兴起[J]．高等工程教育研究，2013(5):47-56.

[2] 陈玉琨．高等教育质量保障体系概论[M]．北京：北京师范大学出版社,2004:59.

[3] 白逸仙．走向“以学生为中心”的评估模式——以中国《本科教学质量报告》与美国NSSE为比较对象[J]．中国高教研究，2014(11):64-68.

项目导师制：打破本科通识教育困境
——一流本科教育模式探索①

◎李玉文② 鲁仕宝③

摘　要：随着我国通识教育改革深入，通识教育在普通本科被推广。由于通识教育与专业教育之间的融合遇到了困境，对应用创新型复合专业人才的培养目标的实现产生了负面影响。本文在剖析通识教育现状与困境基础上，提出项目导师制，试图打破当前困境，在一流本科建设背景下构建一种通识教育与专业教育融合的精英教育模式。

关键词：项目导师制；通识教育；一流本科；精英教育

随着我国教育改革不断推进，通识教育已由政府主导转向为高校自主探索，实施范围由综合型、研究型大学向普通本科扩展[1]。通识教育从试点到全面铺开，通识教育改革走向高潮。但通识教育注重综合素养的提升，忽略了专业技能的培养；重视厚实的基础教育， 忽略了应用型教育；重视通识教育本身，忽略了其与专业教育的融合。在普通本科短短的四年教育中，通识课程比重越来越大，培养出的人才的专业识别度不高，专业技能受到限制， 专业创新不足，对人才培养方案中“培养应用创新型复合人才”的目标实现产生了不利影响，因此，迫切需要对现有培养模式进行改革。经过近几年的教学实践经验总结，浙江财经大学公共管理学院提出项目导师制，即项目导师团队制度（简称 PMTS）的应用创新人才培养的精英模式，探索一流本科建设形势下的专业教育模式，革新传统的教育体系以适应中国强国建设发展的新需求。

---

①基金项目：国家社科基金研究项目（17BGL135）。
②李玉文，浙江财经大学公共管理学院副教授，博士，研究方向为公共政策及本科教育创新。
③鲁仕宝，浙江财经大学公共管理学院副教授，博士，研究方向为水资源管理及本科教育创新。

一、本科通识教育现状

（一）通识教育的发展

通识教育可以追溯到英国的自由教育，甚至可以溯源到亚里士多德的教育思想[2]。从全球范围来看，通识教育首先在英国、美国展开，尤其以美国最为典型。1919 年，哥伦比亚大学开始了通识教育课程，基于当时的战争背景，主要是以世界文化、全球和平为目标；1937 年芝加哥大学开始了美国教育史上最彻底的通识教育改革，当时针对本科教育仅仅提供通识课程，后来经过多年的改革与探索，形成了自己独特的模式，可以说是美国通识教育"最典型的实验"[3]。哈佛大学的通识教育开始于第二次世界大战之后，*General Education in a Free Society* 一书的出版标志着通识教育的序幕被拉开，被认为是最具有影响力的通识教育。哈佛大学的通识教育属于自助餐式（见表 1），主要分为三个阶段：通识课程时期、核心课程时期和平衡时期。2009 年哈佛大学进行了课程方案的调整，同时注重学生的综合素质和专业素质，课程设置上以"厚基础、重实践、综合性"为特征。[3][4]

表 1 通识课程模式总结

模式类型	代表院校	优点	缺点	大学类型
自助餐式	哈佛大学	教学模式灵活多样，复制性强，易于实施	如果不能把握课程的情况下，学生容易跟风	学生素质高的综合性大学
经典名著式	芝加哥大学 圣约翰学院	激发兴趣、思考人生、从高层次解读教育	容易浮于表面，教师负担重	综合性大学
探究式	哈佛大学 北京大学	培养学生探索式的思维方式，从根本上授予科学家探究科学知识的方法	难度大，实施困难	研究型大学
学科交叉式	哥伦比亚大学	培养广泛兴趣，激发创新源泉	容易陷入知识表面肤浅、课程枯燥的局面	专业性大学

我国的通识教育起步较晚，20 世纪末才开始学习西方的教育理念。当时的通识教育概念完全来自西方。1999 年，李曼丽和汪永铨最先开始研究通识教育，把 general education 译为普通教育、一般教育，主要围绕英美的这些概念进行讨论。[5] 直至 2006 年，学者对于通识教育的定义主要以翻译为主，陈向明[6] 把通识教育表述为"既是大学的一种理念，也是一种人才培养模式"；杨叔子和余东升[7] 直接指出"通识教育 (general education) 是美国高等教育将西欧的自由教育与本土实践相结合而产生的一种高等教育思想和实践"。

我国通识教育的实践可以追溯到 1995 年国家推行的"文化素质教育"。文化素质教育可以说是"中国版"的通识教育的原型。我国的通识教育探索可以分为两个阶段：政府主导和高校探索。1994 年 8 月，我国颁布了《中共中央关于进一步加强和改进学校德育工作的若干意见》。1995 年，国家教委开始推行“文化素质教育”，在北京大学、中国人民大学、清华大学、华中理工大学（现华中科技大学）等 52 所高校推行文化素质教育试点工作。[1]1998 年成立高等学校文化素质教育指导委员会。1999 年 6 月，中共中央国务院出台了《关于深化教育改革全面推进素质教育的决定》的文件，自此我国素质教育全面推进。浙江大学 2000 年组建的竺可桢学院，北京大学 2001 年的“元培计划” 都是对素质教育的探索。2005 年开始，我国通识教育的发展由政府主导转向政策引导机制，开始了高校探索阶段，国家则通过“大学生素质教育基地”建设，助力通识教育。2005 年复旦大学成立复旦学院，开始了面向本科的通识教育。2006 年南京大学组建匡亚明学院，2007 年北京大学成立元培学院，2009 年中山大学组建博雅学院，2012 年西南大学发起名著选读计划，至今通识教育已经扩展到大学、高职高专等所有类型高等院校。[1]

（二）我国本科通识教育特点

当前我国的大学大多都进行了通识教育改革：有些是目标型通识教育，有些是核心课程式的通识教育，有些更关注通识课程的内容与方法，有些则是重点推行通识教育上的教学管理改革。总体上，我国本科通识教育具有以下特点。

1. 通识教育的地位提高

随着通识教育的改革进程不断深入，我国高校越来越重视通识教育。通识教育是当前我国本科教育教学改革的重点，很多大学包括一流大学都加入到了通识教育改革中来，通识教育的改革已经成为近年来高等教育改革热点之一[8]。由于我国高等学校教育长期实施高度专业化的模式，结果学科专业划分过于细致，导致学科之间存在深厚壁垒，交叉融合性少，培养的人才一般都是专业化强，而存在知识面窄、融通性不足的问题。因此，在引入通识教育的初期，只是将通识教育作为对当前过于精细的教育的补充。随着高校自主探索通识教育改革，通识教育的地位不断提高，我国大学对通识教育的认识也不断深化，使通识教育改革迈入了一个新阶段。比如我校自上一个五年计划就开始探索通识教育体系，培养方案中的五大模块——公共基础模块、学科平台基础模块、通识课程模块、专业模块和个性化模块，其中除专业模块之外的四个模块都体现了通识教育。

2. 通识教育的体系完备

最初通识教育引入我国大学时，是以课程形式，重点培养某一方面素养，比如“名著选读计划”和人文素质课程等[9]。一般不改变原来的课程结构体系，增加一些教育课程供学生选修，很少有专门的必修课程列出。这时期的通识教育常常是根据教师兴趣开设，缺少整体课程设计和有效目标组织，整体上课程目标不聚焦，针对性弱，不成体系。近年来随着通识教学改革的推进，我国大学通识教育有了比较标准化的设置体系。课程目的明确，课程结构体系完善，资源也非常丰富。一般都有固定的通识课程体系，基本涵盖了人文、历史、自然、科技等领域。在教学资源方面，大学生 MOOC、校级互通互选通识课等共享资源形式不断推陈出新；在教学形式方面，出现了新生研讨课和小班化教学等形式。

3. 通识教育重视素质与基础

1998 年教育部颁发《关于加强大学生文化素质教育的若干意见》，明确指出：把提高学生的人文素质作为高等教育改革的重要方面，以促进精神文明与物质文明的同步发展，建立人与自然、人与社会、人与人之间的和谐关系。重点抓住素质教育，素质教育重点就是对理、工、农、医科学生重点开设文学、历史、哲学、艺术等人文社会科学课程；对文科学生适当开设自然科学课程，从而增强学生素质。当前通识教育继承了这一理念和思路，同时强调通识课程夯实学科基础的作用。无论是从课程体系设置还是课程本身类型，都体现了这一 特点。

二、一流本科建设下通识教育的困境

（一）扩展视野与专业基础不兼顾的困境

从通识教育的发展和本质来看，其最终目的是要兼顾专业基础和多学科背景，即扩展视野[10]。今天的通识教育应该加强两大功能，第一是打实基础，这个基础不仅包括专业基础，还有一些核心能力，比如价值选择与判断、独立思考与判断、创新思维与创新能力、社会责任感等。第二是拓宽视野，主要针对专业之外的知识进行介绍。我国高校的通识课程比较重视专业之外的教育功能，特别是思想类、人文素养类居多，自然科技类也一般是概况性地介绍课程，专业性较弱。随着通识课程地位提高，比例加重，挤占了专业课程，导致专业基础不够。学生在大学四年之内接触的专业课程不够，基础不牢，特别是对面向就业的普通本科教育来说出现了与社会需求脱节的情况。因此，当前通识教育出现了重视扩展视野，而不能兼顾专业基础的困境。

（二）通识教育与专业教育不融合的困境

通识教育的引入最初是为了克服过分专业化的教育弊端，随着通识教育加强，出现了盖过专业教育的趋势，但是还没有很好的针对通识教育的策略以弥补专业教育问题。现实中，人们会不自觉地将两者对立起来，有的甚至直接把通识教育误认为是对专业教育的稀释。我们往往把这些通识教育认为是非专业性教育，直接把通识课程等同于公共课或选修课。师生对于通识课程有一种轻松过关的心理，教学管理者也出现把通识课程与专业课程分开对待的现象，从而导致通识教育与专业教育不融合。出现通识教育稀释专业教育的现象，主要有以下三个方面的原因。第一是通识教育是增加的模块，并没有改变当前的教育要求。一般情况下我国各类大学对教育课程的学分学时都有固定要求，而通识教育课程是新开课程，一般都是在挤占专业教育情况下进行的，导致专业教育的稀释[10]。二是专业教师或专业教育院系不参与通识教育建设。即使专业院系教师开出了通识教育课程，也不一定是从专业教育角度，而是从个人兴趣或响应学校通识教育角度出发。当前我国专业教育的院系参与通识教育的案例很少，不参与是一种普遍的现象，专业教育与通识教育基本是泾渭分明。三是通识教育建设过程中完全独立，缺少与专业教育的融合。实际上很难说有一门课程只起到普通的陶冶功能，而其他课程只是专业知识。[1]无论是通识还是专业教育都是针对人才培养目标的，不能完全隔离开来，但是当前很少进行两者融合机制探索。如何让通识教育弥补专业教育机制是当前探索的重点。

（三）普通教育与精英教育矛盾的困境

通识教育本身起源于国外的普通教育，其形式上体现为教育对象的普遍性和平等性。这与古典贵族教育、少数人才有资格接受的精英教育不同，但其实质还是要为社会培养高精尖的人才。因此通识教育核心是既要保守住精英教育的目标，同时也要对所有人开放，让人平等地接受教育。从我国大多数大学的课程设置来看，我国大学的公共基础课比例并不低，和美国大学的通识课程比例相当。但是我国的通识教育还停留在对专业教育的补充阶段，很难做到精英教育。我国通识教育课程类别丰富度不够，内容构成基本也非常相似，教学方法与教学理念比较传统，与精英教育目标相处甚远。同一类型的思想政治理论课是非常富有中国特色的通识必修课程，但是课程内容多、教学方法传统、课堂枯燥成为通病。关注精英教育目标，如何让通识教育与专业教育结合起来是我国当前亟须探索的问题。

三、PMTS 打破本科通识教育困境

项目导师团队制度即项目导师制（PMTS）是以建构主义学习设计理论为基础，结合通识教育和专业教育融合理念，分析教学目标而提出的一种应用型创新人才培养模式。建构主义下的学习理论认为，在一定的教育环境下，借助人与人之间的沟通协作活动，能够重新主动地进行新信息的建构活动，从而达到经验改造或重组的学习目的。教育质量取决于受教育者根据自己的认知结构建构有关的知识体系的能力。[11]项目导师制是以项目为载体、以导师（社会 + 学校）为纽带的一种沉浸式教育教学方法。该教学法强调以学生为核心，通过组建真实的项目组，搭建桥梁、策划任务、引导学生思考、解决现实问题等方式，围绕项目问题的创设、教学环境与氛围保障、理论与现实结合、教学相长、团队协作学等机制，培养创新型复合型人才。图 1 给出了项目导师制的机制示意图。其核心是学生，目标是培养出通识教育与专业教育融合下的创新人才，途径是导

师—项目—团队，通过多种形式让学生既能加强专业教育，又可以强化通识教育，从而实现培养目标。

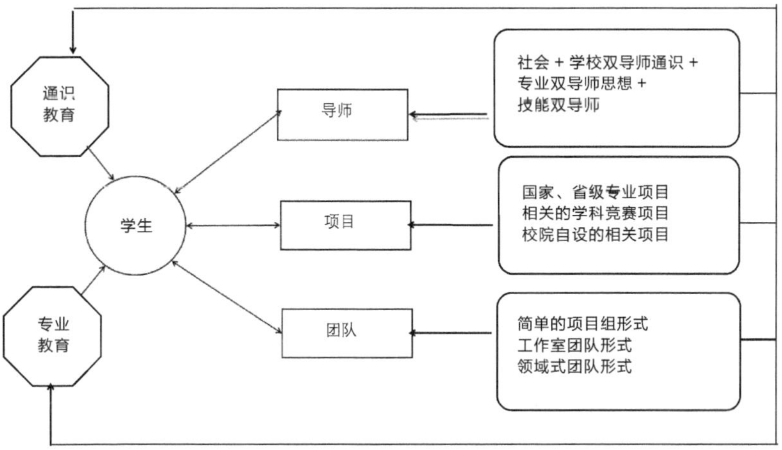

图 1　项目导师制（PMTS）机制示意图

（一）在教学方式上打破困境

PMTS 人才培养模式的核心思想是以项目为载体，将导师和学生联系在一起，通过项目完成的过程，培养学生有效沟通、独立思考与判断等能力。PMTS 的教学方式与传统课堂教学及通识课堂教学方式都不一样。PMTS 在时间上是连续的，因为一个项目完成的过程是设计、调研、分析、结果处理、总结与进一步的延伸，是一个连续的过程。PMTS 在空间上是多维的，不再拘泥于具体的课堂形式，从教室到会议室、田野、工厂、社会机构等。它在教育上是无界限的，不再区分通识教育和专业教育，因为都需要解决问题。PMTS 改变了第一课堂、第二课堂、第三课堂的界限，将知识传授和学习融合在一起，将扩展视野和专业基础融合在一起，将通识教育和专业教育融合在一起，从而打破困境。

（二）在学习模式上打破困境

PMTS 以当前公共管理学科和城乡规划学科及相关学科的复杂学科问题为驱动，以项目式教学为途径，在通识教育、专业教育、创新创业和职业规划三大教育平台中，依托学院学科平台，出台 PMTS 文件，将这一模式纳入人才培养方案中。PMTS 是由导师（组）为核心设计项目或者工作室团队提出创新项目或教师科研项目引入各创新团队。每个导师组或工作室根据自身特点和学科方向，为本科生开设学科竞赛、创新创业项目、“挑战杯”等项目相关的小型课程（不计入正式培养方案），从而实现精细化培养，打破上述三种困境，特别是普通教育和精英教育矛盾的困境。这需要每位导师付出比平时更多的精力和时间。

（三）在培养机制上打破困境

PMTS 通过团队竞争机制（包括师生双向选择），激励教师将更多精力投入到 PMTS 上，激发学生创新潜力，促进了专业院系教师参与到通识教育中。项目过程既包括专业能力培养，又包括价值选择与判断、独立思考与判断、创新思维与创新能力、社会责任感等能力培养。PMTS 通过第三方机制检验人才培养效果，学生学习效果不是唯分数的，而是以作品展示、公开发表论文、获各级项目立项、学科竞赛成绩、申请专利成果、办学社会声誉等第三方标准作为检验标准。PMTS 是一个闭环控制系统，强调项目研发过程的完整性、知识运用的多学科融合性、学生创业创新性能力等特质，具有复杂性和综合化的特点，可以打破当前通识教育对专业教育弥补不足的困境。这种教学机制有效地将塑造思想、传授知识和教习方法放在同等地位，让学生主动建构学习。

（四）PMTS 式的精英教育模式

PMTS 以项目为载体，以学生为核心主题，以导师为灵魂，以过程为路径，构建了立体化的专业学习空间，较好地解决了通识教育中专业应用型创新人才培养的难题，为社会培养精英人才。PMTS 是对当前通识教育的弥补，具有以下精英教育模式特点：① 一对一指导，在项目完成过程中，导师是面对面、一对一地指导。②经历竞争和艰苦磨练。要完成一个项目比上好一门课复杂得多，项目出现的过程也是竞争过程。学生需要在众多项目中竞争，在学生之间竞争。项目完成过程需要设计、调研、各种数据分析和结果处理，都要付出艰辛的劳动。学院自 2016 年提出 PMTS 以来，取得了不小的成绩。据学院不完全统计，近 5 年来学院学生获得国家级项目近 50 项，省部级以上项目和学科竞赛近百项，发表高质量一级论文近 10 篇，发明专利近 30 项，人人有项目、人人有团队，弥补了当前专业教育比例不足，加强了专业教育，强化了通识教育。

四、总结

本文在梳理通识教育发展过程的基础上，总结了通识教育的特点，即地位逐步提高、体系逐渐完备、重视素质教育；深刻剖析了当前通识教育遇到的困境，即扩展视野和专业基础之间矛盾的困境，专业教育与通识教育不融合的困境，普通教育与精英教育之间矛盾的困境，提出 PMTS 教学法，试图打破以上困境。最后提出构建精英教育模式。

参考文献

[1] 王洪才，解德渤．中国通识教育 20 年：进展、困境与出路 [J]. 厦门大学学报（哲学社会科学版），2015(6)：21-28.

[2] 陆一．从“通识教育在中国”到“中国大学的通识教育”——兼论中国大学专业教育与通识教育多种可能的结合 [J]. 中国大学教学，2016(9)：17-25.

[3] 王晓阳，曹盛盛 . 美国大学通识教育模式、挑战及对策 [J]. 中国高等教育，2015(4)：17-25.

[4] 张会杰，张树永 . 哈佛大学通识教育课程体系及其特点 [J]. 高教发展与评估 ,2013(2)：81-89.

[5] 德雷克・博克 . 回归大学之道——对美国大学本科教育的反思与展望［M］. 侯定凯，梁爽，陈琼琼，译 . 上海：华东师范大学出版社 ,2008:153-168.

[6] 别敦荣，齐恬雨 . 论我国一流大学通识教育改革 [J]. 江苏高教，2018(1)：4-12.

[7] 陈向明 . 从北大元培计划看通识教育与专业教育的关系 [J]. 北京大学教育评论，2006（3）:71-85,190.

[8] 杨叔子，余东升 . 文化素质教育与通识教育之比较 [J]. 高等教育研究，2007（6）:1-7.

[9] 别敦荣，贯杰静 . 哈佛大学的发展历程、教育理念及其启示 [J]. 大学教育科学，2011，11(6)：76-80.

[10] 陈廷柱，张静 . 国内外高水平大学通识教育课程改革的基本走向 [J]. 高等教育研究，2016，37(11)：98-103.

[11] 高阳，孙红霞，穆春阳，等 . 项目导师工作室团队制下的应用型机械创新人才培养模式实践研究 [J]. 当代教育理论与实践，2018，10(2)：13-17.

教学改革篇

JIAOXUE GAIGE PIAN

基于 STEM+ 教育理念的社会保障专业教学改革探究①

◎唐瑶② 戴卫东③

摘　要：STEM+ 教育理念强调多学科融合，以实践和实际效用为教育出发点。在 STEM+ 教育理念引导下的课堂教学将改变传统社会保障单学科内容传授的教育方式，改变以教材、讲授为中心的课堂传统，改变以考试为主的考评模式，形成以社会保障领域真实问题为导向的教育路径，完成社会保障领域实践创新型的人才培养目标。

关键词：STEM+ 教育理念；社会保障；教学改革

一、引言

课堂教学方式的选择体现着整体教育哲学、教育理念和教育价值。作为教育思想和观念的外化形式，课堂教学方式受到社会发展形态、教育思想环境的重要影响。在美国首次提出 STEM（Science，Technology，Engineering，Mathematics 首字母缩写的组合）教育之后，英国、德国、日本、澳大利亚、芬兰等国家也先后进行政策部署，积极采取措施推进 STEM 项目研究。近年来，我国也越来越关注 STEM+ 教育。2015 年，教育部首次在《关于“十三五”期间全面深入推进教育信息化工作的指导意见》中提出，要“探索 STEM 教育等新教育模式”；2017 年，中国教育科学研究院发布《中国 STEM 教育白皮书》；同年首次召开中国 STEM 教育大会。新时代教育思想变革给教育教学带来了前所未有的机遇和挑战，同时呼唤了教育方式和教学行为的转变。为了适应时代发展需求，

---

①基金项目：浙江省高等教育“十三五”教学改革项目（jg20180202）。
②唐瑶，浙江财经大学公共管理学院劳动与社会保障系主任，副教授，博士，研究方向为养老服务需求与供给。
③戴卫东，浙江财经大学公共管理学院教授，博士，研究方向为养老保障、长期照护等。

高校社会保障专业的课堂教学应当主动探索与新型教育理念同步的教学方式，培养符合时代要求的新型人才。

二、STEM+ 教育理念

归纳起来，STEM+ 教育理念传递以下教育发展新方向：

（一）“教育回归生活”（Education Return to Life）的强烈实用主义导向

STEM+ 教育理念强调教育回归现实生活，以解决问题为目的，注重实践行动和实际效用，强调建立基于实际问题的 PBL（Problem-Based Learning）教学路径以及基于现实项目的探索型教学方法。

（二）元科学（Meta-Discipline）概念的课程融合导向

STEM+ 教育关注跨学科、多学科知识整合，强调元科学概念。课程融合是为了更好地应对真实世界的整体性、复杂性，满足创造性地解决现实生活中复杂的经济、社会问题的需要。

（三）“做中学”（Learning by Doing）模式的实践能力培养导向

STEM+ 教育强调体验和实践在教育中的作用，强调学生的深度参与，在“做”中探索、“做”中思考、“做”中获得知识和技能。要求学生树立实践能力型学习任务和方向，注重实践过程中的体验、建构等经验性活动，培养学生主动探索、勇于实践的科学精神，增强学生实际应用水平和实践创新能力。

三、高校社会保障专业教学中存在的问题

STEM+ 教育理念能够有效改变目前高校课堂中社会保障领域相关学科教学存在的问题，这些问题集中在以下几个方面：

（一）社会保障单学科分科教育是主要培养模式，跨学科综合培养还在探索进程中

从社会保障学科设立的历史来看，课程发展以学科课程发展为代表，重视建构社会保障领域基础框架和知识的传授。目前，国内很多高校正在积极探索构建综合性通识课程体系，培养学生宽阔的知识面和均衡的知识结构，挖掘建设专业学科交叉融合方面的潜力，并不断规范和提高多学科融合的课程内容和标准。

（二）教科书导向型的教学路径，教材本身成为教学目的和归宿

在社会保障专业课程的学习中，课堂教学主要围绕教材和大纲，教师是教材的复述者和解读者。事实上，《社会保障概论》等教材的使用是为了帮助学生理解教材内容所涉及的学习对象和内容，教材本身只是媒介和手段，教师严重依赖教材可能产生去技能化效应，难以适应各种具体实践情景和特殊需要。因此，教材必须与现实相结合，经由体验、实践、建构等经验性活动才能更好地内化

为学生完整的知识和技能。

（三）以教师“教”为中心的教学方法，忽略了学生“学”的内在规律及其主体角色

虽然很多高校采取翻转课堂、MOOC、互联网＋教学等新的授课方式，但是现实生活中，教学活动更多关注教师课程内容传授任务是否达成，整齐划一的教学管理是否实现。课堂教学过程缺少因学而教、因学导教的教学认识，学生更多地扮演全盘接收和机械记忆的被动角色，无法有效激发学生内在学习动力和探究兴趣。因此，未能真正做到以“学”为中心的教学实践。

（四）以“应试”为主的考评模式，难以满足社会保障领域以实践能力型为主的培养目标，难以完成创新型人才培养的目的

大多数课程是在课堂教学结束后以“教师评分”的方式对学生的学习效果进行评定。虽然学校和学院提高平时成绩权重，强调平时成绩应当体现学生课堂参与程度、学习态度、团队协作等学习过程方面的评价，但是总体而言，应试型考评模式仍是以识记为主要特征的结果导向型考评模式，是针对传统知识型教学模式设计的，难以适应新的实践能力型培养模式的评价要求。

四、STEM+理念下社会保障专业课程的教育目标

根据STEM+教育理念对社会保障领域课程的教学改革，希望实现以下四个方面的目标：

（一）改进社会保障单学科分科的教育内容，探索建立跨学科知识整合的教育内容

STEM+教育关注跨学科、多学科知识整合。一方面是为了回应现代教育发展趋势，强调各学科间思想、理论、方法、工具等相互影响和相互渗透；另一方面是为了更好地应对真实世界的整体性、复杂性，创造性地解决现实生活中复杂的经济、社会问题。因此，需要对社会保障相关学科和课程内容进行重新设计，建立跨学科知识整合的课程结构，拓展课程内容。

（二）改变教科书导向的教学路径，探索建立真实问题导向的教学路径

不同于传统课程主要依赖教科书、参考书等以讲授书本知识为目的，STEM+教育强调解决现实问题，注重实践行动和实际效用。因此，真实问题和现实情景创设成为社会保障课程设计的重要任务。在课堂中，强调体验、实践、建构等经验性活动，建立探索型、问题导向型学习模式。

（三）转变以教师为中心、封闭、单一的教学方法，建立以学生为中心、开放、多元的教学方法

顺应互联网时代多元化、自主化、去中心化的学习要求，STEM+教育要求

改变传统教学以教师为中心、单一化、单向化的授课方式，倡导通过学生自主探索、团队合作获取知识和技能。因此，社会保障的专业课学习需要以学生为中心，构建师生互动、生生互动的个性化、体验式、开放型教学模式，激发学生对知识的好奇心，激活学生想象力，增加课堂参与积极性。

（四）改变知识应试型考评模式，建立实践能力型评价模式

传统课堂的教材讲授模式通常以社会保障专业课程知识为目标和依据，采用应试型结果导向的考核办法。在新的跨学科内容整合，以学生为中心，以多情境、多案例、问题导向的探索性教学活动中，需要采用多元化的评价方式。因此，教学考评采用实践报告、小组展示、成果汇报等，增强学生实际应用水平和实践创新能力。

五、STEM+ 教育理念在社会保障学科中的实践

具体说来，将 STEM+ 教育理念贯穿到社会保障领域的课程当中，需要做到：

（一）建立跨学科、多学科、知识整合型课程内容

STEM+ 教育理念的跨学科知识整合核心在于整合。首先，跨学科整合不是偏废社会保障领域的原课程专业核心知识，而是要求凝练社会保障核心课程的知识点，将知识点与其他课程相融合，形成科学合理、相互支撑的多维知识结构和课程内容。其次，跨学科课程整合要求扩展交叉相关学科的关联内容，通过优化整合，增强课程的知识渗透力，拓展学生知识面。再次，知识整合还包含对学生前期知识储备和初始概念的整合。

（二）确立以学生为中心的自主型、合作型、探索型教学方法

STEM+ 教育理念倡导以学生为中心，实现“自主、合作、探索”的学习方式。首先，转变以教师为主体、师生“授—受”的主从关系，建立以学生为主体、师生“你—我”的对等关系，提倡师生平等互动。其次，以学生为主体的探索型学习核心在于“自主独立”，倡导学生在自主探索中，实现自我感知、自我教育，培养学生对知识的好奇心、探究精神和自我约束力。再次，在自主探索基础上，通过学生个体间、小组间的沟通交流、竞赛比拼，增加思维活动的数量，提高思维活动的质量，促进创新型思维的发展以及团队协作能力的培养。

（三）营造问题导向型、情境化、个性化、多样化的课堂环境

STEM+ 教学理念强调在具体情境实践中，引导学生通过还原、思考、创造，获得创新型学习成果。首先，教师根据社会保障的课程内容，设计和营造真实问题情境，激发学生求知欲，唤起解决问题的需要，激发学生参与兴趣，培养在情境化过程中活化知识、将事实性知识转化为解决问题的能力。其次，学生和学习小组从不同视角探寻思路，提出个性化分析和解决方案。再次，通过案例驱

动、竞赛驱动，利用动画、模拟、实验等多样化教学手段丰富学生课堂学习氛围，提高学生课堂参与热情。

（四）构建实践创新型导向的多维度、多样化、多主体评价机制

STEM+ 教学理念强调创造性地分析问题和解决实际问题的综合能力。首先，在社会保障课的教学过程中结合实践创新型培养目标，构建诊断性评价、形成性评价、总结性评价等多维度评价机制。其次，根据评价内容、考核目标和评价对象差异，采用实践报告、小组展示等多种评价方式相结合的方法，形成多样化评价机制。再次，引导学生参与制订学业评估标准和评价过程，增加学生参与评价的积极性。

六、结合 5E 教学法探索 STEM+ 教育理念在社会保障学科中的具体应用

STEM+ 教育理念在高校社会保障学科中的探索与实践可以依照 5E 教学法递进展开，具体见图 1。5E 教学法分为以下 5 个方面：

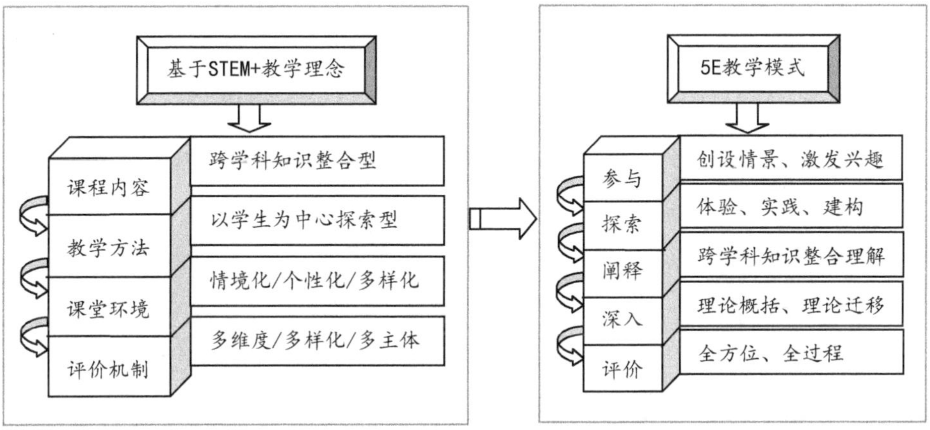

图 1 STEM+ 教育理念的落实

参与（Engage）：首先，了解学生对于社会保障领域的新教学任务，以及其他相关学科的前期知识积累、初始概念认知。其次，结合社会保障课程知识点，将课程内容置于生活实例中，营造真实情景的初体验环节。再次，通过真实场景还原、小组协作等活动调动学生参与的积极性，促使学生思考，引发学生新旧知识与概念的认知冲突，激发学生探索兴趣。

探索（Explore）：首先，学生是学习和探索的主体，学生在自主协作过程中，通过观察、类比、讨论等方式，建立新旧知识的连接。其次，教师起支持、辅助的作用，在社会保障专业领域的学习过程中，对学生和学习小组给予个性化指导。再次，探索阶段是引发创新思维的开端，是学生培养高阶思维能力和实践拓展

能力的关键。

阐释（Explain）：首先，在社会保障专业领域的学习过程中，学生通过小组协作等方式，采用 PPT 展示、讨论、辩论等形式，提供解决现实问题的多种途径。其次，在解决问题过程中，强调科学的分析方法和定量与定性的分析工具，注重社会保障学科与其他学科之间的知识整合。再次，阐释是师生双向交流的过程，有利于培养学生的分析能力，强化学生的逻辑推理能力和创新能力。

深入（Elaborate）：首先，通过引导学生参与社会保障课程的课堂讨论、交流协作等活动进行总结归纳，促进社会保障学科与其他学科的跨学科知识的融会运用。其次，通过分析和解决教师提出的具有关联性的现象和问题，对课程新知识不断精细化，启发学生利用新概念解决新问题。再次，引导学生自主提出探索任务，促使学生将内化的知识运用于现实生活，增强学生触类旁通的理论概括能力和理论迁移能力。

评价（Evaluate）：首先，课程的评价方式多样化，不仅包括老师对学生评价，还包括学生自评、互评等方式。其次，评价内容多元化，包含学生课程参与等过程性评价、合作能力进步等发展性评价。再次，运用智能化学习分析技术，获得个性化、全方位的学生学习相关的评价信息，提高教育和学习质量。

5E 教学法分为以下几个部分，具体方案内容及框架开展如图 2 所示。

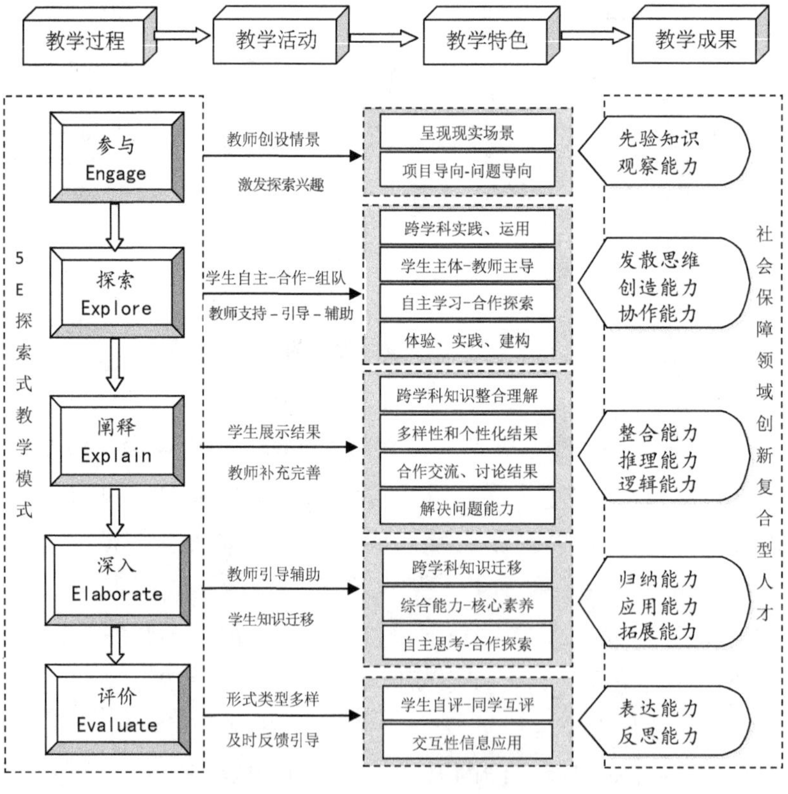

图 2 具体方案内容及框架

七、在社会保障学科中落实 STEM+ 教育理念的难点和关键点

具体采用 5E 教学法在社会保障学科中推行 STEM+ 教育理念，需要集中解决以下四个关键问题、难点问题：

如何设计课程内容，才能实现跨学科知识整合的合理性、应用性、融合性？设计社会保障跨学科知识的整合应以分析和解决现实问题为出发点，包含学科内容、分析视角和研究方法的多方面整合，同时，需要重视跨学科知识整合的合理性、应用性、融合性。首先，挖掘社会保障学科与行政管理、财政学、社会学等学科之间的共有主题、概念、理论及应用。其次，利用具有交叉学科背景的教师组成社会保障课程的教学研发团队，教师之间针对课程核心内容进行多学科观点、方法的研讨交流。再次，通过项目研究、实践模拟等环节，引导学生参与项目和问题的具体解决过程，实现交叉学科知识内容从"混合物"到"化合物"的有机融合。

如何发挥老师作用，促进学生的自主性、探索性、协作性？以学生为中心的探索型教学模式，要求教师扮演好支持者、引导者、辅助者的角色，帮助学生通过自主学习和团队协作。首先，以学生为中心，并非要否定教师在教学中的主导作用，而是要求教师善于启迪学生智慧，培养学生持续学习能力。其次，充分尊重学生的主体作用，把学生视为平等对话主体，鼓励和支持学生敢于表达、质疑和争辩。再次，根据学生学习背景、思维理解偏差，提供个性化辅导，帮助学生发现问题、分析问题，而不是提供现成答案。

如何施展教学艺术，打造课堂环境的情境化、个性化、多样化？教师如何施展教学艺术，才能够形成开放型、个性化、多样化课堂环境，吸引学生参与课堂教学，达到最佳教学目标？首先，组织好课堂教学需要教师具备敏锐的观察力、睿智的应变能力和高超的调控能力。其次，教师要充分了解学生，根据学生实际情况、专业特点，设计符合学生身心特点、让学生主动参与的教学环节。再次，轻松和谐的学习环境可以促进学生的学习热情和学习效果，但是，不能过度依赖学生情绪反应，脱离教学目标、教学规律，对教学任务本末倒置。

如何改进评价机制，实现评价的公平性、合理性、导向性？科学合理的评价机制对学生学习行为具有导向作用。因此，保证课程的评价机制的公平性、合理性、导向性非常重要。首先，在课程之前，通过沟通、讲解等方式，让学生对多样化评价方法、多维度评价内容有比较清晰、完整的理解。其次，评价机制亦是一把双刃剑，因此，在具体教学实践中，需要及时根据学生反应调整和改进评价机制和评价办法。再次，没有完美的评价机制可以完全反馈学生的学习和发展能力，评定指标、评定过程难免会受到知识、能力、资源、信息等多方面限制，从而影响评价的客观公正，所以应该告诫学生理性、客观看待评价结果。

八、结语

STEM+ 教育理念给高校课堂教学带来了新的思想变革，在社会保障专业培养的过程中，通过多学科专家参与的课程设计和开发，凝练社会保障原课程知识点，形成以社会保障为核心的跨学科教育内容，在课堂传授过程中，构建以现实世界真实问题为导向的教学路径，形成以学生为中心、开放、多元的教学环境，通过实施多维度、多样化、多主体、实践能力型的评价体系，促进社会保障专业学生在知识、能力、素质多方面的协调发展，培养具有探索能力、创新意识的实践型复合人才，增强社会保障专业人才的竞争力。

参考文献

[1] 李春密，赵芸赫 .STEM 相关学科课程整合模式国际比较研究 [J]. 比较教育研究，2017，39(5)：11-18.

[2] 黄璐，裴新宁 . 科学理性主义视野下的 STEM 教育思考：知识融通 [J]. 比较教育研究，2018，40(6)：27-34.

[3] 唐小为，王唯真 . 整合 STEM 发展我国基础科学教育的有效路径分析 [J]. 教育研究，2014，35(9)：61-68.

[4] 秦瑾若，傅钢善 .STEM 教育：基于真实问题情景的跨学科式教育 [J]. 中国电化教育，2017(4)：67-74.

[5] TODD R. KELLEY, GEOFF KNOWLES. A conceptual framework for integrated STEM education[J].International Journal of STEM Education,2016, 3(1).

[6] DANA L. ZEIDLER. STEM education：A deficit framework for the twenty first century? A sociocultural socioscientific response[J]. Cultural Studies of Science Education, 2016,11(1).

[7] LYN D. STEM education: Perspectives on integration[J].International Journal of STEM Education,2016, 5(1).

[8] 徐金雷，顾建军 . 从 STEM 的变式透视技术教育价值取向的转变及回归 [J]. 教育研究，2017， 38(4)：78-85.

[9] PATRICIA A. ALEXANDER. Relational reasoning in STEM domains: a foundation for academic development[J].Educational Psychology Review, 2017，29(1).

[10] 赵呈领，申静洁，蒋志辉 . 一种整合创客和 STEM 的教学模型建构研究 [J]. 电化教育研究，2018，39(9)：81-87.

基于社会网络视角浅析城市管理专业知识学习机制

◎王笑言[①]

摘　要：城市管理专业是随着当代中国城市发展所带来的城市管理专业化趋势及其对城市管理专门人才的迫切需要而发展起来的一个新兴专业。新兴专业的培育的首要任务是在明晰专业培养目标的基础上，建立和完善知识传授体制以培养符合城市管理专业的应用型复合型人才。人才培养需要探索如何让学生有效地学习和掌握专业知识，基于社会网络视角，探究显性知识与隐性知识的传递与吸收路径，探究合理有效的知识学习机制，有助于提升学生的专业技能、理论学习水平与实践应用能力。

关键词：显性知识；隐性知识；学习机制；城市管理；社会网络

一、前言

新兴城镇化和城市现代化正在改变着我们生活的各个方面，也给中国的高等教育带来前所未有的挑战。为迎接这种挑战，适应城市发展对城市管理科学化、专业化的需要，一个新兴的专业——培养城市管理专门人才的城市管理专业正在中国的高等教育体系中迅速兴起。城市管理专业是随着当代中国城市发展导致的城市管理专业化趋势及其对城市管理专门人才的迫切需要而发展起来的。然而，该如何培养城市管理专业学生，如何建立合理有效的专业知识学习机制，如何将这些学习机制应用到实际教学和人才培养中，这些都是城市管理这一新兴专业在人才培养方面亟待解决的议题。本文基于社会网络视角，探究显性知识与隐性知识的传递与吸收路径，探究合理有效的知识学习机制，有助于提升学生的专业技能、理论学习水平和实践应用能力。

---

①王笑言，浙江财经大学公共管理学院副教授，博士，研究方向为城市管理。

二、文献综述

社会网络研究常常遵循结构主义的学术传统。尽管它与列维·施特劳斯、阿尔都塞和拉康为代表的欧洲大陆派结构主义有一定的区别，但它明显类属于总体的结构主义派别。它强调以矩阵代数式表示关系，研究中偏重探讨关系背后潜存的模式，而忽视了文化和历史方面的情境因素。

后结构主义视角的基本特征及其对有关组织的社会网络研究的启示如表1所示。表中第一行是将积极主动的智能体的概念引入我们的研究议程中，集成了德克海姆式传统的纯社会学的方法，对个体在网络形成与变革中的作用置之不理或者将其完全忽略了。与前者不同，我们把社会网络视为对个体行动者不断变化着的努力与意愿的一种响应。网络演变的重要因素为行动者对其所处网络位置的认知，正是这种认知和信念，构建了他们在主观上所认知的网络。当然，这种认知的网络与行动者实际的互动网络互有关联，并且是后者的反映。然而，当前研究者的注意力主要放在后一类网络上，使它成为大家更为熟悉的研究焦点。行动者相信的是，他们是在与被他们认为将取代自己在网络中位置的他人相竞争，或者与他们认为同其建立网络关系将对自己有益的他人合作。感知驱动了行动，行动又改变了网络。

表1　后结构主义与社会网络

后结构主义的特征	对社会网络研究的启示
将主体引入研究中；行动者是积极主动的智能体，他以行动和认知参与网络的构建	对网络的主观上的感知和解释以及主体的智能性等基于全新的关注
挑战虚幻的研究进展	恢复历史上重要研究成果的地位
强调多元性、变动性和对结构的主观认知，而不是结构形式的稳定	多种相竞争的理论并存；更多关注短暂的关系、个体身份的多变性以及行动者的异质性
将社会和社会科学作为文本	语言是网络的媒介；结构经典之作
网络行动者包括人类，也包括机器、建筑物等	考察人类行动者与其所在环境中其他类别的行动者之间的关系

来源：马汀·奇达夫、蔡文彬：《社会网络与组织》，中国人民大学出版社2007年版．

依照后结构主义的智能性观点，我们需要考察个体有关规范、价值观和行为的主观解释的认知网络是如何转换和变更的，以及个体是如何围绕特定的问题与人员结成或重新结成联盟关系的。网络研究常常忽略了个体的属性，它把研究的着重点放在关系上，而不是固化的实体上。后结构主义视角对社会网络具有想当然的稳定性和客观性的观点提出了挑战，它提醒我们要注重网络关系的易变性和主观性。

依照后结构主义的多变性观点，我们更强调短暂多变的关系、认知及关系的重要性，认为组织是永远处于流动与转型状态中的各种关系所构成的网络。格兰诺维特（1973）将弱关系界定为一种比组织网络研究中所提及的强关系更为短暂的关系。由于弱关系存在于行动者的记忆中，而非日常的互动交流中，因此常常被组织研究所忽视。最近的理论倾向是，把弱关系理论简化成结构洞理论的一个分支（Burt，1992）。尽管事实上无论是强关系还是弱关系，都可以在结构洞上架起联系的桥梁，但强关系的网络比弱关系的网络具有更强的稳定性也是一个事实。人们在组织中每天都会遇到许多陌生的人，但其中只有一些可能在日后经常遇见。然而，恰恰就是从这些偶然相遇的人那里产生了各种闲言碎语、奇闻轶事、五花八门的观点及使潜存的差距得以揭露的社会比较等。因此，从认为组织处于不断流动状态中的视角来看，弱关系具有特别的重要性。常规的网络方法根本没有看到组织的变动性这一面。

三、案例分析

（一）暑期实习——维系强关系

在联合开展人才培养的基础上，校政双方在实习基地常态化建设、学术交流及课题合作、执法局专家进校园、执法管理人员业务培训、毕业生就业等方面开展更为广泛的合作。后峰会时代，城市管理面临体制改革、品质提升、队伍建设等重大形势变化和发展要求。具体表现为：课题研究方面，景区执法局根据工作需要向浙江财经大学城市管理专业提出需求，学院积极响应，围绕工作创新、政策研究、发展战略、行业标准、管理规范等开展合作研究，共同创造城市管理新成果；建立实习基地常态化机制，定期接受学生实习，优秀学生不定期参与协助执法局管理工作；在人员交流方面，学校开展“基地精英进课堂”活动，邀请景区执法局人士为学生讲授专业知识，聘期符合任职条件的专家作为学校兼职教授，景区执法局也为学校教师来景区开展学术调研、社会调查等提供便利。

（二）企业参观——建立弱关系

城市管理专业同学到杭州市七格污水处理厂进行实训。七格污水处理厂，这座浙江省最大的污水处理厂，整个厂一天的污水处理能力达到120万吨，承担着杭州主城区95%以上的生活污水处理量，经处理的水大部分排放至钱塘江，保障钱塘江的水质，还有部分净化后的水会用于绿化和设备清洗，促进水的循环利用。七格污水处理厂的提标改造工程也是省市“五水共治”的重点项目。

在经过理论学习之后，2016级城市管理专业同学由工作人员带领，一路参观整个污水处理设施，其主要流程有混合池、粗格栅、细格栅、沉砂池、二级沉砂池、深度滤池、离心、消毒及一系列的厌氧生物处理，了解其出水可以基本达到国家排放标准。通过这次实训，同学们对污水处理的工艺流程有了深入的了解，进一步认识“五水共治”的重要性。水污染是“城市病”的一个重要表现，杭州积极推进“五水共治”，而“五水共治”首要的就是要治污水，处理厂的作用就是收集污水，并做到达标排放。

（三）课堂教学——传递显性知识

城市管理专业课包括城市管理学、城市经济学、公共管理学、城市规划、建筑学、城市景观设计等。这些专业基础课程的设置以管理学为核心，体现学科交叉，强调文、理、工科的结合。专业课的设置则应突出城市管理作为一个独立学科、专业的特点，应该包括城市管理的基础理论和城市管理各个专门领域的知识、技能，如城市管理概论、城市土地管理、城市环境管理、城市规划管理、城市管理法规、城市社区建设与管理、城市道路交通管理、城市市容与环境卫生管理、城市园林绿化管理、城市公用事业管理、城市人口与社会治安管理等。这些课程教学的主要内容应侧重于传授专门化的显性知识和技能。

（四）情景模拟——吸收隐性知识

在教学方法上，应突出研讨式、专题式教学和案例教学，让学生参与到实际教学过程中，主动吸取知识，改变那种被动接受知识灌输的倾向。坚持课堂教学与课外教学相结合，将课堂教学内容向课外延伸，鼓励学生参加教师正在从事的课题研究，鼓励教师指导学生进行社会调查和撰写调查报告，将难以通过直接理论知识讲授来传递的隐性知识通过丰富多样的教学模式让学生更好地吸收。

四、结论启示

本文基于社会网络视角，结合典型案例分析，探究显性知识与隐性知识的传递与吸收路径，探究合理有效的知识学习机制，有助于提升学生的专业技能、理论学习水平与实践应用能力。根据城市管理专业的特点和人才培养目标，城市管理专业的课程设置应当注重综合，强调应用。在学科基础课和专业课程设置上，以管理学为核心的人文科学和社会科学课程占重要比例的同时，以建筑学、城市规划学为核心的理科和工科课程应当占一定比例；知识性课程和技能性课程各占相当比重，并突出研讨性课程、实践性课程的设置。城市管理专业的实践教学，首先是强化和优化常规的专业认知实习、城市社会调研、城市管理见习、城市管理综合社会实践（毕业实习）、毕业论文工作。“专业认知实习”教学，可以在学生入学初期，采用集中参观、分组讨论等方式进行，帮助学生了解城市管理专业的特点和发展前景，理解现实中的城市管理对城市管理专业学生的素质和能力要求，确立学生对城市管理专业的基本认识，提高学生专业学习的自觉性。

参考文献

[1]GRANOVETTER, M. S.The strength of weak ties[J]. American Journal of Sociology, 1973, 78(6): 1360-1380.

[2]GRANOVETTER, M. The strength of weak ties: A network theory revisited[J]. Sociological Theory, 1983, 1（1）: 201-233.

[3]HANSEN, M. T.The search-transfer problem: The role of weak ties in sharing knowledge across organization subunits[J]. Administrative Science Quarterly, 1999, 44（1）: 82-111.

[4]曼纳·彼得·范戴克. 新兴经济中的城市管理[M]. 姚永玲，译. 北京：中国人民大学出版社，2006.

[5]蹇兴东.建设有利于培养人才创新能力的良好环境[J].中国高教研究，2007(11):46-48.

[6]饶会林，董藩. 加快城市管理人才的培养[J]. 城市管理与科技，2002(3): 3-4.

[7]钱玉英，钱振明.城市管理专业的人才培养目标与模式[J].中国行政管理，2011(12):84-87.

[8]王建廷.21世纪中国城市化进程与城市人才培养的战略研究[J].城市，2003(1):3-11.

[9]许学强，叶嘉安，林彬.全球化下的中国城市发展与规划教育[M]. 北京：中国建筑工业出版社，2006: 192 -193.

[10]姚永玲. 城市管理学[M]. 北京：北京师范大学出版社，2008.

基于学生主体的数字化城市管理考核方式改革若干思考

◎陈博文①

摘　要：大学生考核机制的完善与否，不仅关系到大学生学力的测评，更能检验大学的教学过程对学生的激励程度。数字化城市管理则着重培养城市管理专业学生掌握城市管理基本理论知识和操作技能，本文从当前高校学生数字化城市管理考核中表现出的问题入手，分析了学生在考核方式、考核内容和考核目标上存在的局限性和问题。应该建立大学生的监督鞭策和激励机制，改革大学生的考核方式，并结合实践基地，形成校内外教师双评价机制，探索多途径的考核方式。

关键词：大学生；考核方式；翻转课堂；督促鞭策；机制

一、引言

学生是高校构成的主体，也是高等教育面向的教育对象，大学生的培养模式和方法也在不断地探索中。“学术取向”与“职业取向”成为高等教育对学生教育转型问题的讨论焦点，高等教育不能简单地等同于“学历＋技能”，需要以提升“学力”为目标，才能弥合目前我国各类教育之间存在的巨大缝隙[1][2]。针对高校应该培养什么样的人才，学术界提出了“学力”的概念，即通过教育测量和评价学生的学习成就。但是，目前高等教育对学生的能力测试和考核存在一定的问题，需要从学生主体出发，进一步发现当前存在的不足。城市管理专业是为了适应我国城市化和城市管理现代化的迫切需要而设立的专业，其课程数字化城市管理则着重要求本科生具有城市管理基本理论知识和操作技能，能灵活运用城市管理的理论，采用数字化管理技术，通过学习城市空间分析，熟悉城市部件、

---

①陈博文，浙江财经大学公共管理学院讲师，博士，研究方向为城市生态环境管理。

事件管理，最终培养从事城市管理教学、科研和实践操作的高级专门人才。

二、目前城市管理专业学生学力衡量存在的问题

我国高校考核学生一方面受制于毕业率和就业率的影响，另一方面受学生自下而上评教的限制，考核方式单一，过程较为死板。由于考核制度滞后于学生的学习知识和技能的更新，学力的测试依然存在一些问题。

（一）考核方式单一，难以真正体现学生学习水平

学力不仅体现学生学习到知识的多少，而且反映学生的技能的掌握程度。但是，目前数字化城市管理课程的考核方式主要采取闭卷考试、开卷考试、课外论文及实验实训四种形式[3]。闭卷考试内容大部分来自教材和课堂教学材料，考试内容上客观题多于主观题。开卷考试和课外论文在考察形式上更加自由，内容上主观题较多，学生有自由发挥的空间。但是，开卷考试中学生的成绩一般较低，学生平时主动学习的时间较少，课外材料积累不够，对于开放性的题目无法做到源于教材而高于教材的回答。课程论文存在抄袭的现象比较严重，学生不重视课程论文的写作。考试成绩一般按照平时成绩 30%、期末考试 70% 的比例进行综合评价，分数达到及格的就视为考试通过。实验实训则存在注重结果而忽略过程及缺乏学生创新能力的培养的问题。笔者认为平时成绩的比例占比较低，而且平时成绩除了课程作业，出勤率成为学生平时成绩的重要依据。这种现象导致学生“人在课堂心在外”的现象非常突出，课堂互动积极性不高。期末成绩的占比权重过高，导致学生期末突击、死记硬背应付考试的现象成为当前很多高校的常态化表现。这些刻板的考核方式无法体现学生的学习差异性，不能真实地反映学生的学习水平。

（二）考试目的局限性

由于学生期末考试占比权重较高，学生对期末考试更为重视，而考试试题的命题者也是任课老师，题目大多数来源于教材，学生的考试目的就是通过这一门课程，拿到学分，而不是提升自己，学生不关心自己是否通过学习使能力得到了提升和锻炼。由于每门课只有一次考试形式，对于考试成绩不合格的学生还有一次补考的机会，所以，学生对考试的自由度比较高，往往在期末众多考试复习过程中，更希望通过老师的复习来预估到考试内容，甚至要求老师划一下重点，帮助其通过考试，并且在实验实训过程中多次寻求教师或其他同学的帮助，忽视了自主思考操作流程的问题，虽取得相同实验结果，但无法掌握过程。

（三）学生评教成为学生学力评价的鸡肋

在我国高校教育中，每学期结束都会让学生对教师进行评价，评价的结果是教师的考核依据。这一措施原本是尊重学生，希望学生发声，提高高校的教育

质量，希望学生评教能够成为一面镜子。及时地反映评教结果是学生对教师教学水平、教学方式、教学态度认可度的一种反映。遇到学生评价满意度低时，教师首先要做的不应该是对学生的素质和学生评价的公正性提出质疑，而应对照学生评教的结果，反思自己的教学行为，发现自己在教学工作中存在的问题，进而改进教育教学工作，提高教学质量，教师个人的专业素质也会在这种反思和改进中得到提高。如果教师为了提高学生的满意度而一味地去迎合学生，对于学生的不良行为不敢批评教育，甚至讨好学生，学生评教就会成为制约教师的一根绳子，在这根绳子的束缚下教师该做的不做，想做的不敢做，最终制约学生和教师个人的发展。

在现实的过程中，学生拿着评教的权利不认真学习，对迎合学生需求的老师，评教结果往往很好；对于比较严厉、负责任的老师，学生的评教结果反而比较低。这种学生评教的机制在一定程度上也限制学生真正的学力水平的提升。

三、大学生考核监督鞭策和激励机制的必要性

（一）大学生考核需要构建监督鞭策机制的必要性

第一，微观主体的现实需要。现有的大学生虽然能够在现有的考核制度下完成自己的学业，也能够在学校拿到一些奖励和荣誉，但是当学生毕业进入社会后，大学期间的学习无法满足工作需要，大学的学习成了一项任务，浪费了大量的青春宝贵时光。建立监督鞭策机制，完善相应的考核制度，能够激发学生主动学习的主观能动性，也能督促学生珍惜大学教育的时间，使其做好进入社会工作的准备。第二，微观主体的高度期待。对于刚刚结束高考的大一新生而言，其对大学的学习充满了期待，对自己在大学期间的表现和成就也有一定的预期。但是，大学宽松的学习环境和考核方式使得懵懵懂懂的学生失去了努力的方向和奋斗的目标，养成不良的学习生活习惯，直接影响未来大学四年的学习。第三，社会团体的关注[4]。随着我国城市人口及规模的快速发展，参与城市管理的各类社会团体越来越希望招录到专业的合格毕业生。然而，城管职业长期被妖魔化，导致年轻的城管专业并未受到学生家长的认可，要想扭转专业困境，获得专业认同，需要不断提高毕业生质量，构建科学的考核监督体系。

（二）大学生考核需要建立激励机制

第一，建立平时成绩加分项。平时成绩的给定比起闭卷考试具有主动的影响因素，这也使得老师具有更多的灵活性去设置激励机制。平时课堂表现积极活跃、与老师互动较为认真、平时作业做得比较用心可以作为平时成绩的加分项来激励学生主动学习。第二，建立奖学金挂钩激励机制。对于评奖学金的学生提出成绩上的要求，例如年级排名、班级排名、四六级成绩等，参与评奖评优的学

生在成绩激励下会具有更强的学习动力。

四、提升大学生学力的路径思考

（一）分阶段设立考核目标

第一，改变现有单一化的考核方式，实现考核方式多元化。结合不同专业、不同课程，可以实行一个学期多次考试。教师应根据教学实际情况及学生学习状况，通过有选择性地进行章节测验、单元测验或阶段测验等方式，增加平时测验成绩在总成绩中的比例，以此来降低期末考试在总成绩中所占的比重，让学生清楚：即使期末考试取得了好成绩，如果平时不认真学习，平时测验成绩不好，其总成绩仍有可能不合格。第二，提高平时成绩比重，细化平时成绩比例。平时成绩可以多元化，按照老师授课进度，针对课程的难易程度，在每一部分教学内容结束时可以设立考试，或者每一个月考试一次，倒逼学生主动学习，平时考试的试卷凡是不会做、留空白的都以零分处理，以平时考试成绩与期末成绩综合评价学生。

（二）完善现有的考核内容

第一，提高课堂学生互动频次。在平时的课堂互动中可以给学生布置课程任务，让学生进行演讲或者课堂展示。以经济学课程为例，经济学的课程大部分理论性较强，学生理解起来比较吃力，可以在列出阅读清单的时候，让学生选择必读材料和选读材料，对于必须阅读的材料，让学生进行定期的汇报交流，分阶段展示阅读材料的进展和自己的思考。第二，加强学生知识应用能力的考核。在现有教材学习的基础上，提供给学生其他的课外阅读案例，鼓励学生寻找案例，利用课堂学到的知识解决现实当中的问题，以现实案例为基础，布置学生完成作业，作为学生应用能力考核的依据。

（三）建立多途径考核方式

第一，结合翻转课堂，线上线下结合考核。目前很多高校在进行教学方式改革，结合当前的计算机技术革命和互联网的发展，泛雅课堂、翻转课堂、手机教学等都成为新型的教学手段。教师通过网络教学平台建设课程门户和课程资料，要求学生在线上进行学习，学生完成线上学习的任务后才能得到相应的成绩，这部分成绩可以作为期末综合成绩重要的一部分。第二，团队作业考核。通过分小组，每个小组的每个人各自负责相应的部分，并规定好完成的最后期限，学生完成后每个小组成员汇报各自完成的部分，逻辑条理清晰、内容完整、表述流畅的学生可以得到高分。这种团队作业考核的方式，不仅解决了考试内容固化、考试形式单一的问题，而且能够锻炼学生的口头表达能力和组织协调能力，更加有利于学生在未来工作岗位上适应社会环境和团队合作。第三，充分利用实践基地，形成校内外教师双评价机制[5]。数字化城市管理课程注重学生实践操作能力，而大多高校不具备相关软硬件设施。软件方面可通过邀请校外数字化城市管理一线工作者参与课堂案例教学。硬件方面应鼓励学生积极参与校外相关部门数字化城市管理的实践操作，同时邀请校外实践教师或相关工作人员对学生实践过程进行监督评价，将评价得分计入期末考核成绩。

参考文献

[1]陆启越,余小波,刘潇华.改革开放以来我国高等教育改革的回顾与前瞻[J].大学教育科学,2017,162(2):10-16.

[2]何光全.我们需要什么样的成人高等教育——兼评“学历+技能”模式[J].现代远程教育研究,2015,134(2):71-75.

[3]邓魁.大学生考核制度改善的必要性[J].湖北函授大学学报，2016,29(7):14-15.

[4]何永松.公共管理类本科专业教学改革新探[J].牡丹江教育学院学报，2018(5):42.

[5]王琦.我国高校城市管理专业人才培养模式的比较研究[J].湖南商学院学报,2014(21):113-117.

劳动与社会保障专业课程实验教学改革初探[1]
——以医疗保险为例

◎张晓蓓[2]

摘　要：本文试图讨论实验教学法在劳动与社会保障专业课程中的应用，并以医疗保险为例，对实验教学内容和环节进行了设计，提出融合任务驱动式和探究式教学方法，提升教学内容的实用性和时代性。本文认为，高校劳动与社会保障专业进行实验教学改革将改善传统教学中理论与实际脱节的现象，提升学生的实践能力和创新能力。

关键词：劳动与社会保障专业；实验教学；医疗保险

一、引言

习近平同志在党的十九大报告中明确提出，按照兜底线、织密网、建机制的要求，全面建成覆盖全民、城乡统筹、权责清晰、保障适度、可持续的多层次社会保障体系。医疗保险作为社会保障的重要组成部分，与人民幸福安康息息相关，关系国家长治久安。近年来，我国持续加大医疗改革力度，在一定程度上缓解了人民群众看病难看病贵的问题。但医疗保险涉及范围广、改革难度大，当前的医保制度仍存在药品范围狭窄、转移接续困难等亟待解决的问题。

医疗保险管理服务是我国高校劳动与社会保障专业中社会保障学、管理定量分析、社会保障基金管理、劳动法与社会保障法规、员工福利、社会救助与福利等核心课程的重要教学内容，也是劳动与社会保障专业学生应掌握的基础性知识。在课堂教学中，教师主要通过案例教学、视频观摩等传统的教学方式对医疗保险管理服务的概念、流程、实务等进行理论性介绍，学生缺乏实际动手操作的机会和条件，往往对医疗保险管理服务理解不够透彻，导致课程教学效

---

①基金项目：浙江财经大学校级虚拟仿真实验教学项目（10122419006）。
②张晓蓓，浙江财经大学公共管理学院副教授，博士，研究方向为劳动经济学和农村贫困。

果不够理想。如果可以带领学生到政府相关公共部门集中实训，让学生接触真实的医疗保险管理工作，授课效果必将得到极大改善。然而受限于教学的时间、场地以及实践教育合作单位的岗位供给，教学很难让全体专业学生全面、充分地接触与认识医疗保险管理服务工作，无法实现教学效果的根本性提升。

有鉴于此，笔者认为，劳动与社会保障专业可以以实验教学改革为突破口，改善课堂教学与社会实践的脱节状况，推进课堂教学的智慧化和实训化，提高专业学生的实践能力。该实验教学改革成果不仅能够对劳动与社会保障本科学科专业课程的建设提供有力的支撑，而且能够普惠人力资源管理、社会工作等管理类、法学类学科中涉及社会保险的专业课程。下文将以医疗保险为例具体探讨实验教学改革的设计方案，其他社会保险类别可以此类推。

二、医疗保险实验教学改革框架

（一）改革思路

1. 坚持以生为本、研教结合教学理念，提升教学内容的实用性和时代性

实验教学改革突破了以往以课程为中心的教学模式，坚持以学生为本、科研与教学相互促进的教学理念，运用信息技术展开虚拟仿真实验教学。教学改革围绕基本医疗保险展开，教学主题不仅与每个人息息相关，具有实用性，而且符合当下医疗改革的时代背景。通过采用虚拟仿真实验教学方式，能够更为形象生动地演示医疗保险登记、征缴、个人账户管理、待遇给付等各流程的步骤与实务操作，帮助学生浸入式学习相关知识，发现医保管理服务流程存在的问题，并针对医改困境提出解决方案，在提高专业素养的同时，培养学生的实践和创新能力。

2. 融合任务驱动式和探究式教学方法，构建多元化评价体系

实验教学过程中将采用任务驱动式和探究式两种方法，其中任务驱动式教学方法通过将实验内容分解为若干子任务，明确任务目标，以有效完成任务为考核目的；探究式教学方法则关注学生自主学习过程，通过探究、引导，激发学生积极主动地去探索问题，寻求问题的答案，让学生在探究学习的过程中形成对知识的自主构建的教学方法。融合两种教学方法有利于学生将所学知识与具体问题情景相联系，充分调动学生主动思考意识，变“要我学”为“我要学”，激发学生的实践热情和创造力。

（二）改革目标

一是在理论层面，帮助学生掌握不同类型医疗保险的覆盖范围、资金筹集、个人账户管理、待遇给付等知识点。

二是在实践层面，通过软件模拟的形式，设置不同的实验场景和实验角色，

帮助学生掌握医疗保险管理服务的整体流程。

三是在创新层面，引导学生探究当前医疗保险管理服务体制的不足之处，并提出有效的解决方案，培养学生发现问题、解决问题的创新能力。

（三）实验教学基本条件

实验教学将围绕专业的社保综合模拟实训软件展开，该软件需具备以下模块：一是医疗保险法律法规数据库模块，主要是对我国涉及医疗保险的法律、行政法规、司法解释、部门规章等进行系统梳理分类，建立数据库并及时更新；二是医疗保险管理服务情景模拟模块，主要是设置医疗保险管理服务流程中涉及的人保中心、人保厅、社保所、企业等角色和实验场景，增加模拟仿真的代入感；三是医疗保险管理服务实验数据模块，主要是涉及医疗保险参保登记、征缴、个人账户管理和待遇给付的案例，并配备对应的正确操作步骤，方便课堂使用和智能化考核。与此同时，实验流程应当可以灵活调整，以便学生模拟操作与调整流程优化方案。

（四）实验教学核心步骤

实验教学采用任务驱动式和探究式相结合的教学方法，将实验项目分为三个模块，根据实验项目的教学目标，设置真实性任务，学生完成具体的模块任务来达成实践目标。与此同时，采用业务流程分析和优化重组方法分析医疗保险管理服务流程的优化方案，让学生学以致用，培养其探究思维和创新思维能力。实验教学步骤如下：

实验前准备工作。回顾医疗保险管理服务的三个步骤：参保申请、保费征缴与管理、待遇支付。复习各步骤的业务流程及法律规定，准备相关材料用于实验时查询、记录。

参保申请环节。完成不同案例背景下个体或用人单位的参保申请、变更申请或注销申请流程，记录并修正错误步骤。

保险费征缴与管理环节。完成医疗保险缴费申报、个人账户管理中不同角色的操作流程，记录并修正错误步骤。

待遇支付环节。完成医疗保险待遇支付申请、审核和发放的操作流程，记录并修正错误步骤。

流程优化环节。探究医疗保险管理服务流程优化方案，并模拟操作方案效果，提交实验报告。

（五）实验教学知识点

实验教学覆盖的知识点可总结为“1+2+3”，即 1 个核心知识点 +2 种类别 +3 步走。本实验的核心知识点是劳动与社会保障学等课程中的医疗保险制度。考虑到我国当前的医疗保险包括城镇职工基本医疗保险和城乡居民基本医疗保险 2 种类别，且制度设置存在较大差异，因此有必要分别讨论。不同类别的医疗保险经办流程均可划分为 3 步：参保登记、征缴与管理、待遇给付。以下将对 3 个流程涉及的知识点进行具体说明：

1. 医疗保险参保登记

医疗保险登记是社会保险登记的一部分。社会保险登记是指依法应该参加社会保险、缴纳社会保险费的单位，以及自愿参加社会保险的个体工商户和其他灵活就业人员到所在地社会保险经办机构进行社会保险登记的行为。根据缴费主体的不同，可分为单位登记和个人登记两种。根据登记业务的不同，包括参保登记、变更登记和注销登记。具体而言，用人单位和个体需要填写社会保险登记表，出示相关证件、资料，经过审核后发给其社会保险登记证。当用人单位或个体参保登记信息改变时，需要办理社会保险变更登记。如果缴费单位发生解散、破产等情形，则需办理社会保险注销登记。

2. 医疗保险费征缴与管理

医疗保险费征缴指参加医疗保险的单位和个人，在规定期限内，到社会保险经办机构办理保费缴纳的行为。城镇职工基本医疗保险费由用人单位和职工个人共同按照相应比例缴纳，城乡居民基本医疗保险则实行个人缴费与政府补助相结合为主的筹资方式。医疗保险费征缴包括缴费申报、缴费基数核定、保险费缴纳等三个步骤。

医疗保险费管理指医疗统筹基金和个人账户的管理。以城镇职工医疗保险为例，单位缴纳的医疗保险费纳入统筹基金，职工个人缴纳的部分则存入个人账户。个人账户管理包括对个人账户和个人缴费记录进行建账、记账、封存与启封、注销和关联的业务活动过程。

3. 医疗保险待遇给付

医疗保险待遇给付是指对参保人员发生的医疗费用进行审核与给付的行为，可分为住院待遇给付和门诊费用给付两种。针对医疗机构或参保人员申报的住院医疗费用，社会保险经办机构依据基本医疗保险药品目录、诊疗项目目录和医疗服务设施目录等加以审核，以确保医疗收费的真实性、合法性、合理性和医疗服务质量。针对门诊医疗费用，定点医疗机构需要核对参保人员身份、确认其医疗和购药行为符合政策规定方可按医保费用结算，社会保险经办机构可对门诊费用使用的真实性进行审核。

三、医疗保险实验教学方法及步骤

（一）实验教学流程

医疗保险实验改革围绕模拟仿真展开，通过社保综合智能实训平台，针对医疗保险管理服务的各个流程，建立特定的实验数据，让学生在模拟场景中进行业务处理和操作。在熟练掌握当前操作流程的基础上，要求学生提出流程改进方案，并模拟仿真新方案的实施效果，通过对方案的反复调整，形成最终的优化方案和实践报告。具体教学流程参见图 1。

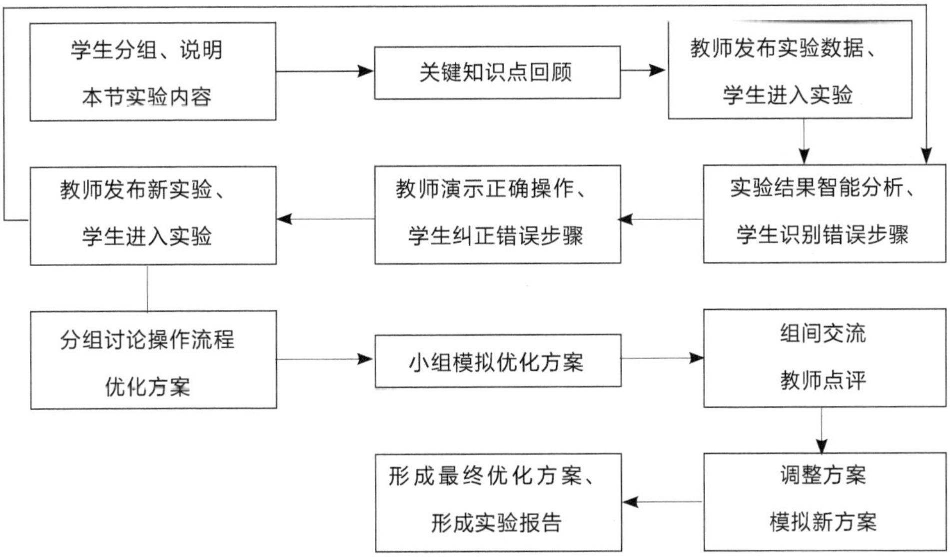

图 1　实验项目教学流程图

（二）实验教学方法

本实验将使用业务流程分析和优化重组方法分析医疗保险管理服务流程的效率问题。该方法将 TQM（Total Quality Management）理论应用到实际工作中，对工作流程展开彻底的分析，找出显性和隐性的问题，并对问题分析讨论，确定解决或优化的方法并加以实施。而后不断收集反馈，进行总结，提出新方案，这样循环向前，提高工作效率，实现整体流程的优化。

流程分析与优化重组的步骤如下：

(1) 通过组织讨论，找出流程每个阶段存在的问题。

(2) 对问题进行整理，形成清晰的问题列表。

(3) 将问题分类。可按照矩阵法将问题按重要性、解决难易程度分类。

(4) 寻找解决问题的方法。可采用 5M1E 法（Management、Man、Method、Material、Machine、Environment）、5W2H 法（Why、What、Where、When、Who、How、How much）。

(5) 从备选方案中选择最好的解决方案。

(6) 评估实施结果，修正解决方案。

（三）实验教学步骤

实验教学数据可选择软件内置的案例库，教师也可对案例进行个性化调整，学生需要进入实验界面进行情景模拟操作，依据案例数据选择相应的模拟流程。

1. 医疗保险参保登记模拟实训

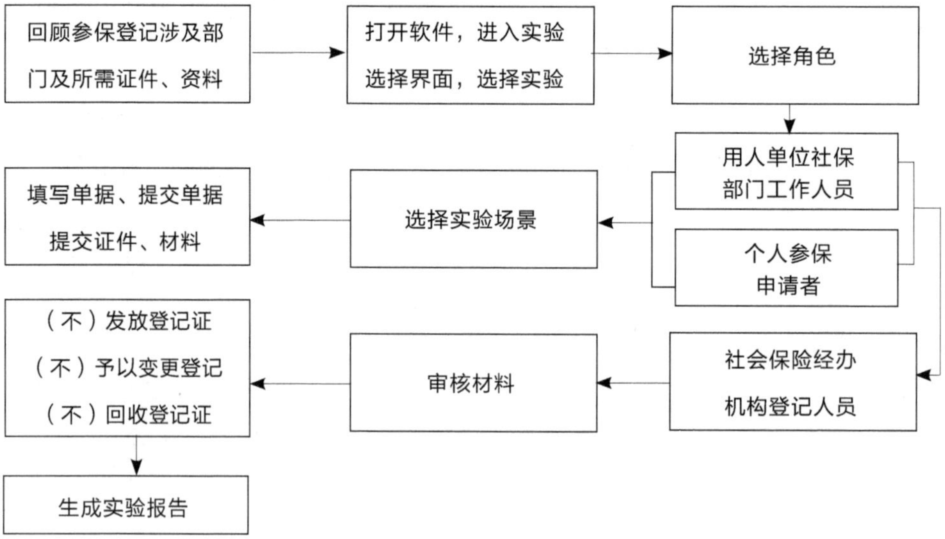

图 2　医疗保险参保登记实训步骤

2. 医疗保险费征缴与管理模拟实训

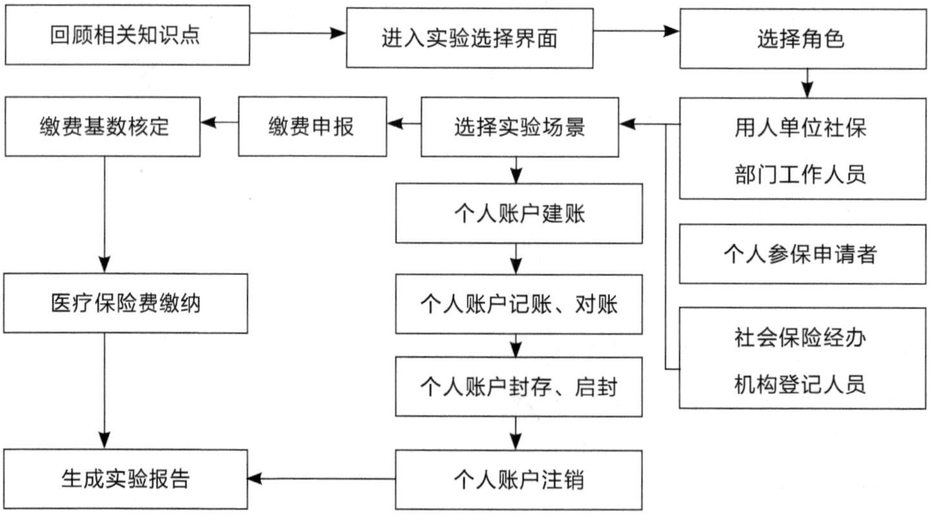

图 3　医疗保险费征缴与管理实训步骤

3. 医疗保险待遇给付模拟实训

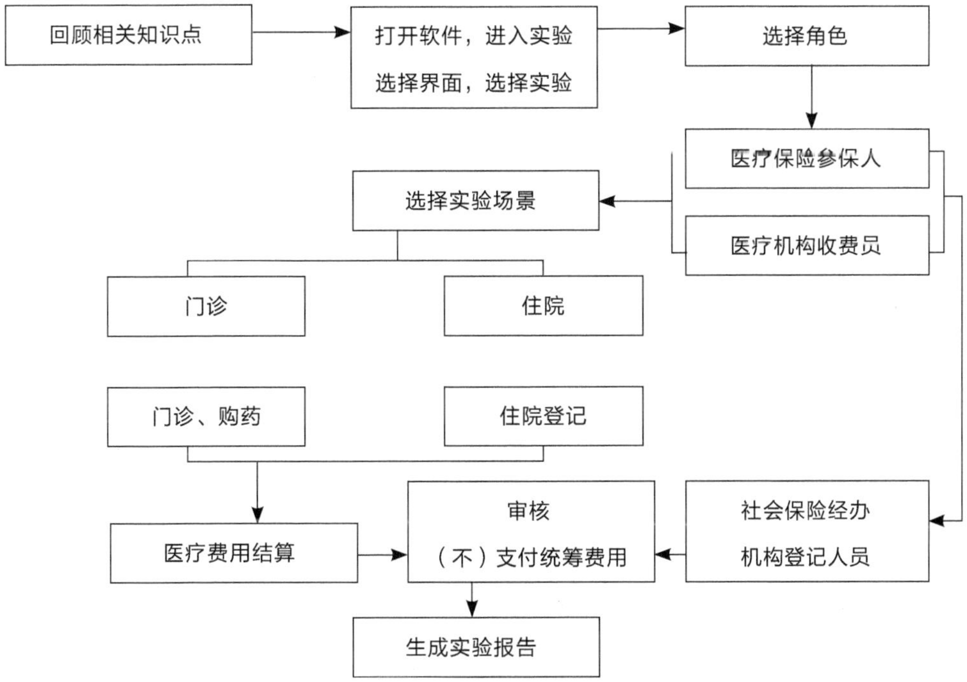

图 4　医疗保险待遇给付实训步骤

在实验的过程中，针对不同案例，学生需要独立完成医疗保险管理服务各流程的操作，包括选取角色场景，安排操作步骤，准备材料和证件，填写单证数据，以及提交实验报告等。与此同时，在各流程仿真模拟操作后，学生需要思考该流程存在的问题和优化方案，并实际操作模拟新方案，采用业务流程分析和优化重组方法评估和调整新方案，形成实验报告。

（四）实验案例

以下以住院待遇给付为例，说明实验教学方法的具体实施方式：

第一步，场景设定：医院。

第二步，案例选取：职工张某生病住院，产生住院费用若干，请模拟职工生病住院后医疗费用的实时报销业务流程。

第三步，学生情景模拟：学生扮演多重角色，进行业务流程操作练习（见表 1）。

第四步，优化方案讨论与模拟评估。学生分小组讨论形成待遇给付流程的优化方案，并上机模拟实验，评估新方案的可行性和有效性。

表 1 情境模拟操作内容

角色扮演	操作内容
基本医疗保险参保人——张某	出示医保卡并交押金 接收押金单并看病 结算个人承担费用
医疗机构收费员	住院登记 住院医疗费用结算
社会保险经办机构工作人员	医疗费用情况审核 支付统筹费用

四、实验教学的考核方式

医疗保险实验教学要求学生在上机前，已参加过相关课程中有关医疗保险管理服务的理论教学环节，并具备熟练的电脑操作能力。实验教学通过多个案例的情境模拟，以及多重角色的切换操作，可以显著改善课堂教学效果，旨在提高学生对医疗保险参保申请、保费缴纳与管理、待遇给付流程的认识和实践业务操作能力，确保学生操作的规范性和正确性，锻炼学生的创新能力和批判思维。基于此，考核内容设置为两部分：

（1）流程操作考核。结合课堂仿真模拟成绩和期末考试模拟操作成绩评定，占总成绩的 50%。具体而言，医疗保险参保申请、保险费缴纳与管理、待遇给付的课堂实验操作各占 10%，期末考试实验操作成绩占 20%。

（2）优化设计考核。根据优化方案课堂讨论表现和仿真模拟成绩评定，占总成绩的 50%。

参考文献

[1] 刘思佳，胡嘉靖，闻岚 . 医学院校劳动与社会保障专业实验教学的研究 [J]. 内蒙古财经大学学报，2017，15(6)：118-119.

[2] 夏艳玲 . 应用型本科院校劳动与社会保障专业实践教学发展与创新研究 [J]. 劳动保障世界，2017(17)：11-12.

[3] 张熙 . 劳动与社会保障法实验教学基本模式探讨 [J]. 纳税，2018(1)：238.

[4] 赵文婧，罗彬，陈金梅，等 . 构建“以学生为中心”的医学形态学综合实验教学 [J]. 大学教育，2020(10)：105-107.

社会调查方法“课程思政”教学改革探索

◎游和远[①] 郭旭旭[②]

摘　要：为保证学生思政教育不缺席，思政学习不掉队，更好地将专业教育与思政教育有机融合，充分发挥专业课程的育人功能，学校积极开展了课程思政教学改革工作。社会调查课程作为城市管理专业的专业主干课程，其社会调查技能是当代高等院校学生走进企事业单位都应掌握的一项基本能力，课程讲解和技能学习过程也具有强大的思政育人功能。在剖析教学内容、明确教学目标的情况下，教学思政改革尝试将社会调查课程的专业能力培养与科学素养、创新能力、处世哲理等内容进行深度融合，进而明确思政教学目标、优化教学方法、改进考核方式，以期达到专业教育和思政教育的完美并进。

关键词：社会调查；思政改革；科学素养

教育是民族振兴、社会进步的重要基石，是国之大计、党之大计，是功在当代、利在千秋的德政工程，对提高人民综合素质、促进人的全面发展、增强中华民族创新创造活力、实现中华民族伟大复兴具有决定性意义。把立德树人融入思想道德教育、文化知识教育、社会实践教育各环节，就要坚持专业教育和思政教育的融合。

“课程思政”是新形势下课程教学改革的主要目标，是一种新的思想政治工作理念，它强调的是“课程承载思政”与“思政寓于课程”，是对教学和教育的统筹谋划[1]。习总书记在2016年全国高校思想政治会议中强调，要将思想政治工作贯穿教育教学的全过程，利用好课堂这个主渠道，把思政教育落实到每一堂课中去。课程思政作为一种全新的课程观，旨在遵循学生成长规律、教书育

---

①游和远，浙江财经大学公共管理学院教授，博士，研究方向为土地利用管理。
②郭旭旭，浙江财经大学公共管理学院研究生。

人规律和思想政治工作规律的前提下，以社会主义核心价值观和中华优秀传统文化教育为灵魂，深入挖掘各门专业课程所蕴含和承载的思政教育元素和功能，最终实现学生的综合发展、完成教育的立德树人功能[2]。

社会调查课程是一门实践性和应用性很强的课程，兼具理论与实践，强调操作技巧的传授和实践能力的培养。作为行政管理、城市管理、工商管理等管理类专业的主修课程之一，在课程讲解和实践过程中有很多理念和思想与我们的日常生活和工作处事息息相关，蕴含着丰富的人生哲理和思政元素，是开展思政课程改革的重要试点课程之一。

一、课程概况与思政教育的着眼点

社会调查课程是走进生活、深入实际、体味社会百态的重要渠道，是管理类等专业的一门主干课程，重在让学生们掌握科学研究与社会调查的关系以及社会调查的特点、原则、程序、指标、分类等具体内容，兼顾理论与实践的指导教学。其主要教学内容如表 1 所示。

表 1 社会调查课程主要内容一览表

章节名称	主要内容	目的要求
第一章　社会调查和社会调查学	社会及其现象以及社会调查的指导思想、理论基础和社会功能	初步了解社会、社会现象与社会调查的基本内容
第二章　社会调查的历史发展	古今中外社会调查的起源与发展	在社会调查的历史变迁中学习社会调查所涉及的代表人物和事件
第三章　社会调查的程序和准备	社会调查的阶段及任务、调查课题的类型与选择以及调查人员的选择与培养	了解社会调查的一般程序和前期需要进行的准备事项，方便开展调查工作
第四章　社会调查的主要类型	概述社会调查的主要类型及各类型的特点、优缺点和适用范围	掌握社会调查的基本分类及普遍调查、抽样调查和典型调查各自的优缺点
第五章　社会指标和社会测量	社会指标和社会测量的具体内容和分类	掌握社会指标和社会测量的内涵与分类体系
第六章　社会调查方案的设计	设计社会调查方案的内容、目标和原则、方法等，以及方案结果的信度和效度的统一	了解调查方案的设计流程和主要内容，并掌握检验方案可行性的方法
第七章　文献调查法	文献调查法中涉及文献的搜索要求和具体方法，以及提取信息的原则、程序和文献调查法本身的优缺点	通过对各种社会调查方法的学习，掌握每个调查方法的各自优缺点和适用范围，并能够针对实际问题进行及时调整
第八章　实地观察法	实地观察法的分类、原则、需要注意的问题及其优缺点	
第九章　访问调查法	访问调查法的种类特点、过程技巧、注意问题、实施优缺点等	
第十章　问卷调查法	问卷调查法的种类、原则、设计步骤、一般程序、作答研究和优缺点	

（续表）

章节名称	主要内容	目的要求
第十一章　网络调查法	网络调查法的特点、种类和网络信息的排查筛选，以及方法本身的优缺点	通过对各种社会调查方法的学习，掌握每个调查方法的各自优缺点和适用范围，并能够针对实际问题进行及时的调整
第十二章　实验调查法	实验调查法的种类、原则、方案设计和实验误差的规避途径等	
第十三章　整理资料	资料整理的意义、原则和数据编码、录入、清理及整理步骤和手段	了解对调查结果进行整理分析的方法，掌握各个整理和加工途径的具体内涵和分类
第十四章　统计分析	统计分析的过程、方法、分类与层次及整理归类等	
第十五章　思维加工	思维加工的内涵、任务与多样化的类型选择	

通过对社会调查课程具体教学内容的了解，可发现该课程是一门极具基础性和应用性的学科，具有很强的操作性。该课程立足于专业能力的培养和实践应用能力的提升，旨在使学生能够通过社会调查课程的学习掌握社会调查的基本原理和原则方法，进而观察社会变化、分析社会关系、解释社会现象、把握社会规律[3]。该课程是学生了解情况、认识事物、掌握政策的基本途径，是实施科学管理的前提，强调理论与实际的结合和调查素材的挖掘，进而能够通过课程的学习解决实际问题。

具体而言，社会调查课程作为管理类学生的重要专业课程，其教学中传授的调查技能是日后每一个学生走上工作岗位都必须具备的基本技能，具有教学和教育的双重意义。对社会调查课程进行思政改革探索，是更深入地发挥专业课程在立德树人方面的重要作用的体现，也是更全面地实现高等教育意义的所在。立足于社会调查历史发展、原则程序和指标分类等的讲解，该课程可以从科学素养、道德素质、处世哲理等角度着手开展课程思政改革探索，这也将是该课程进行思政教育的着眼点。具体而言，社会调查课程的思政改革着眼如下：

（一）科学素养的培养与道德素质的提升

通过引导学生对社会调查课程基本理念和原理的学习，指导学生在实践实操情况下进行调查方案设计和调查报告编制，基于实际操作和实践调查，使学生养成踏实努力、专业严谨的科学素养。同时，在学习社会调查历史发展和各种调查方法中不断强化学生的民族自豪感和自信心，强化学生的道德素质和法治素养，秉承"没有调查就没有发言权"，一切真理都源自生活的求真态度。

（二）实践能力的锻造和创新意识的培养

调查是走进生活、认知百态的重要渠道，通过对社会调查重要内容的学习和实际问题的调研与思考，学生可以在课堂与生活中锤炼自己的专业素质、实操能力，同时基于对实际问题的思考和探索，也可以进一步激发学生的学习与工作热情、开拓新的认知渠道，让学生逐步形成自己对问题的见解，进而可提升学生的创新意识和能力。

（三）团队合作意识的强化

调查不是一个人单枪匹马，而是多人并肩作战。在社会调查课程讲解中，通过让学生们以小组为单位进行实际问题的研究和调查，不仅可以提升学生研究和解决实际问题的能力，还可以强化学生的团结协作意识和沟通交流能力。

（四）生活处世哲理的学习

走进生活进行社会调查，会发现调查的前期准备、程序推进、总结整理等每一步都渗透着融入社会的人生智慧和处世哲学，强化社会调查课程的思政化改革，可以在专业能力提升的基础上，培养学生的人文情怀和处事智慧。

二、教学内容和教学方法的思政化改革

（一）植根于思政着眼点的授课内容的调整

在“大思政”的课改背景下，社会调查课程作为管理类专业性课程之一，具有丰富的德育内涵，是高校进行思政教育改革的可行性课程之一，充分挖掘课程教学内容的思政元素，可以更好地实现教育与教学、智育与德育的结合。将专业技能培养与思政教育深度结合的社会调查课改方向具体如表 2 所示。

表 2 结合思政着眼点的教育教学内容一览表

知识点名称	专业教学内容	思政教育内容和培养重点
社会调查基本点及古今中外的社会调查历史发展	对社会调查所涉及的基本知识及现象等进行重点引导，同时可通过视频、图片、书籍推荐等方式向学生们介绍古今中外社会调查的起源与发展	讲述古今中外代表人物在解决实际问题中社会调查所发挥的重大作用，强化学生走进生活寻找问题解决之道的意识和“没有调查就没有发言权”的责任感，重点培养学生的人文情怀和社会责任感
社会调查的前期准备、推进程序与指标、测量的讲解	重点讲解社会调查的推进阶段、任务目标及调查人员的选择与培养，并详细介绍调查所涉及的社会指标和社会测量的具体内容和分类	社会调查的准备与推进、组织管理与指标确定等都是一门非常复杂的学问，在知识讲解过程中可有重点地锻炼和引导学生有目的、有计划、有针对性地开展工作和规划人生，同时培养学生走进社会、融入社会所必需的团队合作意识和组织协调能力
社会调查的类型划分	概述社会调查的主要类型，如普遍调查、抽样调查和典型调查等及各类型的特点、优缺点和适用范围	在知识讲授过程中鼓励学生挖掘各种类型背后隐含的认识论和方法论思想，培养学生的综合认知和问题剖析能力，引导学生在掌握专业知识的基础上，更懂得剖析问题背后的隐含意义是人生处世哲理的强化与提升
社会调查方案的设计与评测	重点向学生介绍在对实际问题进行社会调查前，社会调查方案的内容、原则、方法和调查目标等知识，以及方案调查结果的信度和效度的统一标准	调查方案的层层设计与推进和人生的阶段式成长一样都需要注入百分之百的热情与认真负责的态度，好的调查方案设计是成功的一半，就好像人生的扣子从第一粒就要扣好一样，方案的设计与推进也需要格外注意，要借此培养学生严谨的科学素养和饱满的工作热情以及踏实向上的人生态度

（续表）

知识点名称	专业教学内容	思政教育内容和培养重点
社会调查方法的总结分类和特色详解	重点介绍文献调查法的搜索要求和具体方法，实地观察法的分类、原则、注意事项及优缺点，访问调查法的特点、技巧、注意问题等，问卷调查法的种类、原则、设计步骤、一般程序等，网络调查法的特点、网络信息的排查筛选及优缺点等，实验调查法的种类、原则、方案设计和实验误差的规避途径等	就像人生百味一样，不一样的社会调查方法总有别样的特色和适用范围，我们总要根据实际遇到的问题进行有针对性的排查和选择，这既是一种方法的选择，也是一场人生的抉择。学会选择、学会生活、讲求实际、懂得思考，通过对社会调查课程的学习，既希望培养学生的科学素养和综合素质，也希望更好地形成他们的世界观、人生观、价值观认识，这也是一种人生处世哲理的灌输
社会调查后期的成果整理与分析加工	详细介绍对调查成果进行资料整理、数据录入与统计分析、总结归类等的方式方法，并具体讲解资料整理、统计分析和思维加工的内涵	日常生活中我们所开展的每一项工作都好像社会调查一样，需要团队协作、计划统筹、目标明确，调查结果的整理与完善一定层面上是人生态度的体现，重在培养和锻造科学求真的学习、工作态度和细致缜密的做事方法与风格

结合思政改革，突破章节束缚，进行归类融合，是更精准、综合诠释专业知识和思政元素的有效渠道。通过对不同主题教学内容的思政化讲解，可以在专业技能培训和专业知识传授中强化学生的思想政治教育，进一步实现智育、德育即立德树人的综合教育目标。

（二）多措并举、多元融入的教学方法探索

传统教学方式下，教师在教学过程中处于主导和支配地位，而学生在学习中则主要处于接受者的位置，学生被动地接受老师讲授的以教材内容为主的知识，不易调动学生的积极性和创新热情[4]。在“大思政”的教育背景下，为更好实现智育和德育的融合，需要对传统教学方式进行调整和完善，势必要增添元素、丰富方法，以实现专业教育和思政教育的完美结合。

1. 联系实际生活，开展分享式案例教学，在潜移默化中进行专业培训和思政德育

社会学是一门庞大的学科，社会现象纷繁复杂，要了解社会就必须先走进社会。传统以课本知识为主的教学方式很难激起学生的情感共鸣，在“大思政”教育背景下，学生不仅要形成深厚且严谨的科学素养，还要具备高尚的人文情怀。首先，教师可根据课程思政调整后的教学内容和目标要求，确定教学重点和难点，再结合学生学习基础和古今中外历史上典型的人物和调查成果丰富教学内容，融合党史和社会建设硕果，分享在革命时期伟大的革命前辈们是如何通过深入社会、调查实践来发现正确的革命道路的，动之以情，晓之以理，让学生深刻地明白社会调查的意义和价值，以培养学生的爱国情感、民族自信心和创新意识。

其次，可结合学生的兴趣点来分配不同教学主题的案例式分享任务，让学生在自己查阅资料、梳理整合的过程中积累知识、强化语言表达，鼓励学生充分

运用丰富的线上教学资源。这既是对学生自学能力的锻炼，也是对学生科学素养和表达能力的提升，同时，案例分享过程中不同选题的不同展现形式也是对学生创新意识和创新能力的培养。

2. 选题性实操教学，以任务驱动学生深入实践，在实训中收获专业技能并践行思政教育

高等教育不仅要推进学生课堂知识的积累，更重要的是培养学生解决实际问题的能力和兼济天下的情怀。在社会调查课程中，学生学到的知识和收获的技能是日后走上工作岗位、解决实际问题、进行有效管理的基本要求。适当布置课堂任务可以让学生通过亲身调查的形式来观察社会现象、分析和解决实际问题，进而在有能力的情况下促进社会发展，而且这是让学生在实践中深入了解课堂内容并走进实际生活的重要途径。

教师除了以课堂为教学阵地，还可以积极引导和鼓励学生踊跃参加“挑战杯”、田野调查等具有实操意义的大型创新类调研比赛等实践，以指导教师的身份深入实践中为学生进行答疑解惑，是提升学生科学素养和专业能力的重要途径，也是让学生在实践中体验社会、增进人文情怀的关键之举。

3. 推进“圆桌式”小组合作教学，扬长避短进行调查分工，培养团队意识和责任感

社会和社会现象是复杂的，为解决实际社会问题而开展的社会调查也必然是艰巨的。由于学生个人所具备的知识储备和问题解决能力及个人认知能力的差异，社会调查的顺利开展和推进一般不是一个人能够独立完成的，需要团队的协商与配合。结合思政改革的社会调查课程需进一步强化小组教学，根据课程任务让学生自愿 3—5 人结组，在专业知识和专业技能夯实的基础上，有针对性地使学生根据自身特点进行分工配合，每人专门负责前期准备、问卷设计、访谈提案、结果评测、后期加工等环节的任一部分，同时相互间要适时跟进和交流不同环节的进度情况，分工负责和互通有无是挖掘学生潜力、强化责任意识和增进协作能力的重要阶梯。

三、思政大背景下的考核方式改革

传统教学中学生成绩的评定主要以闭卷考试或者论文写作为主，教学知识点的掌握和论文写作水平成为学生成绩较单一的衡量标准。为更好适应思政教育改革，在教学内容和教学方法都做了适当调整的情况下，社会调查课程的考核方式也尝试做合理的变动。

（一）由单项考核向多元考察迈进，实现多角度、立体化的综合评测

要实现课程考核的综合立体必须由单一的考核形式向多元化的评价方法过

渡。在课程终期闭卷考核的设计和安排上要注重知识考核的灵活性和综合性，同时增加对学生平时出勤、课堂发言、小组作业等的多样化测评，实现多角度、立体化的综合考察，既可以有针对性地评测学生基础知识的掌握程度，还可以进一步考查学生在道德素质、创新能力、团队配合等方面的表现。例如，充分运用电子设备实现课程网上签到，或者以师生建群的形式实时在课程进行中发布教学问题组织学生抽签回答，既丰富了出勤考查形式，也使课堂教学更具吸引学生兴趣的新颖效果。在团队考察时可采用“组长负责，组员互评，教师评定”制度，既可以对整组的团队运作、协调组织、处事效果等进行成员共测，也可以在小组评测结果中发现在小组分工可能存在的潜在问题，进而深入引导学生的综合发展。

（二）强调理性认知与感性认知的融合，深化学生课程感悟，推进思政“拔尖”

在完善考试评测等硬指标的同时，注重思想认知等软指标的建设，可在期中或期末考核中加入对社会调查课程总体认知的考查或增加一份关于社会实践调查认知的分享报告，也可以由师生共同组织一次课程分享会，让学生在分享过程中强化对社会调查课程的认知与感悟，使课程考核方式更加丰富多元、综合立体。课程思政改革在整理课堂和实践收获的同时进一步引导学生深化对课程教学和社会实践的深层次认知，可使学生由最初应试教育的生搬硬套、死记硬背转变为综合素质的全面提升，这才是高等教育的最终目的和意义。

四、结束语

课程思政教育是当前高校思政教育的重点工作，是充分融合专业教育和思想政治教育的关键举措，需要在充分结合各课程特点的基础上深入挖掘课程思政元素。本次社会调查课程的思政改革，在明确思政课改内容和思政教学目标的情况下探索推进思政教学方法，并辅以考核方式的调整，使此次课程思政改革更具实操意义和推进价值。

总之，要培养新时代“四有新人”、实现立德树人的教育目标，就必然要在专业教育的基础上充分挖掘课程内在的思政教育元素，使学生在提升专业素养的同时强化综合素质，为适应生活、完成工作、走进社会奠定基础，此次社会调查课程的思政教改是最终实现全方位、全过程育人目标的有益探索。

参考文献

[1] 崔广芹，王英浩．将课程思政引入工科专业课的教学改革与探索[J].科技风，2020(17)：63-64.

[2] 俞磊，吴成海，阚红星，等．大思政教育背景下软件工程课程思政教学改革

探索与实践[J].西昌学院学报(自然科学版),2020,34(1):102-107.

[3] 同春芬，王书明，崔凤，等.社会调查理论与方法课程开放式教学改革探索[J].教学研究，2008(4)：333-336.

[4]张玲.高职院校《社会调查研究方法》课程教学改革探索[J].当代教育实践与教学研究，2016(10)：236，235.

以学术为旨趣：本科课堂教学中学生学术兴趣的培育——基于政治学原理课程的分析

◎钟伟军[1]

摘 要：对学生兴趣的培养是大学课堂教学中一个不可忽视的问题，也是如何吸引学生的一个重要切入点。本文以2019级公共管理类学生政治学原理课程教学过程为例，从四个角度对这一问题进行粗浅探讨，以期抛砖引玉。

关键词：课堂教学；学术兴趣；公共管理；政治学原理

一、大学教师课堂教学中的学术职责

近几年，高等院校学生的学术化训练成为人们广泛关注和争论的话题之一，核心问题是，在我国大学生中存在着令人担忧的问题——对本专业的学术兴趣的缺乏。尤其是对于公共管理专业的学生来说，校内转专业放开以后，较大比例的流出人数无疑使得专业教育成为一个更加突出的问题。大学是一个开放而多元的组织系统，由此决定了大学生活的多彩多维性。而作为一个学术组织和人才培养机构，大学对人才的培养方式也是多维度全方位的，特别是对大学生学术修养和研究能力的培养，在教学研究型大学尤为突出。大学生学术兴趣缺乏部分要归因于我国整体的教育体制的弊端，然而，更重要的是高校和老师对此的重视程度不够。由于缺乏整体人文主义环境的熏陶，人文社科专业的学生的学术兴趣缺乏问题更为突出。留住学生的关键在于吸引学生，而吸引学生的核心在于激发学生的兴趣。要激发学生的兴趣，课堂教学扮演着非常重要的角色。通过课堂教学让学生觉得公共管理专业并不是想象的空洞无物，不是不切实际，而让学生感觉到耳目一新，引发其深层次的思考，引发学生对问题的探究。培养学生的学术兴趣，将有利于激发学生的学习兴趣，提高其研究能力和思考能力，

---

①钟伟军，浙江财经大学公共管理学院教授，博士，研究方向为新媒体与公共管理。

为学生以后走向更高阶段的学习研究打下良好的基础。而对于学院来说，大力营造良好的学术氛围将有利于提升学院的综合品位，建立师生之间的学术化良性互动，促进研究型学院建设。

美国当代高等教育专家博耶在其《学术水平的反思》一书中指出，大学学术水平应包括四个相互区别而又互相重叠的阶段——教学的学术水平、发现的学术水平、应用的学术水平和综合的学术水平。在博耶看来，教学不仅仅是知识的传播，而且是通过课堂争论与后续的测试对教学内容和教学方法提出挑战，并通过这一过程改革和扩展知识。发现的学术水平（或者说研究的学术水平）作为智力活动的全过程是十分重要的，教师不应只关注新知识的结果。作为学术实践和学术服务的专业活动，应用的学术水平应当同教学与发现一样服从于严格的评估与责任。综合的学术水平是为了使知识与不同的学科类型建立联系，并且在广阔的知识背景上减轻知识内部各学科之间的严格对立，从而提供新学科产生的交叉点，促进知识的应用①。因此，对于大学教师来说，如何培养学生的学术水平和提高其学术能力成为教学过程中一项非常重要的内容。所谓培养学生的学术兴趣和提高其学生能力就是指教师在教学过程中（包括课堂和课外），注重通过各种有效的途径促进学生了解和热爱本专业知识，激发学生探索和思考本专业相关的各种问题，并愿意就本专业相关的各种问题积极进行交流，形成一种良好的学术互动。这对学生往往会起到一种很好的示范效益。他们各自都热衷自己的学科，又相互竞争，为了创造和谐的学术环境而走到了一起，这样一来，就形成了一种纯洁清澈的思想空气，学生也呼吸着这种空气，虽然对学生来说，他们仅仅学习众多学科中的少数几门。学生得益于一种理智的传统，而这种传统并不依赖于特定教师……这也是大学对待学生的主要目的。大学只有努力建设形成这种氛围的学科和师资基础，才能为学生奠定这一学术文化底蕴②。

为了提升学院学生的学术兴趣和氛围，我院建立了一系列措施机制，如项目制、读书会、公管案例大赛等，初步形成了较好的学术氛围，并取得了很好的成绩。但是，不可否认的是，目前一些专业依然面临着如何吸引学生和留住学生的难题。具体来说，人文学术环境和传统较为缺乏，学生对本专业表现出较为明显的冷漠态度，缺乏对本专业或相关专业知识基本的探索和思维能力，甚至对本专业表现出不屑。可以说，这对学生的知识和能力的进一步提升是不利的，对进一步提高我院整体学术品位是不利的，也有碍于教师自身的学术能力和水平的进一步提

---

①（美）博耶：《学术水平的反思：大学教授的重点》，《发达国家教育改革的动向和趋势》(第五集)，人民教育出版社1994年版，第69页。

②（美）纽曼：《大学的理想：世界教育名著通览》，湖北教育出版社1994年版，第791—795页。

高。个人觉得，教师在课堂教学中的学术兴趣培养依然是我院教学中的一个短板。

二、政治学原理课堂教学中的学生学术兴趣的培育

"个人兴趣是学术创新的重要动力"，这是我国著名史学家严耀中先生治学经验的总结。同样，学者们也认为创造性的个体对自己所从事的事业具有极大的热情和兴趣[①]。当个体对某个事物或某件事情怀有极大的兴趣和热情时，他便能够积极主动地投入到事件中去，并表现出创造性的行为。大量研究证明，兴趣对创新有着直接或间接影响，如弗雷德里克斯等人发现个体对某件事情的强烈兴趣可以成功预测个体的创新能力[②]。兴趣发展四阶段模型认为，兴趣发展的第一阶段是"触发的情境兴趣"，即情绪和认知过程的短期改变所导致的兴趣心理状态。第二阶段是"保持的情境兴趣"，即触发状态后的一段时间内的集中注意和坚持和/或再次发生和再次坚持的兴趣心理状态。第三阶段是"出现个体兴趣"，是指一种兴趣心理状态，以及随着时间流逝，寻求重复再次参与特定内容的一种较为持久的倾向的初始阶段。第四阶段是"良好发展的个体兴趣"，是指一种兴趣心理状态，以及随着时间流逝，再次参与特定内容的一种较为持久的倾向[③]。政治学原理是公共管理类学生的基础性专业课程，也是新生入校以来接触的第一门专业性课程，因此，这门课程会给新生带来有关本专业感知的第一印象，如何给学生留下美好的第一印象，需要激发学生的兴趣。如何激发学生的学术兴趣，结合本课程的课堂教学经历，个人觉得可以从以下几个方面入手：

（一）以话题为引子，激发学生探究的好奇心

兴趣发展四阶段模型表明，兴趣发展是一个从量变到质变的过程，稳定的个体兴趣的形成需要两个条件：一是发生暂时兴趣状态，二是反复参与该活动且兴趣状态反复发生。应激发和保持情境兴趣。当人的注意集中于其知识空白时，将产生好奇心[④]。具有新颖性的事物能够引发兴趣，例如新颖的、不明确的、复杂的、费解的、不确定的、神秘的、矛盾的、出人意料的或难以理解的事物。

---

①Colin M. Fisher and Teresa M. Amabile, "Creativity, Organization and Improvisation" in The Routledge Companion Creativity , ed. T. Rickards et al. Oxford, UK; Routledge, 2009: 13; Mihaly Csikszentmibalyi, Creativity: Flowand the Psychology of Discovery and Invention, New York, NY. Harper Collins, 1996: 59.

②Jennifer A. Fredricks et al., "Developing and Fostering Passion in Academic and Nonacademic Domains" Gifted, Chitd Quarterly 2010(54) : 18.

③李雪、袁本涛：《以学术兴趣发展为核心的博士生激励策略研究》，《中国高教研究》2017年第4期.

④Loewenstein G. The Psychology of Curiosity: A Review and Reinterpretation, Psychological Bulletin, 1994(116).

2019级公共管理第三教学班总人数为33人，其中女生20人，学生高中成绩基础不错，学习态度除少数几个外都非常认真。但是，学生在之前对政治学的理解和感知依然停留在高中阶段的政治课的印象中，对这门课的期待不高，认为只不过是一些空洞的概念、理论和事件的死记硬背，很多人对这一课程内心是排斥的。由于刚从高中进入大学教育，一方面有关公共管理方面的专业知识背景处于空白状态；另一方面学生对大学课堂处于一种高度兴奋感、新奇感和对知识的渴求状态。大部分学生对未来大学的生活和学习有着自己的理想和规划。这对培养他们的学术兴趣既有利，也有弊。有利的是，这种学习兴趣和新奇感对于学术兴趣的培养具有积极的推动作用；不利的是，专业知识的空白对于建立专业知识体系是一个不小的挑战，同时一旦课堂教学难以达到学生的预期，则他们会产生失望和厌烦的情绪，这对之后的学习和学术的培养会产生很大的负面效果。针对这种情况，课堂教学中对学生学术兴趣培养的首要目标是激发他们的兴趣，那就是从一些他们感兴趣的话题入手，激发思考，并运用政治学的知识进行解释，寻找答案。

为此，每一次课程开始，我都会设计一个话题作为教授的切入点。话题的选择基于三个基本原则：一是好玩，也就是绝对不找高大上的话题，不找空洞的话题，也就是学生充满着好奇的话题；二是贴近学生，尤其是选择与“00后”的学生成长特征密切相关的话题，由于本人关注一些互联网和社交媒体的话题，而这些话题与学生的生活经历更有交集，在授课过程中会有意地呈现这方面的内容；三是知识性，也即是与本章知识点密切相关的，能够引发深层次的思考，能够认识到政治学知识的价值和逻辑。由于这些话题都与学生个人密切相关且充满着乐趣，学生参与度总体上非常高，有的时候还会引发比较激烈的讨论，而且学生非常希望找到答案，这样他们也就有了听课的欲望。

（二）以学理为逻辑，开启学生思考问题的方法路径

在兴趣发展的早期阶段，兴趣激发因素主要来自外部，而在兴趣发展的后期阶段，兴趣激发因素更多基于一个人的好奇自我产生的问题。这一转换中，学生借以产生好奇问题的知识和信息基础及技能是重要的①。从兴趣培养的角度来说，提出一个感兴趣的话题只是一个开头，更重要的是能够为解释这种现象背后的逻辑提供有价值的、令学生耳目一新的、能够引发深入探究的学术逻辑，也就是说能够让学生在本专业中找到问题的答案。以个人的教学经验和体会来

---

①Renninger K A. Working With and Cultivating the Development of Interest, Self-cfficacy, and Self-regulation. Preiss D, Sternberg R. *Innovations in Educational Psychology: Perspectives on Leaming, Teaching and Human Development*, New York: Springer，2010:113.

看，如果仅仅提出一个感兴趣的话题，学生七嘴八舌，然后大家乐呵呵一笑，老师扯扯皮，课堂效果自然也是不错的，但是，对于学生来说，基本没什么收获，甚至会产生困惑，学生会问，这课程学与不学到底区别在哪？甚至在一些教学过程中，老师纯粹为了满足学生猎奇的心理，找一些无关的逸闻轶事给学生讲讲，学生随便听听，但是结果只是事后学生多了一些茶余饭后的谈资而已。笔者在政治学原理这门课的教学中，围绕每一个话题都试图事先对这一话题背后的学理逻辑进行较为系统的梳理，建立较为严谨的但不枯燥的分析思路，通过理性的逻辑打开学生的思路，尽量给学生提供学术上的分析思路，让学生感知，即这个问题还可以这样看的感知。例如，对于政党制度这一问题，学生在高中阶段的教育中对于西方政党制度的困境有了基本的判断，但是，高中教育阶段并没有从学理上进行深入的解释。在教授这一部分内容的时候我会首先问学生两个问题：一是为什么现代美英等国家难以产生有抱负的政党领袖，二是为什么法国、意大利会产生极端性的政党。并对这两种现象进行简单的呈现（通过图片和相关视频）。然后让学生去找答案，下节课再进行讨论。在学生完成讨论后，我会从政治学的学理逻辑进行全方位的解释，在授课过程中从政党的基本知识，尤其是跳出教材，收集整合了大量有关这一问题的学理解释，包括中间选民定理、理性行为理论、投票理论、比例代表与简单多数原则等，对这一问题进行透视，从而把政党理论与西方的政治运行逻辑、规则和机制进行剖析。通过尽量系统和全面的学理剖析让学生更加深刻地理解西方政党制度困境的深层次原因。

（三）以书为纽带，铺垫学生合理的专业知识结构

专业名著选读是培养学生学术兴趣重要的手段之一，是学生梳理专业理论体系和价值观以及从新的角度审视社会的重要钥匙。但是对于刚迈入大学门槛的学生来说，名著导读显然不能和大二、大三的学生相提并论，个人认为需要注意两点。一是通俗易懂，学术性和可读性有机结合。在书目的选择上，大一新生不适合读太过晦涩难懂的所谓经典名著，如《理想国》和《政治学》等，否则学生会觉得索然无味而失去兴趣，但也不能一味地追求通俗可读性，而是需要把两者结合起来。专业性的术语不能过多，更多的应该是入门性的专业著作。二是专业切口不能太窄，由于公共管理是一门涉及政治学、经济学、社会学等等多学科的交叉性较强的专业，因此，对相关学科知识的了解对今后学生构建结构较为合理、知识体系较为全面的专业基础是有积极作用的。基于这两种原则，笔者在开学之初列出了包含 20 本相关著作的书单。学生可以依据自己的兴趣爱好选择其中的两本作为自己的重点研读对象，并在学期考试之前上交两篇读书报告，读书报告不限字数，不限格式，但要求把读书的真实感觉写出来，强调读书的自我思考，以之作为平时成绩的考量内容之一。从总体上来看，学生反应积极，兴趣高涨，除个别学生有应付敷衍之嫌外，多数学生表现非常认真，有的学生甚至写了3篇以上的读书报告，而且不少读书报告写得条理清楚、逻辑性强、表达流畅、思想上颇有深度。但是，需要强调的是，著作选读仅仅依靠学生读是不够的，还需要在课堂教学过程中适时地对涉及课堂内容的著作进行较为详细的介绍和分析，把较为枯燥的学理内容引到较为生动的实践内容的分析中来。而对于其他的经典名著，并不是说不重要，只是对于新生来说，读起来会比较枯燥。在授课过程中笔者会把著作穿插到相关知识点的内容中，通过简单的介绍，呈现给学生最重要的思想和观点。

（四）以案例为依托，提升学生问题的意识和能力

案例分析教学的主要任务是，运用一定的方法和技巧，通过直接和间接的途径，描述公共实践活动的情景，以提高学生分析现象和解决问题的能力①。这种教学方法就是向学生提供模拟性的情境，供他们进行研究和讨论，将其所学的政治学理论和方法，用于解决实践中的问题，从而启迪学生的思维，提高他们的认识能力和实践能力。引导学生“发问”“思考”“释疑”，使他们完全进入角色，主动思考和解决问题，可以较好地调动学生的积极性和主动性。不同的是，对于新生来说，由于在专业知识的储备方面还比较薄弱，因此，如何引导其从运用专业的视角来审视案例内容，跳出案例内容本身分析案例，并做出学理性的评论。在政治学原理授课过程中，笔者收集了国内外最新发生的、引发广泛关注的、与授课内容联系紧密的案例作为分析讲解的对象。案例分析强调学生参与为主，通过互动性教学，启发学生思维。有意识地鼓励学生关注社会现实，特别是与公共管理相关的社会热点问题，并尝试运用专业知识来加以分析，从而形成一种良好的问题意识。因此，需要对与每次课堂教学内容有关的社会热点进行关注，并引导学生形成一种分析问题的逻辑和一般范式。当然，除此之外，在考试环节适当地强化学术分析能力的考核也是重要的手段之一。同时，还需要在课余通过适当的方式对学生加以引导。

三、值得讨论的几个相关问题

以上只是个人教学过程中的尝试，但是效果到底如何笔者也没有确切的判断。但是从上课效果的自我感觉来看，似乎还可以。但是也存在一些困惑和苦恼的问题：

一是如何将课堂教学与课外学术兴趣的培养、学术氛围的营造更加有机地对

---

①陈瑞莲：《行政管理案例分析》，中山大学出版社2001年版，第7页。

接起来。目前学院建立了综合导师制、项目制等机制，总体上效果是不错的。但是问题在于如何做实、做细和做足。个人总是觉得学生在投入兴趣方面似乎并不积极，更多的时候还是导师追在后面，而学生总体比较被动。因此，如何在学院层面上建立统一的政策，加大鼓励力度，并建立更加规范化的制度机制，细化、深化具体的环节，是一个值得关注的问题。

二是有关学生学术兴趣培养的持续性问题。学术兴趣的培养需要持续性的努力，特别需要课堂之外的学术兴趣的激发和提升。学术兴趣如果缺乏有效的持续性的努力，很可能是三分钟热度，很快就会淡化甚至消失，因此，课余的学术性沙龙、读书活动等应该得到更多的鼓励。目前开设的“行管雏鹰”读书会虽然举办了几届，但是个人觉得效果并不好，参与度不高，参与过程形式化，大部分学生属于旁观者和被动参与的角色。个人觉得读书会的形式是激发学生学术兴趣很好的方式，但是需要在具体的机制方面加以完善。

三是专业实践的问题。虽然现在的培养体系强调学生课堂学习与实践相结合，大一、大二的专业实践也试图体现学生对社会经济问题的关注并进行实践调查，但是，从完成情况来看，不少学生没有深入调查，只是在网上随便找些资料拼凑，交个报告了事。是否可以考虑在形式上更加多样，比如可以以个人学术汇报的形式，鼓励本科生举行学术讲座，建立相关的配套机制。

参考文献

[1] 李雪，袁本涛．以学术兴趣发展为核心的博士生激励策略研究[J]. 中国高教研究，2017(4)：125-129.

[2] 纽曼．大学的理想：世界教育名著通览[M]. 武汉：湖北教育出版社，1994.

[3] 博耶．学术水平的反思：大学教授的重点[M]// 国家教育发展研究中心．发达国家教育改革的动向和趋势（第五集）. 北京：人民教育出版社，1994.

[4] JENNIFERA, FREDRICKS, et al. Developing and Fostering Passion in Academic and Nonacademic Domains[J]. Gifted, Chitd Quarterly, 2010(54):18.

课程改革篇

KECHENG GAIGE PIAN

计算机辅助规划与制图课程翻转课堂实践教学研究①

◎郭敏② 杨丽霞③

摘　要：翻转课堂是高校教学的发展方向，该理念非常适用于计算机制图课程。本文以计算机辅助规划与制图课程为例，介绍了网络课堂的平台建设方式和翻转课堂的教学应用实效。由此总结的课程建设经验和不足之处，能供同类课程参考，具有一定的实践意义。

关键词：翻转课堂；线上教学；计算机辅助规划与制图

“互联网＋”时代，中国高等教育迎来巨大变革。2020年，线上教学的大量应用，客观上促进了网络课堂的普及。翻转课堂（Flipped Classroom）是传统课堂和网络课堂的结合体，指重新调整课堂内外时间，将学习的决定权从教师转移给学生。与传统课堂形式相比，翻转课堂的“翻转”体现在两个方面：一是教学内容的翻转，传统课堂主要是课堂学习知识，非课堂时间做练习，翻转课堂则相反；二是教学时间的翻转，传统课堂的主要环节是课上和课后，翻转课堂则是课前和课上。翻转课堂教学模式强调学习的灵活性与自主性，为传统课堂忽视学生差异与教学缺乏针对性的问题提供了行之有效的解决办法。

2017年乡村振兴战略提出，城乡规划专业承担着培养乡村规划人才的重任，需要进一步提高学生实践能力。计算机规划制图是城乡规划专业的主要实践技能，应该在人才培养中加以重视。作为高校计算机制图类课程的授课教师，应当积极应对形势，充分认识到翻转课堂理念带来的教学变革和机遇。

---

①基金项目：浙江省高等教育“十三五”第二批教学改革研究项目（JG20190285）。
②郭敏，浙江财经大学公共管理学院副教授，博士，研究方向为城乡规划与设计。
③杨丽霞，浙江财经大学公共管理学院教授，博士，研究方向为城乡分析技术及可持续发展。

一、课程特点与教学现状

（一）课程特点概述

与传统理论型课程相比，计算机制图类课程在教学内容、授课方式、成果要求方面具有明显差异。计算机制图课程的教学内容为计算机制图软件，授课方式以上机操作演示为主，教学成效体现在学生对软件的实际技能应用上。计算机制图课程极强的实践属性导致传统的课堂教学模式并不适用课程教学。软件应用技能的培养需要反复观看演示内容，长时间操作练习，以及随时随地答疑指导。然而非常有限的课堂演示时间和客观存在的师生空间距离，都是教学过程中不可避免的制约条件。

翻转课堂的在线自学、资料共享、在线交流理念，是对传统课堂教学模式的改进，非常适用于计算机制图类课程的教学工作。教师通过录制视频讲解为学生反复观看演示提供了可能，在线自学功能实现了学生的课下长时间练习，远程答疑功能可以随时随地提供操作指导。因此，如果能找到高质量的网络课程资源并加以合理应用，开展翻转课堂建设，可以明显提升计算机制图类课程的教学质量。

教学改革专家明确指出，目前计算机操作类课程是未来 MOOC 教学主要的发展方向之一。然而通过搜索，现有资源并不丰富。在知名的"爱课程"高等教育课程资源共享平台上搜索，并没有针对城乡规划专业制图教学的 MOOC 资源。这说明计算机制图网络教学的市场广大，而现有教学资源匮乏。计算机辅助规划与制图课程建设网络课堂，是极有价值和发展潜力的。

（二）课程教学现状

计算机辅助规划与制图隶属全国高等教育城乡规划专业指导委员会界定的十门核心课程之一，是我校城乡规划专业大一的学科必修课程。自 2006 年开课以来，本课程一直承担着培养规划专业学生计算机基础制图技能的重任，为高年级核心课程奠定设计基础。因为课程内容实用性强、教学过程灵活性强，每年还能吸引一些工程管理、摄影艺术、城市管理等外专业的学生前来选课学习。

计算机辅助规划与制图课程主要讲授计算机绘图的基本知识，以及利用计算机来绘制规划设计图纸的基本流程与方法。随着城乡规划专业的逐步转型，课程内容也在逐步调整（表 1）。然而由于 2014 年起的新一轮培养方案调整，城乡规划专业总学时压缩，计算机辅助规划与制图由 64 学时降低为 48 学时，教学时间大幅缩短，这给教师和学生都带来很大压力。从实际教学情况看，教师只能利用 48 个课内学时勉强讲完教学内容；学生的上机练习必须放在课下，由于缺少教师实时指导，效果并不理想。

基于以上情况，希望引入一种更灵活的教学方式——网络课堂，从而缓解本课程的课时不足问题，并为教师与学生的课下沟通提供规范有序的平台。

表 1 “计算机辅助规划与制图”课程教学内容分解

课程内容	引入时间	制图对象	作品效果	难易程度
AutoCAD	2006 年	平面图、立面图、剖面图等	黑白线稿	难
Photoshop	2014 年	彩色平面图、效果图	彩色底图	一般
Sketchup	2015 年	三维模型	三维模型图	简单
Vary、Lumion	2018 年	渲染表现	彩色效果图	难

二、课程平台建设

课程组在我校现有 Blackboard 教学平台中建设计算机辅助规划与制图网络课程。建成的网络课程共分为五大模块，其中课程内容模块又细分为七个子项目（见图 1）。

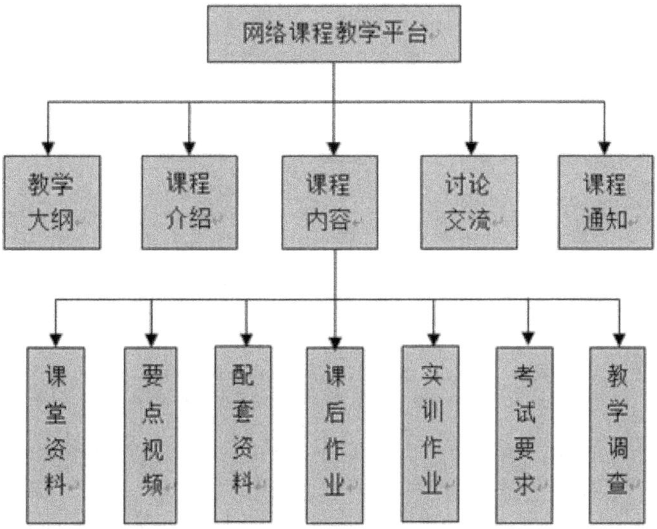

图 1 网络课程教学平台架构

（一）课程定位与教学内容

为了适应新型教学模式，教师组重新撰写了课程教学大纲。为了帮助学生更方便快捷地了解课程内容，又制作了简单明了的课程介绍页。教学大纲和课程介绍中都列明了本课程的授课对象、先修课程、并修课程和后续课程。

按照教学大纲要求，网络课堂教学内容全面覆盖五个软件。其中，AutoCAD、Photoshop、Sketchup 为自制资源，共包含 12 章教学内容，以 AutoCAD 制图软件为主线，采用理论教学内容、配套案例讲解、上机操作实践三种教学形式（见表 2）。Vary 和 Lumion 作为拓展内容，引用中国大学 MOOC 外部资源。

教师组还专门撰写了近万字的《计算机辅助规划与制图课程网络课堂应用手册》，帮助学生熟悉并自主应用网络课程平台。

表 2　教学内容分布及教学形式

<table>
<tr><th colspan="3">教学内容</th><th>教学形式</th></tr>
<tr><td rowspan="10">AutoCAD</td><td rowspan="4">第一部分</td><td>第 1 章　AutoCAD 基本知识</td><td>理论</td></tr>
<tr><td>第 2 章　二维图形绘制</td><td>理论</td></tr>
<tr><td>第 3 章　二维图形编辑</td><td>理论</td></tr>
<tr><td>第 4 章　案例练习</td><td>案例 / 上机</td></tr>
<tr><td rowspan="2">第二部分</td><td>第 5 章　城市规划总图绘制 1</td><td>理论</td></tr>
<tr><td>第 6 章　城市规划总图绘制 2</td><td>案例 / 上机</td></tr>
<tr><td rowspan="2">第三部分</td><td>第 7 章　控制性详细规划图绘制 1</td><td>理论</td></tr>
<tr><td>第 8 章　控制性详细规划图绘制 2</td><td>案例 / 上机</td></tr>
<tr><td rowspan="2">第四部分</td><td>第 9 章　修建性详细规划图绘制 1</td><td>理论</td></tr>
<tr><td>第 10 章　修建性详细规划图绘制 2</td><td>案例 / 上机</td></tr>
<tr><td rowspan="2">Photoshop
Sketchup</td><td rowspan="2">第五部分</td><td>第 11 章　从 AutoCAD 到 Photoshop</td><td>理论 / 案例</td></tr>
<tr><td>第 12 章　从 AutoCAD 到 Sketchup</td><td>理论 / 案例</td></tr>
</table>

（二）教学资源

1. 课件视频

网络课堂中包含 13 个 PPT 课件以及电子版教材。所有课件都与课堂练习一起，以章节为单位打包放置于网络课堂的“课程内容”板块中（见图 2）。

自制视频资源采用授课教师独立录制的形式，内容为常见问题与易错操作释疑。在课堂教学完成后，指导教师根据学生上机操作情况，总结多数学生遇到的常见问题，录制讲解视频。视频以软件操作为背景，辅以主讲教师的讲解配音。这样既实现了在线答疑的目的，又能促使学生开展课后复习，很好地区分了学生的课堂听讲内容和课下自学内容，避免影响学生上课听讲的积极性。视频时长控制在 10 分钟以内，共制作答疑视频 6 个（见表 3）。

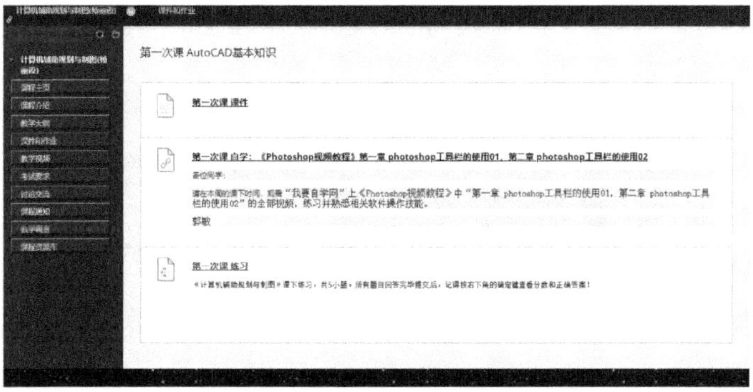

图 2 教学课件呈现形式

表 3 课程答疑视频列表

视频编号	课堂教学章节	视频内容
视频 1	光栅图像的插入	为何只显示图片一角 如何将图片调整为规定尺寸 为何图片会只剩图框
视频 2	CAD 线稿的生成	为何描好的线不见了 忘了设置图层怎么办 不同图层的线叠在一起怎么办 巧用 PL 线描绘曲线
视频 3	CAD 面域填充	无法填充怎么办 怎么算多个区块面积 图层叠加怎么办 文件太大怎么办
视频 4	CAD 转 PS	如何提高线稿分辨率 如何实现黑白打印 打印比例的设定 分图层导出的融合
视频 5	PS 表现	图层与填色的关系 线条未闭合怎么办 如何调整同一色彩对象 如何截取素材
视频 6	SU 建模	如何导入 CAD 文件 透视和平视的转变 如何提高画面真实感 文件太卡怎么办

2. 课后练习与课堂考查

网络课堂设计了知识点全面、形式多样的课后练习和课堂考查，全面覆盖了16 周的课时。课后练习由理论试题和实践练习两部分构成。理论试题为客观题，旨在测试学生对制图软件理论知识的掌握程度；实践练习全部为上机操作题，旨在测验学生对制图软件的实际应用能力，如“光栅图形的插入”“表格的生成”“住宅平面图的尺寸标注”“乡村平面图绘制”等。课程考查采用课堂内限时上机绘图的形式，期中考查的题目为“建筑平面图绘制”，期末考查的题目为“总体规划镇区用地规划图”“控制性详细规划分幅图则”“修建性详细规划平面彩图绘制”（见表 4）。

表 4 课后练习与课堂考查安排

<table>
<tr><th>周次</th><th>教学内容</th><th>理论试题</th><th>实践练习</th><th>课堂考查</th></tr>
<tr><td>1</td><td>第 1 章</td><td>√（5 题）</td><td></td><td></td></tr>
<tr><td>2</td><td>第 2 章</td><td>√（5 题）</td><td></td><td></td></tr>
<tr><td>3</td><td>第 3 章</td><td>√（5 题）</td><td></td><td></td></tr>
<tr><td>4</td><td>第 4 章</td><td></td><td>√（1 题）</td><td></td></tr>
<tr><td>5</td><td>期中考查</td><td></td><td></td><td>√（1 题）</td></tr>
<tr><td>6</td><td>第 5 章</td><td>√（5 题）</td><td></td><td></td></tr>
<tr><td>7</td><td>第 6 章</td><td></td><td>√（1 题）</td><td></td></tr>
<tr><td>8</td><td>第 7 章</td><td>√（5 题）</td><td></td><td></td></tr>
<tr><td>9</td><td>第 8 章</td><td></td><td>√（1 题）</td><td></td></tr>
<tr><td>10</td><td>第 9 章</td><td>√（5 题）</td><td></td><td></td></tr>
<tr><td>11</td><td>第 10 章</td><td></td><td>√（1 题）</td><td></td></tr>
<tr><td>12</td><td>第 11 章</td><td>√（5 题）</td><td></td><td></td></tr>
<tr><td>13</td><td>第 12 章</td><td>√（5 题）</td><td></td><td></td></tr>
<tr><td>14</td><td>期末考查 1</td><td></td><td></td><td>√（1 题）</td></tr>
<tr><td>15</td><td rowspan="2">期末考查 2</td><td rowspan="2"></td><td rowspan="2"></td><td rowspan="2">√（1 题）</td></tr>
<tr><td>16</td></tr>
</table>

3. 参考资料

网络课堂还提供课程相关的配套资料，主要由三部分构成：制图素材资源、制图软件资源、教学视频资源。这些资料可以方便学生安装软件，帮助学生课余自学，丰富学生制图材料。素材资源和软件资源文件较小，因此直接上传到网站，视频资源则采用外部链接的形式。

（三）互动反馈

1. 讨论交流

网络课堂专门设置了“讨论交流”板块，作为师生沟通、在线答疑、实践作业提交、跨年级交流的课程论坛。为了进一步增加师生互动，课程重要信息都通过“课程通知”模块在网上发布，如小组讨论主题、实践作业要求、往届优秀作品、期末考查重点等，吸引学生登录网络课堂。

2. 教学反馈

为了了解学生对本课程的直观感受，通过在线调查的方式在网络课堂平台上发布了教学反馈调查（见图 3）。调查内容包括“课程内容”“理论教学”“实训教学”“网络课堂”四部分。网络课堂方面，调查了学生对本课程网络教学的熟悉程度、喜好情况、板块效能、成绩计取、课时转化的倾向。

图 3　网络课堂上的教学反馈调查

3. 成绩评定

为了体现“网络课堂”教学特色，鼓励学生进行网络自学和师生互动，课程将总评成绩划分为“出勤点到、平时作业、课堂考查”三部分，其中的“平时作业”“课堂考查”都与网络课堂的应用挂钩（见表 5）。

表 5　课程总评成绩权重

	考核项目	百分比
出勤点到	点到率	10%
平时作业	理论试题	20%
	实践练习	20%
课堂考查	课堂绘图	50%

三、课程应用实效

（一）学评教成绩

2016 年本课程学评教成绩为 92.33 分。2017 年 2 月网络课堂投入使用。此后学评教成绩 2017 年为 93.88 分，2018 年为 94.83 分，2019 年为 93.63 分。比较四年来分数变化，可以看到网络课堂引入后学评教成绩有所提高，更受学生欢迎了。

（二）教学调查

利用网络课堂的“教学调查”栏开展问卷调查，能反映出学生对翻转课堂的感受、评价和期望。

1. 课程内容现状调查

90% 以上的学生觉得 AutoCAD、Photoshop、Sketchup 三个软件最有必要学习，其中 AutoCAD 的重要程度远大于另外两个软件。软件的学习难度为 Photoshop > Sketchup > AutoCAD，软件的掌握程度为 AutoCAD > Sketchup > Photoshop。另外，有近 80% 的学生希望学习 3DMax。

2. 理论教学现状调查

当前课程的理论与实训学时比例为 1 ∶ 1，理论讲解形式以 PPT 讲解为主，操作演示为辅。50% 以上的学生希望增加实践学时。操作演示比 PPT 讲解更加受欢迎，

75% 以上的学生喜欢以案例为导向分步讲解。50% 以上的学生认为 20 分钟的教学视频长度合适。

3. 实训教学现状调查

当前课程共安排实训制图作业 4 项，制图考查 4 次。课程答疑包括现场答疑、视频答疑和论坛答疑三种形式。学生普遍认为制图作业对掌握软件有用，规划图纸作业比建筑图纸作业更有用。66% 的学生希望在课堂上完成制图作业，95% 以上学生认为一学期一到两次制图作业为宜。软件的答疑需求为 Photoshop > Sketchup > AutoCAD，学生更倾向于面对面的答疑方式。

4. 课下自学意向调查

当前课程自学内容以 Vary 和 lumion 软件为主，预计每周自学时间在 1—2 小时范围内。只有 50% 的学生喜欢课下自学，看视频和 PPT 是比较受欢迎的自学方式。65% 的学生认为课下自学时间以一周 2 小时为宜。在线作业评分是接受度最高的自学成果检验方式。

5. 网络教学意向调查

针对本课程已建成的网络课堂，近 70% 的学生已熟悉网络课堂，80% 以上的学生喜欢网络课堂。视频、PPT、在线答疑和下载资源被认为是比较有用的网络板块。95% 以上的学生认为网络课堂成绩占总分比例不应超过 50%，线上出勤成绩和作业成绩比较适合计入总分。

四、经验与不足

（一）课程建设经验

1. 教学内容：课堂教学结合课外自学

当计算机制图类课程采用课堂教学结合课外自学的形式时，如何帮助、引导学生科学合理地开展课外自学？难度适中的教学内容和形式活泼的教学资源至关重要。本课程的自学内容只聚焦在拓展的 Vary 和 Lumion 软件，中国大学 MOOC 上有不少软件相关的优秀课程，如湖南科技学院的建筑漫游课程。教师应结合相关资源，为学生制订科学合理的自学计划。

2. 教师讲解结合学生练习

计算机制图类课程教学方式多样，包括理论讲解、案例演示、上机操作等。教师不仅需要在理论讲解和案例演示后留一些上机演练时间，还应当安排一系列实践制图作业，并在学生完成作业后进一步演示讲解。网络课堂可以发布日常实践作业，开展期中期末课堂考查。学生可以在电脑上查询作业要求并下载样图，这比传统形式更加高效。

3. 以案例导向的视频讲解

计算机制图类课程的教学目的不仅仅是掌握软件操作，更重要的是培养学生在实践工作中灵活应用软件创造成果的能力。因此，课程讲解和视频录制应偏向任务应用，通过大量案例来讲解软件操作流程，实践作业也引入不同类型实际图纸绘制，期末考查内容则是尺寸更大、层次更复杂的“总体规划图、详细规划图绘制”，让学生在实际应用中熟悉软件。

（二）当前存在的不足

1. 作业无法上传

计算机制图类课程的实践绘图作业通常为dwg、psd、skp、jpg形式，其中psd、skp文件压缩后仍可达到几百兆大小。当前课程网站一般无法接收几十位学生同时上传图纸作业，因此依然只能采用线下提交的方式。

2. 在线互动困难

网络课堂应用过程中，讨论交流区始终热度不高。计算机制图类课程实践性极强，学生疑问主要集中在上机操作层面，很难通过在线方式清晰解答。同时学生的问题又非常集中，具有代表性。因此，建议通过问卷形式定期收集学生存在的疑问，选取有代表性的问题，录制操作视频予以解答。

五、结语

“互联网+”时代信息技术在教育领域的应用，使翻转课堂教学模式成为可能。翻转课堂的教学模式在时间管理能力、沟通交流能力、动手能力、归纳总结能力等多方面较传统教学方法可以给学生提供更多的培养机会，非常适用于计算机制图类课程的教学工作，可以明显提升教学质量。

计算机辅助规划与制图课程的网络课堂建设充分说明建设网络课堂、开展网络教学绝非一蹴而就的事。首先，课程资料的准备，尤其是视频录制、参考资料整理就要耗费大量时间；其次，熟悉网站各项功能，进而搭建一个合理的网络课程平台，也是一大难点；最后，如何利用网络课堂开展创新教学，进而改进网络课堂内容，可能需要几轮尝试经验，通过几届学生的教学反馈才能实现。

参考文献

[1] 郭建鹏．翻转课堂教学模式：变式与统一[J]．中国高教研究，2019,35(6):8-14.

[2] 刘志有，王承武，葛倚汀．基于翻转课堂理念的计算机制图课程教学设计[J]．西部素质教育，2017(24):131-132.

[3] 宋寿鹏，朱菲菲．城乡规划中计算机辅助设计课程教学框架的构建[J]．教育教学论坛，2017,9(8):257-258.

[4] 王健庆．MOOC 时代普通高校计算机教学的改革探讨 [J]. 中国信息技术教育，2015,14(23):125-126.

[5] 徐杰．基于混合式教学模式的《计算机辅助制图》课程教学改革研究 [J]. 内蒙古财经大学学报,2017,15(1):111-113.

土地经济学主题活动教学模式探索①

◎杨雪锋② 郭旭旭③

摘　要：土地经济学是一门理论性与实践性非常强的课程，适合采取主题活动教学模式。在教学过程中，可将课程教学划分为五个阶段。通过主题活动的教学实践，能够加深学生对知识的理解，有助于提高学生综合素质。

关键词：土地经济学课程；教学改革；主题活动教学模式

一、当代教学模式的发展趋势及其对土地经济学教学改革的启示

高校本科教学面临新的发展趋势，教学模式改革趋势主要呈现以下三点：

1. 从单一教学模式向多样化教学模式发展

由于新的教学思想不断更新，以及新的科学技术革命，教学产生了很大的变化，教学模式不断创新。就土地经济学课程而言，课堂教学已经规范采用案例分析、互动教学、演讲比赛、情景剧等多种形式。

2. 由归纳型向演绎型教学模式发展

归纳型教学模式重视从经验中总结、归纳，它的起点是经验，形成思维的过程是归纳；演绎型教学模式指的是从一种科学理论假设出发，推演出一种教学模式，然后用严密的实验来验证其效用，它的起点是理论假设，形成思维的过程是演绎。本科阶段的学习更适合采取演绎的方法，把土地经济学的基本原理与现实问题相结合，解释现实，分析问题。

3. 由以“教”为主向以“学”为主的教学模式发展

---

①基金项目：浙江省教育科学规划课题“基于城市重大活动的城市管理专业实务课程群改革研究”（2017SCG201）。

②杨雪锋，浙江财经大学公共管理学院教授，博士生导师，研究方向为城市管理。

③郭旭旭，浙江财经大学公共管理学院研究生。

传统教学模式都是从教师如何去教这个角度来进行阐述，忽视了学生如何学这个问题。现代教学模式的发展趋势是重视教学活动中学生的主体性，重视学生对教学的参与，根据教学的需要合理设计“教”与“学”的活动。土地经济学课程教学虽然理论性很强，但也大可不必满堂灌，可充分发挥学生的主体作用，通过多种形式的主题活动，激发学生兴趣，在快乐中学习，在实践中体验。

基于上述分析，土地经济学可以采取多样化教学模式，通过演绎思维训练，重塑学生主体地位，对传统填鸭式教学方式进行改革。鉴于教学方式多样性，本文在借鉴他人研究成果基础上，提出主题活动教学模式，融合教学方式的差异性，凝练规律性。主题活动式教学的核心是师生的活动，由活动的目标、方式和内容组成。“活动”是载体，出发点为学生的主体性，通过主题活动式教学实现四大转变：从“学”到“做”，从“单一”到“多样”，从“孤立知识”到“整体能力”，从“小课堂”到“大学校”。

二、主体活动教学模式的特点和要求

（一）主题活动教学模式的优势

教学设计更加符合教学规律，容易产生更好的教学效果，特别是在知识视野、自主意识、创新能力等方面更有帮助。主题活动式教学与传统课堂教学的比较优势在于：

1. 学习任务的综合性

主题活动教学围绕主题来组织学习内容，以一些综合性的学习任务来驱动学习，侧重对活动的设计，让学生在活动过程中体验知识的形成过程。

2. 知识体系的完整性

主题教学内容是在选择并提炼与主题相关的课本教学内容的基础上，进行知识关联和知识嫁接，拓展增加与主题相关的课外教学内容，经整合后形成高度结构化的学习内容。

3. 学习资源的广泛性

学习者可以自由探究与主题相关的任何学习材料，学习资源的内容更为广泛。

4. 学习动力的内源性

主题教学设计以问题探究、任务驱动式的学习活动为主，学生学习具有强烈的兴趣和内在驱动力。

5. 学习效果的多重性

主题教学对学生发展有多重意义：①全面发展，从单纯技能到综合素养；②回归生活，从科学世界回归生活世界；③发展高级思维，主题教学很好地解决了任务驱动带来的操作单一、模仿教条等问题。

（二）主题活动式教学模式的特点

1. 实践性

主题活动教学是问题导向和任务驱动，强调学生的亲身经历和解决问题能力的培养；以学生参与主题活动为主要开展形式，强调学生的亲身经历，要求学生积极参与到各个环节中去，在一系列的活动中发现和解决问题，体验和感受创作过程，发展实践能力和创新精神。

2. 成果性

通常主题创造教学要求学生在一节课或多节课要完成一件作品，即课前教师提出的表象目标。表象目标是课堂教学本质目标的外在表现形式，通过表象目标的完成过程实现课堂教学的本质目标。通过成果呈现把表象目标转化为本质目标。

3. 综合性。以学生原来的知识经验、现实生活和社会实践为基础发掘课程资源，体现对知识的综合运用，而非仅在本学科知识的逻辑序列中构建课程，做到学科的相互渗透，因此知识结构比较丰富。

4. 自主性

充分尊重学生兴趣、爱好，为学生自主性的充分发挥开辟了广阔的空间。他们自己选择活动的主题、内容，自己决定成果呈现形式，指导教师只对其进行必要的指导，不包揽学生的工作。

（三）主题活动式教学模式的要求

主题活动式教学方法，就是指围绕一定的教学主题，以学生活动为主来设计和进行教学。学生作为学习活动主题，在一定知识的基础上，综合应用多学科的成果，在完成一个个学习任务的同时达到学习新知识和获取直接经验的过程。

主题活动式教学是解决过去课程脱离实际的充分方式，但不是必要方式，就是说，是充分条件，但不是必要条件。因此需要在以下几方面做出科学安排：

在教学设计上，围绕主题来组织学习内容，通过综合性学习任务来驱动学习，侧重活动设计，让学生在活动过程中体验知识的形成过程。以问题探究、任务驱动式的学习活动为主。

在教学目标上，围绕主题制定相关的知识、情感和能力多重教学目标，它更强调学习者在体验知识形成的过程中培养高级思维能力和科学的探究态度，关注学习者多元智能的发展。

在学习资源上，学习者可以自由探究与主题相关的任何学习材料，学习资源的内容更为广泛。

在学习评价上，对学习者对主题理解的评价，以及对学习者参与主题活动的过程性评价，是一种面向学习者学习过程的评价。增加学生点评、自评、互评和教师评价，不仅对知识点评价，还对理论理解评价和活动组织评价，评价方式的多样化、评价内容的综合性能够获得更全面的评价结果。

在教学组织形式上，重组课堂，给学生充分实践的时间和空间。以解决实际问题为教学主线，整体设计课程。从培养信息素养出发，基于问题解决设计教学情境。

在师生角色上，教师由“主角”转变为“导演”，学生由“观众”转变为“主角”。学生不再是知识的被动接受者，他们可以联系自己的知识背景、生活经历、兴趣爱好，参与到主题的设计过程中；教师也不再只是知识的传递者，而是成为学习环境的创建者、学习资源的提供者，以及学习者学习活动的合作者和促进者。

三、土地经济学学科特点和课程特点

（一）土地经济学学科特点

土地经济学是一门交叉学科，是土地科学与经济学的结合，是经济学理论在土地学科中的应用。它研究的是土地利用中形成的人与土地的经济关系以及人与人的经济关系。学习研究“土地经济学”需要一定的抽象思维、系统思维，同时也需要具有问题意识和对现实的洞察力。该学科发展呈现出两大特点：

1. 土地经济学学科的渗透性强

土地经济学领域的研究内容与城市规划、公共管理、金融财税、产业政策及法律等学科领域关系日益密切，呈现出学科交叉性特征。

2. 土地经济学研究内容具有现实性

三农问题，尤其是农村土地制度、土地产权、农地流转等土地市场问题，以及关系到农民权益与保障等方面的问题得到了更加广泛的关注。土地宏观调控、城乡统筹发展、土地流转、新农村建设、新型城镇化成为当前土地经济学研究领域的重要关键词。

（二）土地经济学课程特点

这种学科特点决定了该课程以下几个特点：

1. 理论性和实践性

土地经济学是运用经济学理论分析土地问题的学科，涵盖土地资源利用理论、土地产权理论、土地市场理论、土地租价理论、土地税费理论和土地金融理论等，既有深厚的理论基础，也各自形成内在完备的理论体系。同时，土地经济学研究的土地经济问题也具有强烈的实践性和应用性。无论是土地资源开发利用保护，还是土地产权界定和流转；无论是土地价格、租金、税费，还是土地市场运行和宏观调控，都可以通过对现实问题的分析达到对基本理论的掌握和基本知识的理解，因此，实践性很强。这种特点要求教学活动不能仅仅局限于课堂灌输和死记硬背，要能够通过学生实践活动，参与问题的分析过程，体验知识建构的乐趣和魅力。

2. 抽象性和现实性

土地经济学对经济学原理要求较好的理解和运用，因此理论具有一定的抽象性，知识难以通过简单的记忆获取。比如土地“资源—资产—资本”三位一体属性对土地宏观调控的理论支撑，区位理论对区位地租的分析，土地集约度对产业政策的协同支持，土地租价税费对房价的影响，土地金融对房地产市场稳定性的影响，等等，都具有严密的逻辑过程和理论要求，没有良好的经济学功底，分析就很难到位，总有雾里看花的感觉。同时，由于土地资源具有国度和地域的差异性及发展阶段的差异性，这些理论所对应的问题又具有鲜明的时代背景和区域特色，显示出土地这种资源独特的经济属性。在工业化和城镇化快速推进的今日中国，土地这种要素在现代化进程中的作用至关重要、无可替代，如何发挥好土地要素的作用，是一个极具现实性的理论命题和实践课题。这一特点要求学生积极关注现实问题，采取问题导向的思维方式和研究性学习方式，去探究问题的现实逻辑。

3. 系统性和结构性

土地经济学课程内容由三个部分组成，即土地资源利用、土地财产制度和土地资产流转，基于土地“资源—资产—资本”三位一体属性，层层递进，相互呼应，形成一个完整而严密的理论体系。同时，这三个部分各自又有相对独立的理论结构。土地资源利用这一部分包括分区利用、集约利用、规模利用、计划利用和可持续利用，分别从空间、要素、规模、时序、生态等角度加以阐述，形成对土地资源属性及其经济功能的全面认识；土地财产制度这一部分由土地所有制、土地使用制和土地管理体制组成，分别从所有权、使用权和行政权三个层面解释了土地产权的制度性框架；土地资产流转这一部分包括土地市场、土地供求、地租地价、土地金融、土地税收等，揭示了土地市场运作的一般机制和条件。因此，每个部分甚至其中某一章节都适合作为一个主题展开学习，通过主题活动体验理论运用过程。

四、土地经济学课程教学中主题活动模式的流程与结构体系

（一）主体活动教学模式的流程

1. 选定主题

选定主题要求师生共同完成主题学习内容的选择与主题的确定。具体做法如下：教师通过访谈、问卷等形式了解学生感兴趣的内容；教师通过对学生感兴趣的内容进行设计，以综合实践活动课程的标准进行筛选、归类和重组，布置难易适中的实践内容，为学生提供选择；学生选取主题；教师评价学生所选择的主题，并适当对学生所选择的主题提供调整与另选的建议。

2. 设计活动方案

确定主题活动内容与主题后，制订学习方案，包括该主题学习的学习内容、

学习目标，开展准备工作，包括具体流程、时间安排和人员分工等。各组展开讨论协商，达成共识，完成书面形式的主题学习方案。教师有意识地指导学生通过阅读、听、调查、访谈、收集、分析、形成概要、组织、保留、制造等形式来收集与兴趣主题有关的资料，直到作品完成。

3. 活动组织实施

学生的活动探究可以在真实情境或虚拟情境中完成（如通过网络），教师则应做好适时、适地的指导工作。学生根据实际情况组成学习小组，并明确分工；根据确定的形式与主题收集相关的材料，并进行整理，使其成为演讲稿、辩论词及剧本。学生深入实地探究，包括对必要地点、对象或进行调查、考察研究；初步安排主题学习的基本流程与开展过程中的时间安排；学生对活动内容以及自身活动的看法或感想进行必要的记录，提出解决问题的假设；学生借助一定的研究方法和技术工具来收集信息，对收集到的信息进行处理和加工，对开始提出的假设进行验证或推翻开始的假设，最终得到问题解决的方案或结果。这需要一个认真加工的过程，学生通过对材料的加工，把书本知识逐渐与实际结合，并且不断地去理解和掌握。排练是对具体知识的反复练习和印象加深，这个阶段教师应提供丰富的教学资源；给出详细的学习指导；提供有针对性的技术支持。

4. 表演（或成果展示）及互动

表演活动是主题教学区别于一般活动教学的典型特征，其成果展示有时会与活动探究交融在一起。成果形式不定，可以是研究报告、实物模型、图片、录音、录像、电子幻灯片、网页，也可以是演讲、辩论和情景剧表演等。主题活动表演是对学生运用知识的检验。与其说学生在表演，不如说学生在剖析问题、解决问题，通过活动成果反映他们在主题学习中所获得的知识技能。学生运用在学习过程中所获得的知识和技能来完成成果设计。学习小组对所学习的主题进行描述，并且展示他们的研究成果；教师给予适当的指导与帮助。

交流互动。各个学习小组要相互进行交流，交流学习过程中的经验和体会，并且分享成果创作的成功和喜悦。在主题活动互动的过程中，观看表演的学生就主题点、知识点、兴趣点和质疑点与表演者的互动较多。

5. 评价反馈

点评方式有学生点评、自评、互评和教师评价，在主题学习中做到定量评价和定性评价、形成性评价和终结性评价、对个人的评价和对小组的评价、自我评价和他人评价之间的良好结合。点评的内容主要包括主题点评、知识点点评和表演点评，即对知识点评价、理论理解评价和活动组织评价，给出及时而全面的评价与反馈。

（二）主题活动模式的结构体系

本文选取了主题辩论、主题演讲、主题分组讨论和主题社会调查四种形式，分别以房价地价关系、保护土地、土地流转、区位地租为主题，按照上述五个步骤分别开展活动，从而构成主题活动模式的结构体系。

五、主题活动教学模式的效果

（一）拓宽知识面，形成更为丰富的知识结构

由于主题活动教学开展之前布置了选题和考查要求，学生利用课余时间准备大量的资料，查阅文献，充分了解课程教学所需的内容，既有本课程教材和教案自有的知识，还拓展到相关领域。比如以房价地价为主题的辩论赛活动，学生需要学习大量关于房地产经济学、房地产管理学、土地法学等理论知识，还要了解我国房地产相关政策、房地产市场运行状况、土地财政等相关内容。这些准备活动大大超出了课程教学的范围。

（二）提升了分析问题的能力和实践动手能力

主题活动的开展通常都是选择一个具有现实意义的话题，理论与实践相结合，通过理论知识的学习，将理论转化为对现实问题的理解。在这种结合的过程中，学生的分析问题能力得到了锻炼。在具体的分析中，需要了解一种现象的经验和事实，迫使学生深入现实生活中。比如在关于地租的区位级差研究中，学生走街串巷，到不同地段的各类店铺进行实地调查，这个过程有效地训练了他们的动手能力。

（三）深化了社会认识，强化了综合素质

填鸭式教学难以激发学生学习兴趣，也难以调动学生的主动性和创造性。关在象牙塔很难培养学生务实创新的世界观、人生观、价值观。形式多样的主题活动，给学生参与教学活动、体验社会实践、感受理论与知识的结合提供了全方位的锻炼机会，特别是那些沉默寡言、性格内向的学生，能在活动的引导下，有意识地克服心理障碍，不仅获得了知识，也让自身的素质得到锻炼，身心舒畅，合作意识、团队精神均有所加强。

参考文献

[1] 曹银贵，等．基于主题活动的“土地法学”课程教学模式初探 [J]. 中国地质教育，2012(1):71-74.

[2] 於忠祥，杨梅．土地经济学实践教学改革研究 [J]. 高等农业教育，2003(10):69-71.

[3] 毕宝德．土地经济学 [M]. 6 版．北京：中国人民大学出版社，2010.

[4] 杨雪锋，史晋川．地根经济视角下土地政策反周期调节的机理分析 [J]. 经济理论与经济管理，2010(5):5-11.

大学生课程自主学习能力培养策略探究
——以城乡规划原理课程为例

◎潘护林[①] 杨丽霞[②]

摘 要：自主学习是一个人获得终身发展的基本条件，大学课程教学中应融入对学生自主学习能力的培养。本研究引入自主学习理论，在对自主学习的发生与过程机制及其教育学意义进行阐述的基础上，开发了教师支持学生课程知识模块自主学习策略方案，并以城乡规划专业城乡规划原理课程为例，阐述了其在具体课程中的应用。

关键词：自主学习能力；培养路径；大学生

一、引言

自主学习能力是一个人终身学习和毕生发展的基础。与“被动学习”相对应，“自主学习”是指学习者自觉自主调动学习动力、确定学习目标、制定学习计划、选择学习方法、监控学习过程与结果的学习方式和过程[1]。在科学技术迅猛发展和知识信息快速更新的今天，社会个体只有通过自主学习不断更新知识能力，才能适应社会生活和职业发展需求。因此，具备过硬的自主学习能力，包括自主学习动力、自学学习计划、执行力、自我监控和反思能力等，对一个人终身可持续发展十分重要。作为青年教育主阵地，在大学课堂教学中培养学生自主学习习惯，提高学生自主学习能力具有重要现实意义。

受传统学习环境和学习习惯的影响，当前我国大学生自主学习能力并不乐观。根据对我国大学生自主学习能力的调查研究[2][3]，多数学生以被动学习为主，自主学习意识仍比较差；绝大部分学生存在各种自主学习障碍，包括学习动力不

---

①潘护林，浙江财经大学公共管理学院副教授，博士，研究方向为城乡资源可持续发展。
②杨丽霞，浙江财经大学公共管理学院教授，博士，研究方向为城乡分析技术及可持续发展。

足、目标不明确、学习策略缺乏、学习毅力不够等；还有相当部分学生反映周围自主学习环境不够好。可见，我国当代大学生自主学习意识和学习能力急需提高，以适应未来社会发展的需要。当务之急应在我国大学课程教学中及时嵌入大学生自主学习能力的培养。本研究引入学习心理学有关“自主学习”的理论和方法，尝试建立课程教学中教师对学生课程自主学习路径和策略方案，以有效提高我国高校大学生的自主学习能力。

二、自主学习发生与过程机制理论阐释

对自主学习的研究一直为现代教育心理学所重视，自 20 世纪 50 年代以来逐步形成了丰富的学术思想。在吸收前人研究成果的基础上，美国华盛顿城市大学教授齐莫曼等人，于 20 世纪 80 年代对自主学习进行了全面系统的研究，提出了一套影响广泛的系统科学的自主学习理论。西方自主学习理论自 20 世纪末引入我国以来，以庞维国为代表的我国教育学者对自主学习理论的实质、内外条件与教育干预做了进一步系统研究和阐述[4][5][6][7]。为提高学生自主学习能力，弄清自主学习的发生机理与过程机制十分关键，下面基于前人研究成果重点对这两个方面进行综合阐述。

（一）自主学习的发生机制

首先，学习者需具有学习的主体意识，能够认识到自我是学习的直接目的和根本手段。因此，自主学习者必须具备一定的心理发展水平，有较为清晰明确的自我意识。所谓自我意识，是指个体对自己身心活动的察觉及对自己同客观世界的关系的认识，能够自我认知、自我体验和自我调节。有了学习的主体意识，学生就不再是学习的被安排者而是学习的主动谋划者，就会逐渐克服对教师的心理依赖，根据自身发展需要发挥主观能动性积极主动地学习知识。

其次，学习者需具有学习的内生驱动力，能够在没有外部强制性压力或要求下主动根据自我发展需要自主确定学习目标和自觉启动学习过程。马斯洛需求层次理论表明，自我实现的需要是人成长发展的根本动力，在此驱动下人具有天生的自主学习的愿望和潜能。此外，自主学习学习动机还受自我效能感、价值意识、学习兴趣等因素影响。高自我效能感的学生更愿意通过独立学习实现自己预定的学习目标。显然，学习者对某项学习任务的价值认知越高就越能激发学习者的学习动力。学生对某一门功课的学习兴趣越浓厚，其学习的主动性、自觉性就越强。

再次，学习者还需有一定的学习技能和意志力作为保障，即“会学习”和能“坚持学习”。有效的学习不是简单的信息输入的过程，而是需要基于学习者、基于自身知识经验对新知识按照一定逻辑关系进行积极的意义建构、加工、储

存的主观能动的过程[7]。在这一过程中需要借助一定的学习策略和付出一定的努力，否则难以完成自主学习任务。因此，拥有充足的学习策略和顽强的学习意志力是实现自主学习不可或缺的内部条件。学习意志力理论表明，再强的学习动机也无法取代意志力的作用。

综上，自主学习是在学习者在自我主体意识支配下与自我发展需要驱动下，在意志力维持下依照一定的方法策略展开相对独立自主的学习。自主学习的发生机理可用图 1 表示。

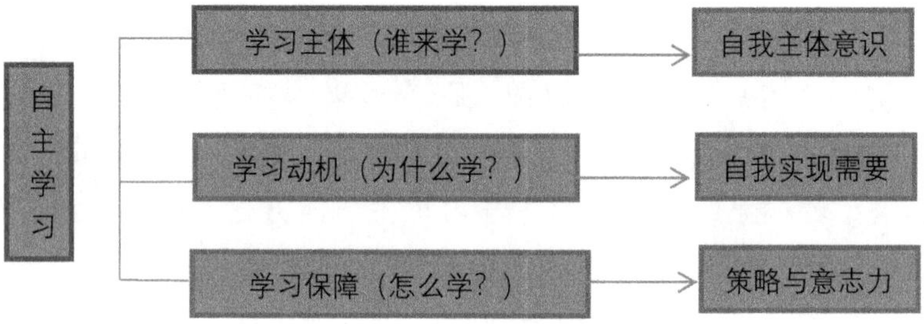

图 1　自主学习的内在发生机理

（二）自主学习的过程机制

根据齐默曼的自主学习理论，自主学习分为学习自我计划准备阶段、学习自我监控阶段、学习自我评价反思阶段三个相互联系的子过程。自主学习的每个阶段都有相应的要求和功能。

1. 学习计划准备阶段

该阶段包括确定学习目标任务、预测学习结果、学习能力认知等心理过程[4]。自主学习过程中，学习者首先能根据自我发展的需要，自觉确定某个方面的学习任务和明确要达到的学习结果。学习者预知的学习结果越重要越明确，越能激发学习者学习动机；高效持续的自主学习应以内在性结果即以获取知识技能本身而非获得一个表现性结果为目的。学习能力的认知是学习者对能否完成某项学习任务和达到某种学习目的能力的自我判断，即自我效能感，高自我效能感的学生更愿意通过独立学习实现自己预定的学习目标。

2. 学习行为自我监控阶段

该阶段主要包括学习策略选择与应用、学习环境选择与调控、学习过程记录等过程。自主学习需要学习者对学习过程进行主动控制和调节。这包括选择和应用合适的学习策略以保证顺利有效学习，对学习环境的主动营造或改善以充分利用各种学习资源，对学习过程的自我观察与记录以便及时调整和改善学习行为。自主学习需要学习者掌握足够的学习方法技能并恰当地运用于不同的学习任务。

学习环境是学习者自主学习可资利用的一切外在条件，可利用的学习教材和参考资料，自主学习可资利用的学习场所、可供模仿的榜样和相互讨论切磋的其他学习者等。

3. 学习评价反应阶段

该阶段是自主学习者对照学习目标对学习结果进行检查与评价，进而做出相应反应的过程。学习评价是对学习效果的元认知，是检查学习是否达到了预期目的并进行学习调节的前提。反应是基于对学习结果的评价所做出的反应，包括心理反应、行为反应和环境反应。心理反应是对学习结果的消极或积极的心理应激，如果学习效果良好，学习者就会感到心理愉悦并坚定自主学习的信心；如果学习效果差，就会感到沮丧且自主学习信心减弱，并伴有心理适调过程，如更改目标或归因外部环境。行为反应表现为，对是否达到目标给予自己一定的奖励或惩罚。环境反应是学习者对学习目的是否达到而进行的学习环境的改善。

综上，自主学习是一个学习自主谋划、学习过程行为监控与学习结果评估反应的三个阶段的系统化过程，每个阶段都有其具体任务和要求（如图 2 所示）。

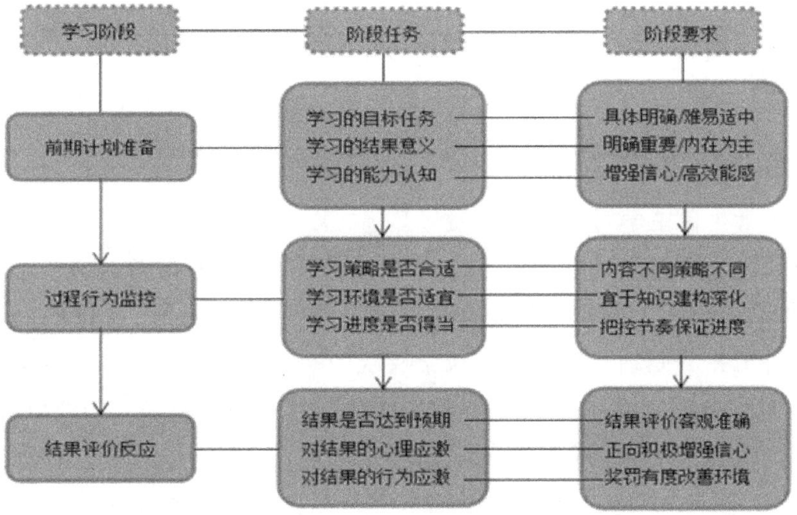

图 2　自主学习的过程机制

三、大学生自主学习能力培养路径策略

在对学生自主学习能力存在问题分析的基础上，编制有针对性的学习能力培养支持策略方案。基于课程教学实践开发了学生课程自主学习支持策略方案（见表 1）。本研究将以城乡规划原理课程教学为例，阐述上述几个方面学生课前自学中的支持策略。

表 1　学生课程自主学习支持策略方案

内容	方案要点	方案形式
激发自主学习动机	1. 考虑学生知识能力结构缺陷和困惑，引出课程自主学习（教学）模块 2. 点明学习模块涉及的内容及其对完善学生知识能力的地位和作用	知识模块课前自主学习导言，阐明学习模块设置的现实背景及其对学生的价值意义
确定自主学习任务	1. 鼓励学生对本学习模块的具体求知需求，由浅入深地提出系列问题作为学习任务 2. 鼓励学生根据自身情况提出感兴趣的个性化问题作为补充性自主学习的任务	教师列出指导学生自主学习共同探究的问题；学生列出自己的学习任务问题单
提供学习方法策略	1. 根据学习任务特点和学生认知特征为学生推荐合适的学习方法策略 2. 鼓励学生在具体学习实践中找到或总结合适的学习方法策略	在布置学习任务时提示学生应该采用的学习方法；提示学生明确自己的学习思路方法
选择创设条件环境	1. 推荐经典权威教材，提供案例和辅助材料，含慕课视频或 PPT 材料等 2. 提示学生组建学习小组等学习交流平台以及相关实践平台，如实践基地	结合学习任务，提示学生选择和创设相关教材、资料或组建小组
自主学习行为监控	1. 明确各项任务完成的时间节点，定时检查学生学习进度 2. 要求学生自觉定时记录和反思学习过程，自行把握学习节奏	规定各部分学习任务完成的时间；通过网络及时提醒学生把握学习进度，做好总结
学习结果评价反思	1. 为学生提供课前自学效果测试题及参考答案，帮助学生评价自己的学习效果 2. 根据学生自学表现与自测效果给予适当的奖惩，鼓励学生从自身查找成败的原因	编制自测题（含基础题、延伸题和应用题）；在平时成绩登记表中记录好学生的成绩

（一）学生自主学习动力的激发策略

学习动力是学生课程自主学习的逻辑前提，学生没有足够的自主学习动力就无法启动自主学习过程。学生自主学习动力受情感、需要、价值取向、自我效能感等多种因素的制约。翻转课堂教学实践中，针对课程或课程的各知识模块，教师在布置学生课前自主学习任务时要告诉学生该部分知识对于培养自身专业素养的价值和意义。对城乡规划专业的学生来说，在城乡规划原理课程“城乡规划的影响要素分析”模块课前学生自主学习阶段时，告诉学生科学的城乡规划需要遵循因地制宜的原则，需要建立在对特定规划区域各种自然人文要素系统全面分析基础之上，本部分知识学习的意义就在于告诉学生各种人文自然要素对城乡规划的影响路径，以及如何充分利用有利的或规避不利的自然与人文条件，提高学生综合思维与科学规划的能力。

（二）学生自主学习任务的设置策略

自主学习目标是根据培养目标与课程教学要求，学生需要经过自主学习努力能够掌握的知识技能。自主学习目标设置应难易适中、由浅入深、明确具体。在课程自主学习前，教师应帮助学生学会设置合理的学习目标任务。本研究认为，这种学习任务的确定应是基于学生自发的内在知识技能结构完善的内在需求而非教师强加给学生的。在城乡规划原理课中有关“城乡规划的影响要素分析”教学模块，基于对学生的求知困惑和需求的了解，帮助学生以问题的形式确定了如下共同的学习任务：你认为哪些因素会影响到城乡的规划建设？你认为这些因素是如何影响城乡规划建设的？再想一想，城乡规划建设是否会反作用于这些因素？如果存在反作用，那么规划建设中应如何处理？诸如此类问题，可作为线索引导学生由浅入深、循序渐进地对本部分课程知识展开自主学习。

（三）学生自主学习方法的支持策略

自主学习方法是学生在自主学习过程中根据确定的学习目标和任务采用的具体学习方法。学习方法是否合适直接影响着学习效率和效果。合适的学习方法不仅有利于提高学习效率，深化对知识技能的理解和掌握，而且有利于增强学习者自主学习的信心。对不同课程和不同知识类型，应采用不同的学习方法。一般来讲，理解知识运用理论联系实际法、类比法、思维导图法、列表比较法等较为有效。在城乡规划原理课中的“城乡规划的影响要素分析”模块，由于涉及多种城乡规划建设影响要素，建议学生采用分类基础上的列表比较法：首先将不同要素进行分类，然后对每种要素的影响从其质量、容量的角度进行比较分析。告诉学生学习时要充分运用自身经验或掌握的事实材料先行思考探索问题答案，再通过观看相关教学视频或与他人讨论补充完善相关认知。

（四）学生自主学习环境条件的支持策略

选择或创设良好的学习条件与环境可以提高学生自主学习的效率。自主学习语境下，广义的学习条件与环境包括多个方面，如各类学习资料、教室课堂、图书馆、实践平台、教育基地，甚至一切具有教育意义的现实情境。其中，教学材料包括教材和辅助材料，应参考经典权威，编写深入浅出，便于学生自主学习，辅助材料主要用于补充和印证教材中的知识观点；教室课堂主要为学生吸收他人观点、补充和深化自己的认知提供重要条件；各类实践教育平台则为学生将理论知识与实践相结合提供了重要环境。教师要支持学生学会根据不同的学习任务灵活选择或创设适宜的学习条件与环境。在城乡规划原理课程学习中，除了给学生推荐经典教材、规划案例等书面学习材料外，还需帮助学生设计与课程知识相关的实地调查方案，引导学生在理论联系实际中自主探究理解和掌握知识。

（五）学生自主学习自我监控的支持策略

自我监控是指学生在自主学习过程中对自己的学习行为是否按计划进行的自我认知与自我调控，属于学习者元认知的重要内容。在自主学习过程中学生难免会受到内外多种因素的干扰，从而不能使学习按计划进行甚至中断自主学习，无法完成学习任务。这需要教师采取有效措施帮助学生在课前学习中对学习过程的自我监控，调整学习策略，增强学习毅力，排除各种干扰，顺利实现学习目标。在城乡规划原理课程课前自学中，主要采取了明确每个知识模块学生完成的时间节点并定期提醒与检查的措施。通过时间节点的控制，倒逼学生学会强化对整个学习过程的控制，而定期的提醒和检查可让学生学会对各学习环节的反思和节奏的把控，并及时调整学习策略，排除可能存在的干扰。

（六）学生自主学习结果反思的支持策略

学习效果反思是学生对自主学习的最终结果是否达到学习目的的再认知，同样属于学习者的元认知的重要内容。对学习结果积极正面的反思有利于有力强化学生自主学习信心。为培养学生对学习结果反思的能力，在城乡规划原理课程课前学生自学中，采用了向学生发放课前学习自测题的方法，让学生及时对学习效果进行自我检测。课件自测题以判断题为主，主要帮助学生检测对课程基础知识的掌握程度。学生完成自测题后，及时发布自测题答案让学生核对并纠错，鼓励学生从自身学习方法和已有认知误区角度分析学习的不足，从而提高后续学习的效率。

五、结论

自主学习能力是一个人终身学习和毕生发展的基础。当前，我国大学生无论是自主学习意识还是组织学习能力仍存在很大不足。本研究基于自主学习理论及其教育学意义的阐释，提出了学生课程自主学习能力培养的一般基本路径，并以城乡规划专业核心理论课城乡规划原理翻转课堂教学为例，对学生课程自主学习、教师支持策略方案进行了系统阐述。研究认为，唤醒学生学习的主体意识、激发学生学习的内在动机、传授学生恰当的学习方法策略对促发学生自主学习行为十分关键；在自主学习过程中帮助学生明确学习任务、控制好学习过程、做好学习结果评价反思对提高自主学习效果具有重要意义。

参考文献

[1]庞维国．论学生的自主学习[J].华东师范大学学报(教育科学版),2001(02):78-83.

[2]马秀麟，张倩，等．大一新生自主学习能力调查报告[R].北京：北京师范大学教育技术学院,2012.

[3]王艳．大学生自主学习能力的调查研究[J].明日风尚,2016(13):213.

[4]庞维国．从自主学习的心理机制看自主学习能力培养的着力点[J].全球教育展望，2002(5):26-31.

[5]刘畅．学生自主学习探析[J].教育研究,2014,35(07):131-135，159.

[6] 李子建，邱德峰．学生自主学习：教学条件与策略[J]. 全球教育展望，2017,46(01):47-57.

[7] 陈娟．激活自我实现需要，培养高职学生自主学习意识[J]. 青年与社会（下），2014(10):219.

混合式学习环境中学生有效参与的策略研究——以管理统计学课程为例①

◎李秋香② 蒋淑丽③

摘　要：在新的人才培养模式中，学生的有效参与是教学重点。本文基于财经类专业统计学课程的特点和学情分析，探索通过混合式教学来增强学生的自主学习意识和创新意识、提升学生参与的积极性，提出从教学管理、设置分层学习任务、加强协作交流和培养学习氛围四方面提升学生混合式学习参与度。

关键词：有效参与；混合式教学；学习通平台

一、引言

2018年，教育部印发的《教育信息化2.0行动计划》中指出，“通过实施教育信息化2.0行动计划，到2022年基本实现‘三全两高一大’的人才培养新模式”[1]。随着教育信息技术的不断发展，各大高校把“线上+线下”混合式教学作为提高教学质量的重要手段。混合式教学能够充分发挥传统课堂教学和在线学习的优势：一方面，线上学习为学生提供了随时随地的在线互动和丰富的学习资源，提高了教学效率；另一方面，线下教学为学习活动提供了面对面交流，并通过在线测试信息提高了课堂教学的针对性。混合式教学是对传统教学方式的一大改进，目前已在高校课程改革中获得广泛关注[2][3]。在混合式教学模式中，学生占主体地位，学生的参与度是提高教学质量、达到预期学习效果的重要保证。因此，如何利用信息技术带来的优势促使学生主动地参与到学习中成为当前教育研究的热点话题。

---

①基金项目：浙江财经大学校级翻转课堂教学改革项目（1J079018005）。
②李秋香，浙江财经大学公共管理学院讲师，博士，研究方向为城市应急管理。
③蒋淑丽，浙江财经大学公共管理学院副教授，博士，研究方向为建设工程监理。

二、管理统计学课程引入混合式教学的必要性

管理统计学作为经管类专业基础课程，是一门收集、整理和分析数据的方法课程，具有较强的实践性和应用性。大数据时代对经管类专业人才的数据处理和分析能力提出了新的需求和挑战，亟须开展以培养学生数据分析能力和软件操作能力的教学改革[4]。本课程主要讲授基本的统计方法和相关实践操作，培养学生运用统计思想思考问题和运用统计方法解决问题的能力。在传统教学模式下，主要存在以下问题：(1) 由于教材中存在大量繁杂的公式、抽象的术语和枯燥的数据，以及课时压缩导致学习时间减少，学生对统计数据缺乏兴趣和积极性。(2) 教师因无法及时掌握学生的学习效果，导致教学过程针对性不强。(3) 传统单一的教学模式难以照顾到学生课程学习的差异性，尤其容易让初学者产生为难情绪，影响教学效果。在教育信息化的浪潮中，混合式教学以其独特优势克服以上种种问题，并成为近年来高校教学改革的热点之一。本文尝试将混合式教学融入管理统计学课程中，一方面，能够满足学生的差异化学习需求和扩展延伸教学；另一方面，能够充分激发学生的学习兴趣，增强学生的参与意识，在教学中培养学生的统计思维和提高他们的数据分析能力。因此，本文以超星学习通平台为例，探索如何利用这款学习软件提升学生的参与度。

三、混合式学习环境下的学生参与概述

（一）学生参与的定义

20 世纪 80 年代，美国本科教育质量评估领域的著名学者亚历山大・阿斯汀在多年的调研基础上提出了学生参与理论[5]。他认为学习参与是学生在生理和心理上投入学习的程度，并增加学习参与作为评价院校教育质量高低的标准。孔企平教授指出，学习参与是主动的、个体化的课程经验，是以行为参与为载体的心理活动，包括行为参与、认知参与和情感参与三方面[6]。行为参与是指学生的学习行为表现，认知参与是学生所使用的学习策略，情感参与是指学生在学习中的情感体验。在实际的教学实践中，学生的学习参与行为包括参与混合式学习的态度、主动讨论发言、与师生交流和作业完成情况等学习参与行为。学生通过主动参与，其自身主体地位和意义得以实现，参与互动的越多越积极，主体意识就越强烈，越能提高学习参与的积极性和自觉性。

（二）学生参与特点及现状研究

在混合式学习环境中，教师的监督作用减弱，学习能力弱、基础薄弱的学生更易出现畏难情绪和拖延情况。研究表明，学生在混合式学习环境下的情感参与比较积极，但行为参与和认知参与程度不高[7]。通过对学习参与现状相关文献调研以及对我校部分课程混合式教学的调查发现，学生课堂参与的数量和质量

均略高于线下，其中课堂参与的数量较多，但主动性较差，参与的质量不高；另外，学生在线参与度个体差异较大，交互水平低。造成混合式学习参与度低主要有以下两方面的原因：一是受个人学习习惯和教师引导和管理方面的影响，二是受教学平台稳定性及网络情况等因素的影响。

为有效调动学生参与混合式学习的积极性，学者们开展了广泛研究。杨九民等通过行动研究法和内容分析法研究提高网络课堂中学生参与度的具体措施[8]。沈欣忆等通过对慕课案例的教学实践研究，提出了开放在线课程的知识情境化学习策略、参与度提升策略与学习评价策略[9]。王媛和周作宇基于对学生参与行为的多维度调查，构建了积极主动、顺应跟随、被动参与和消极回避四种学生参与类型，并建议学校要关注学生差异、培养学生的适应能力[10]。刘冰通过问卷调查发现性别、专业和生源地等因素影响学生在混合式学习环境下的学习态度，并提出创建良好的学习氛围、加强协作与交互以及优化课程教学设计等改善策略[11]。屈廖健和孙靓对比了四所大学本科生的课下自主学习、课堂投入、师生互动、生生互动和课程认知内驱力五个维度，发现积极的课程学习经历和学术兴趣可以减少学生的参与度差异，并建议高校从群体学习特征、专业认同、教学方式、课程质量等方面提高学生的学习参与度[12]。

四、借助学习通提升学习参与度的策略研究

（一）学习通功能介绍

学习通是一款由超星公司推出的交互式信息平台，是近年来使用较多的智能移动学习平台。教师通过该平台创建课程班级这个虚拟教学空间，进行课程建设及课程教学管理，学生在指定时间里进入该虚拟教室里进行学习活动。在这个虚拟课堂里，教师利用班级活动、电子白板、文档共享等工具发起投票问卷、点名签到、讨论答疑、即时测试、推送作业和课件等活动，实现教师与学生、学生与学生之间的有效互动，进一步提升学生在情感、认知和行为方面的参与度，同时还能在教与学的过程中实现学习、互动全流程的数据记录和分析，方便及时调整。学生可以充分利用碎片化时间，借助移动终端如智能手机、平板电脑等移动端在线浏览海量的学习资源，还能与教师进行问答与讨论。这种便捷、高效的教学模式，打破了老师、学生和学习资源之间的时空限制，越来越受到教师和学生的欢迎。

（二）基于学习通的混合式学习模式构建

本研究依托超星学习通平台，采取混合学习方式来设计促进学生学习参与的教学活动，并将教学活动应用于管理统计学课程的教学实践。课程实施包括课前环节、课堂环节和课后环节三部分。课前环节依托学习通网络教学平台，课堂

环节和课后环节在全校共享的经管综合实验室和政府决策仿真实验室完成，具体架构及工作安排如图 1 所示。

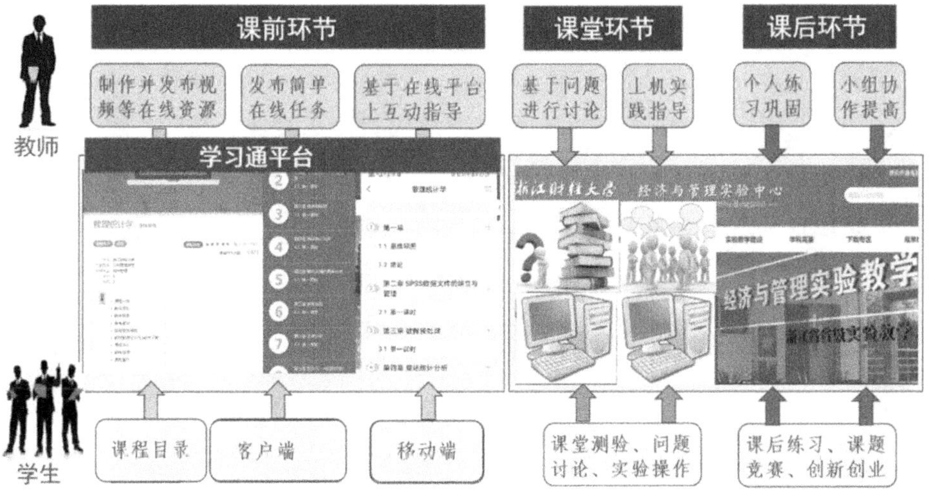

图 1 依托学习通平台的混合式教学改革环节

混合式教学的关键在于保证时空分离的情况下，教的行为对学的行为真正起到促进作用。因此，在线上和线下环节的衔接中，为了满足学生的差异化学习需求，教师在课堂上侧重讲授统计的思想、基本原理及运用和一些必要的数学推导，将理论的内容及公式推导进行梳理放入学习通平台的资料库中，作为统计专业学生理论的扩展学习内容。同时不断更新和完善学习通平台中的案例库，学生在学习理论知识后，可通过案例库案例进行实践应用方面的拓展学习，从而有效解决课堂教学由于学时有限不能进行扩展延伸教学的尴尬局面。

（三）基于学习通提升学习参与度的有效策略

管理统计学课程属于理论性、实践性和操作性很强的课程，教师可以在学习通网络教学平台设计简单易用的课程模块让教学变得更加生动和高效，通过规范线上教学管理、设置分层学习任务、加强协作交流和培养良好学习氛围等途径培养大学生参与的主体意识，激发他们学习的积极性和提升学生的参与度。

1. 规范教学管理，提高线上学习效率

线上教学容易受到环境因素和教学经验等多方面的影响。要以教学管理的“规范化、有序化、精致化”促进教学效果提升的“最大化”。为保障线上教学的平稳实施，笔者进行了如下尝试。一是规范课前备课，从整体上把握课程知识体系，有效融合配套的数字化学习资源。精准把握课程重难点知识，科学分配线上线下课程的教学内容，充分利用线上课程资源和信息化教学手段，促进学生对重难点内容的学习理解和掌握。二是规范使用教学方法，根据课程的性质与内容实施多样化的课堂教学，运用在线教学平台、移动终端和智慧教学工具开展线下线上有机融合的教学活动，注重学生的交流、协作、探究、创新等能力的形成和提高。三是规范课程考核方式，围绕混合式课堂教学的“课前、课中、课后”三个环节，探索建立多元化翻转课堂考核体系：一方面，增加对课前网络学习平台上的档案记录，包括视频在线学习时间、练习完成情况及问题提问次数等；另一方面，增加学生课堂上的表现情况，包括课堂提问、案例讨论交流、项目实验操作及实验报告等考核项目。

2. 拓展课程资源，分层设计学习任务

课程资源开发利用的质量直接影响到课程实施的成效。在建设数字教学资源时，数字教材提供更灵活的交互，支持更多终端平台，更有利于组织学习活动。在混合式学习环境下，教师的督促管理效能有所弱化，如何根据学生的能力和类型差异，设计分层分类的课程资源和学习任务，也是一个值得深入思考的问题。在教学实践中，一方面笔者针对不同的学习，通过构建课程不同层次的典型案例库、立体化教材、典型问题集和课程学习指南等资源库，开发优质的 MOOC 视频及相关多媒体资源，让学生既能根据自己的时间安排和进度进行拓展学习，锻炼学生独立思考的能力，使其养成良好的学习习惯，从而取得最优化的学习效果。这样既能保证学生高效完成学习任务，又能满足学生个性化的学习需要。另一方面，笔者采用项目调查实践教学，在课堂教学过程中引入若干个统计调查项目，由学生亲自完成提出问题、设计问卷、搜集数据、分析数据和报告撰写等全部内容，让学生运用课堂所学知识解决实际问题，激发学生的学习兴趣，有效培养学生处理和分析数据的实践能力。

3. 加强协作与交互，促进积极的学习态度

混合式学习环境下在线学习远程互动增加了学习者之间的距离感，可能会导致学习者产生较低的情感体验，从而降低他们的学习动机。教师应着力培养和激励情感学习的氛围，为学习者的学习过程提供情感支持，如积极鼓励和引导学生完成相关学习任务等。有研究显示，学生在深度参与合作学习过程的同时会感受到较高的社会存在感，而协作和互动是提高社会存在感、促进积极学习态度的催化剂。教师除了提供交互性强的协作学习功能平台（如论坛、知识共享平台等）之外，还应该做好充分的协作与交互设计，采用多种教学方式，如合作学习、小组探究式学习及小班互动分组式的教学方式等。

4. 积极评价引导，创建良好的学习氛围

混合式教学模式提倡学生使用信息化手段自主学习和拓展知识面，它减少了师生之间的面对面交流，弱化了师生之间的情感关联。对于自我调控力不强的学生，很容易受到其他网络资源的影响而干扰课程学习。美国心理学家罗杰斯曾说：“成功的教

学依赖于一种真诚的尊重和信任的师生关系，依赖于一种和谐安全的课堂气氛。”因此，通过及时有效的引导和积极正面的评价，能够有效营造良好的学习氛围。此外，综合采用过程性评价与结果性评价等多种评价方式，用激励性的评语从正面加以引导，鼓励学生积极参与协作和互动。一方面，通过自己适当的评价语营造良好的氛围，能够很好地提高学生课堂积极性，让学生更愿意参与线上和线下学习；另一方面，通过积极评价和引导，能够有效帮助学生克服学习障碍，并养成良好的思维习惯，成为课堂的有效参与者。

五、结语

本文从管理统计学课程教学中学生参与的特点和影响因素入手，分析提高学生参与度的有效途径。混合式教学对教师与学生的角色定位、教师的信息化素养、教学流程的重组、学习过程的监测、评价方式的跟进等都提出了更高的要求，混合式教学的有效化、优质化的推进更有难度。在今后的研究中还需进一步对提升混合式学习参与过程的策略进行更全面、更深入的研究。

参考文献

[1] 中华人民共和国教育部．教育信息化 2.0 行动计划 [Z].〔2018〕6 号．

[2] 冯晓英，王瑞雪，吴怡君．国内外混合式教学研究现状述评——基于混合式教学的分析框架 [J]. 远程教育杂志，2018, 36(3): 15-26.

[3] 乔纳森·伯格曼，亚伦·萨姆斯．翻转课堂与混合式教学：互联网 + 时代，教育变革的最佳解决方案 [M]. 韩成财，译．北京：中国青年出版社，2018.

[4] 谷晓燕．大数据环境下以应用为导向的《管理统计学》教学改革研究 [J]. 教育教学论坛，2019(8):119-120.

[5] 郝理想，吴芳．美国社区学院学生学习参与度调查：缘起、实践与启示 [J]. 职教论坛，2017(22): 81-86.

[6] 孔企平．数学教学过程中的学生参与 [M]. 上海：华东师范大学出版社，2003.

[7] 戴喆．分层分类教学下的大学英语混合学习模式建构 [J]. 重庆科技学院学报（社会科学版），2015(11):42-45.

[8] 杨九民，黄磊，李文昊．对话型同步网络课堂中学生参与度研究 [J]. 中国电化教育，2010(11):47-51.

[9] 沈欣忆，李爽，丹尼尔·希基，等．如何提升 MOOCs 的学生参与度与学习效果——来自 BOOC 的经验 [J]. 开放教育研究，2014(3): 65-72.

[10] 王媛，周作宇．学生参与度的类型与特征探究 [J]. 全球教育展望，

2018, 47(12): 40-52.

[11] 刘冰 . 基于 SPOC 的混合式学习环境下大学生学习态度研究 [J]. 淮北师范大学学报（哲学社会科学版）, 2018, 39(5): 78-84.

[12] 屈廖健，孙靓 . 研究型大学本科生课程学习参与度的影响因素及提升策略研究 [J]. 高校教育管理，2019, 13(01): 119-130.

基于高阶性政治学原理课程教学的实现路径

◎操世元[①]

摘　要：随着“金课”概念的提出，如何打造高阶性的政治学原理课程教学成为公共管理专业教学改革的热点。所谓“高阶性”，就是知识能力素质的有机融合，是要培养学生解决复杂问题的综合能力和高级思维。而政治学原理课程教学中常规性范式存在教师主宰倾向显著，学生“待命”意识强；推崇知识复制导向，知识创造不足；理论与实践脱节；忽视多元与个性的发展等问题。通过对高阶性的政治学原理课程教学的需求分析和布鲁姆的教学目标分类法理论工具分析，从内容到目标再到程序，涵盖了教材、教法、资源与评价方式等内容，提出了高阶性政治学原理课程教学实现路径。

关键词：金课；高阶性；课程思政

一、问题的提出

一段时间以来，本科教学普遍不受重视，教育教学研究氛围不浓，力量薄弱，亟待加强。2018年，教育部陈宝生部长在新时代全国高等学校本科教育工作会上，第一次提出了“金课”概念，随后“金课”被写入教育部文件[②]。教育部高等教育司司长吴岩在第十一届中国大学教学论坛上做了题为“建设中国金课”的报告。如何上好一门课，怎么样建设一批金课成为高校教学改革与研究的热点。

课程是“立德树人”标准的具体化、操作化和目标化，当前全面振兴本科教

---

①操世元，浙江财经大学公共管理学院副教授，硕士，研究方向为地方政府与社会治理。

②2018年6月教育部召开了新时代中国高等学校本科教育工作会议，吹响了建设“一流本科教育”的集结号。一流本科教育，专业是基本主体，课程是核心环节，课程也是中国大学普遍存在的短板、瓶颈、软肋。教育部印发了《关于狠抓新时代全国高等学校本科教育工作会议精神落实的通知》（教高函〔2018〕8号），提出“各高校要全面梳理各门课程的教学内容，淘汰‘水课’、打造‘金课’，切实提高课程教学质量”。

育要落实到课程教学的行动措施上，课程是人才培养的核心要素，是教育的微观问题，是解决大的战略问题的根本抓手。

政治学原理课程是人文社会科学类专业的基本必修课，作为与课程思政中最贴近的课程，教好这门课程也是相当敏感的工作，如何把政治学原理打造成为“金课”是政治学教学的方向与目标。

“金课”标准，即高阶性、创新性、挑战度。所谓“高阶性”，就是知识、能力、素质的有机融合，是要培养学生解决复杂问题的综合能力和高级思维。所谓“创新性”，指课程内容要反映前沿性和时代性，教学形式呈现先进性和互动性，学习结果具有探究性和个性化。所谓“挑战度”，指课程有一定难度，需要跳一跳才能够得着，老师备课和学生课下有较高要求。依照这些标准的内涵看，其实，抓住高阶性就扭住了“两性一度”的关节点。

政治学原理课程主要研究社会政治现象及其发展规律的科学。对于高等学校学生来说，政治学阐述公共生活的构成基础、运行依据、制度环境和价值取向，学习并掌握政治学原理使学生能够从比较广阔的视野和比较深刻的理论层次上把握公共生活的本质、特点和规律。当前复杂多变的国际国内局势对现有政治学原理的教学带来了严峻的冲击与挑战，如何正确看待社会政治现象，适应政治发展的需要，如何让学生喜欢政治学并能够用政治学原理的知识科学分析政治问题，政治学原理课程教学亟需高阶性的课程教学理念的引领，并找到高阶性政治学原理课程教学的路径。

二、政治学原理课程教学常规性范式存在的问题

长期以来，政治学原理在教学上其基本特征可概括为“三中心”，即以课本为中心、以教师为中心、以考试为中心，以讲授预先规定好的课程内容为目标，强调外在程式对于教与学的规范，追求对知识的继承与复现。政治学原理课程教学中常规性范式存在的问题可概括如下：

（一）教师主宰倾向显著，学生“待命”意识强

目前政治学原理课程教学中，教师处于主导地位。从课程设置、教材选择、学习方式、作业格式等方面，学生都处在“下级”的地位，在没有得到作为“上级”的教师的明示以前，只会处于“待命”状态，在教学方法上教师以讲授为主，学生以听、记为主。这吻合了人的本性中的消极面。长期以来，学生主体意识、责任意识日益淡化，无法激发学生积极性、创新力及其他潜能。

（二）推崇知识复制导向，知识创造不足

目前政治学原理教学范式鼓励学生模仿与复制能力的发展，即复制和模仿书本、笔记和教师，反映在课程学习上往往为过度追求静态知识量的增长和死记

硬背能力的提高，在知识上一直是以基本概念、基本理论介绍为主，课程学习目标上以既定的知识体系与内容的记忆与文字或语言再现为主，并导致了课程内容的固定、僵化、陈旧，教学技术应用水平低，教学实践惯用灌输式教学，较大程度地阻碍了学生个性化发展与创造力培养。

（三）理论与实践脱节

长期以来政治学知识教学就理论说理论，政治学原理课程教学忽视与经济社会发展现实，缺乏与实践的紧密联系，理论与实践脱节，无法真正地关注和反映学生真实的生活经验与感受，教学目标不清晰，教材多为传统范式的教材，未能真正揭示人的政治心理活动，无法给学生以灵性的启迪，其结果就是严重影响学生实践与创新能力的培养。

（四）忽视多元与个性的发展

基于教学条件与授课人数等现实条件的约束，目前政治学原理教学较为强调一致性，对所有学生均执行同样的教学进度、教法和考评方法，课程评测也是传统的课程论文与试卷作答，教学活动显得机械而又呆板，忽视了学生个性化发展。

三、高阶性政治学原理课程教学改革的思路

（一）高阶性政治学原理课程教学的需求分析

新时代对政治学知识与教学有了新要求：（1）习近平新时代中国特色社会主义思想的提出，呼唤着新时代中国的政治学理论的创新与跟进，同时也是为习近平新时代中国特色社会主义思想政治实践做指导，政治学要有新范式。（2）“两个一百年”奋斗目标与实现中华民族伟大复兴的中国梦都需要新的政治自信以回应，是新时代政治学的时代使命，政治学要有新解释。（3）科学技术迅猛发展给政治生活、政治惯例、政治权力、国家、政府、政党，特别是政治参与、政治文化、政治社会化带来了全新的特征，传统的政治价值和政治模式已然不能引导现实生活，政治学要有新体例。（4）中国崛起过程中应该深度参与全球治理，大国自信与中国政治文明的传播是未来可见的事实，政治学要有新视野。

课程思政为政治学原理课程赋予了新使命。长期以来，政治学原理课程为了突出其专业性，刻意与思想政治教育划出界线，“孤岛效应”明显。为了使各类课程与思想政治理论课同向同行，形成协同效应育人，政治学要满足学生成长发展需求和期待，用好课堂教学这个主渠道。

“金课”导向的教学推进趋势对政治学原理的教学提出了新标准。当下的政治学原理课程教学与金课要求差距非常大。

（二）高阶性政治学原理课程教学的理论基础

高阶性的政治学原理课程教学的理论基础可以从布鲁姆的教学目标分类法谈

起。布鲁姆等人在 1956 年把认知领域的教育目标公布出来，该领域的教育目标包含由从低级到高级，由简单到复杂的六个水平，共分为记忆、理解、应用、分析、评价、创造六个层次。

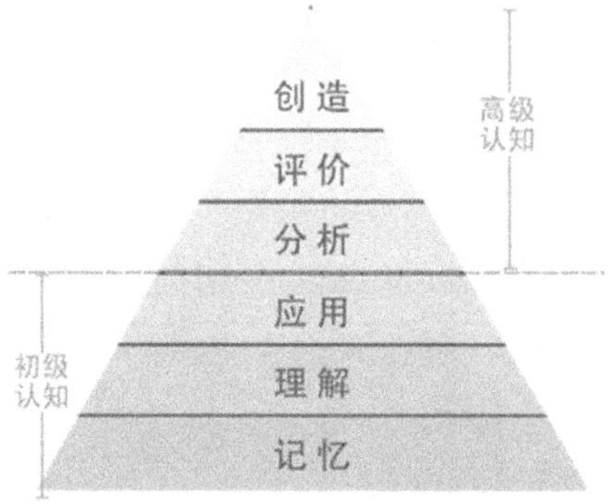

图 1　布鲁姆的教学目标分类图示

记忆就是能从长时记忆中找到和识别接收到的信息。理解就是得到信息后，能用自己的话表达其中的意义。应用是能在给定的情景中执行或使用信息。分析就是将信息分解，确定各部分间、各部分与总体间的关系。评价就是能够以得到的信息为准则做出判断。创造即能基于得到的信息重新组织成新的模型或结构。

培训能达成的层级在记忆层、理解层和应用层，而分析层、评价层和创造层一般不是通过培训活动达成的。

按照布鲁姆的教学目标分类法，高阶性的政治学原理课程教学的时候更注重学生的“分析、综合、评价”等要求的设计。在课堂教学目标设计的时候按照知识传授、能力建设、情感（态度）养成三层来划分。

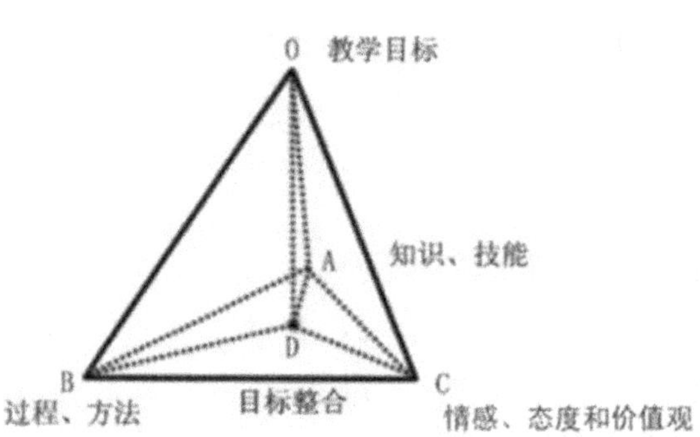

图 2　教学目标设计分析、综合、评价相关图示

高阶性的政治学原理的事实性知识和概念性知识可以通过线上教学完成，课堂教学则侧重于能力建设。能力建设和态度养成则需要更多教师和学生之间的

交互式活动。高阶性，就是知识能力素质的有机融合，课堂中进行必要的研讨、辩论、情景剧、上机实践、同行互评、作业分享等教学活动，培养学生解决复杂问题的综合能力和高级思维。

政治学原理高阶性课程就是这样一门能够实现政治知识能力素质有机融合的课程，课程目标是培养学生形成运用政治学知识解决复杂问题的综合能力和高级思维。

（三）高阶性政治学原理课程教学实现的内容与目标

从内容上看，高阶性的政治学原理课程教学的实现需要革新教材，创新教学方式，扩充教学资源，改进评价方式，涵盖了课程课堂教学的整个链条。

从目标上看，政治学原理高阶性课程要通过课程教学实现知识能力素质的有机融合，学生通过学习课程能够运用政治学知识解决复杂问题的综合能力和高级思维。

拟解决的是四方面关键问题，即通过革新教材，解决教材体例守旧，内容单一且落后于当下政治实践；创新教学方式，解决传统课程教学教的方式枯燥，学的方式被动，理论严重脱离对现实政治的关照；扩充教学资源，解决教学仅局限于一本书内有限的信息量，能力素质无法有效提升，对现实复杂政治问题回避等；改进评价方式，解决长期以来，人文社会科学课程靠一张试卷、一份作业定成绩，自我学习无法评定，能力与高级思维检测空白的问题。

课程教学改革的内容与目标如图 3 所示。

图 3　课程教学改革的内容与目标图示

四、实现高阶性的政治学原理课程教学的程序路径

政治学原理高阶性课程就是这样一门能够实现政治知识能力素质有机融合的课程，课程目标是培养学生形成运用政治学知识解决复杂问题的综合能力和高级思维，政治学原理高阶性课程实现的程序路径分四个步骤。

首先，课前资源推送。教师与学生要做好如下准备，包括课程通知、资源上网、导言、学习目标、完成预习等。

其次，课中任务设计。在线上或面授讨论，都是从自学内容测试开始，到知识点串讲与讨论，再到采用 BOPPPS 参与式学习方法①，重难点案例演示或模拟场景，结束一次或一部分课程知识时都要小组总结分享结论等。

再次，课后作业巩固。高阶性课程时要将知识能力与高质量的思维训练起来，这体现在课后完成网上检测，完成拓展性作业，如撰写时事分析报告，在线上讨论区开展辩论，进行自我的知识总结，提出疑问等。

最后，形成性评价。一部分是学生线上学习、测试和平时讨论作为平时成绩；一部分是线下讨论与考试作为期末成绩。然后按照相应的比例综合评定成绩。

高阶性课程教学改革实现路径如图 4 所示。

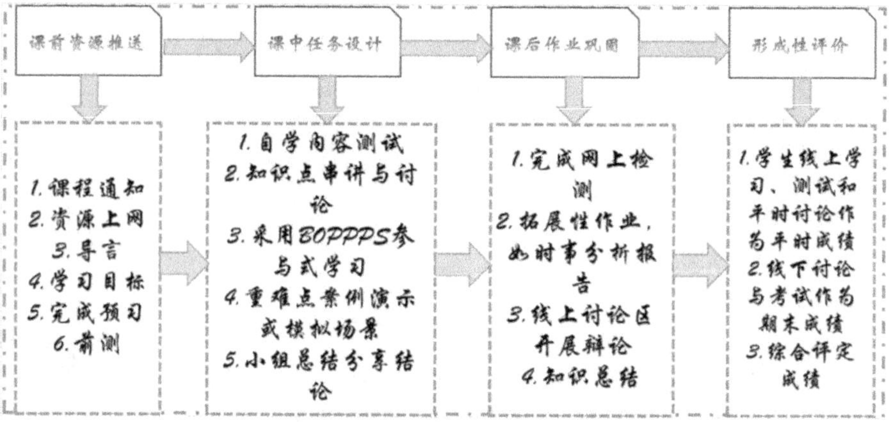

图 4　高阶性课程教学改革实现路径图示

五、展望与结语

（一）展望

高阶性的政治学原理课程教学实现后在课程知识、能力与评价上可能的样貌

①BOPPPS有效教学法包含六大教学结构，分别是导言（Bridge-in）、学习目标（Objective/Outcome）、前测（Pre-assessment）、参与式学习（Participatory Learning）、后测（Post-assessment）和总结（Summary）。

如下：

1. 知识呈现形态的多元化和及时性

教材与资料都是最新的理论和实践知识，而且课程采用混合教学的方式，使得政治学原理的知识形态不再局限于理论文字，实现了知识的可视化与理论知识的可接近性，同时线上视频、案例、新闻的及时性很强，线下讨论让政治学知识更好地解释生活场景，即更好地培养学生运用政治学知识解决复杂问题的综合能力和高级思维。

2. 学习方式适应了知识能力素质的有机结合

政治学研究的就是群体生活中的问题，如何解决公共生活难题催生出政治学。线上学习易于培养学生自主学习的能力，适合进行小范围的讨论；活跃参与者除参与话题讨论之外，还善于总结分享学习心得，主动挖掘课程相关知识，主动开启话题讨论。线下讨论、角色扮演与辩论等方式将知识、能力、素质有机融合，培养学生解决复杂问题的综合能力和高级思维；课堂教学环节和实验环节的设置培养了学生协作学习、团队合作和创新实践的能力。这种学习本身就是一种政治生活，这种教学方式更易于实现知识能力素质的有机融合。

3. 课程教学评价的多元多样方式结合

为实现知识能力素质的有机融合，强调学生能够运用政治学知识解决复杂问题的综合能力和形成高级思维。传统的政治学课程学习检测的是既定的知识体系与内容的记忆，以文字或语言再现为主，课程评测也是传统的课程论文与试卷作答。政治学原理高阶性课程要采用多元多样的教学评价，既有线上自学的测评要求，也要有线下课堂讨论、案例分析、角色扮演等注重思维训练与能力培养的课程评价。

（二）结语

高阶性的政治学原理课程教学的实现有利于公共管理专业人才能力素质的提升。课程是人才培养的核心要素，公共管理专业人才既需要学习政治学基本概念理论，更需要将政治学知识形成能力，有效解决公共治理与公共事务问题，提升公共决策的质量，政治学原理高阶性课程实现路径探寻有利于培养公共管理人才的专业素养。加快建设高水平本科教育，培养大批有理想、有本领、有担当的高素质专门人才，为全面建成小康社会、基本实现社会主义现代化、建成社会主义现代化强国提供强大的人才支撑和智力支持。

有利于通过政治学原理课程更好地实现课程思政。政治学原理是一门理论性极强的课程，政治学虽然是基础理论课程，但是必须要回应当下现实的政治实践问题，这个伟大而急速变化的时代对基础理论课程教学提出了新的建设方向。打造政治学原理高阶性课程能够有效地用知识理论解释当下现实，有利于实现课程思政。

有利于为政治学原理课程探索一套“金课”教学模式，是打造新文科的重要内容。课堂教学虽是教育的微观问题，但找到一套高效的政治学原理高阶性课程却是战略问题。政治学原理高阶性课程实现路径对解决当前中国政治学教学带有普遍意义，可以说是关键所在。

参考文献

[1] 陆道坤. 课程思政推行中若干核心问题及解决思路——基于专业课程思政的探讨[J]. 思想理论教育，2018(1):64-69.

[2] 邱开金. 从思政课程到课程思政，路该怎样走[N]. 中国教育报,2017-03-21（10）.

[3] 教育部发力本科建设打造“金专”“金课”[N/OL]. 中华人民共和国教育部网,[2019-05-09].http://www.moe.gov.cn/fbh/live/2019/50601/mtbd/ 201904/t20190430_380194.html.

[4] 沈壮海. 讲出思想政治理论课应有的精彩[J]. 求是,2019（16）.

基于项目式学习与中国文化视角的公共组织行为学课程重构①

◎许伟②

摘　要：新冠疫情暴发与应对凸显了中国文化情境下的公共组织行为学的独特性和优越性。项目式学习强调问题情境与项目驱动的学习，本文结合公共组织行为学课程教学实践，遵循“项目驱动、创设情境、学生自主、教师引导”的项目式学习教学理念，基于中国文化情境与课程要求，进行课程重新设计并实施。

关键词：项目式学习；课程重构；组织行为学

一、问题提出

新冠病毒世界大流行后的各种社会现象让我们鲜明地感觉到中西方公共组织行为差异，特别是以生命为本还是以经济为本的中外文化差异。中西方公共组织行为在应对新冠疫情公共卫生重大事件的巨大差异表明，需要用中国文化视角来重新反思公共组织行为学课程教学。文化与组织行为学关系密不可分，文化会影响行为，行为也会塑造文化。我们通过文化的眼睛来感知周围世界[1]，对周围世界的解释不是客观的而是基于文化来构建的。组织行为学是为了了解、解释、预测及改变发生于组织情境下的人的行为。组织行为学是根植于特定土壤中的关于“人”的学问，文化因素在其中发挥着极其重要的作用。文化差异将导致组织行为学的差异。西方文化体现在组织行为学理论上，直接用发端于西方（尤其是美国）的组织行为理论、模型、概念来解释和预测中国文化情境下组织中人的行为，难免会产生巨大差异，甚至得到南辕北辙的结果。现有公共组织行为学教材内容基本都是基于西方文化情境下构建的理论与模型。公共组织行为

①基金项目：国家社科一般项目——面向供给侧改革的消费品标准提升激励机制研究（18BGL117）。

②许伟，浙江财经大学公共管理学院讲师，博士，研究方向为公共事务管理。

学课程面向中国大学生，必须基于中国文化背景，阐释中国公共组织行为现象，弘扬中国公共精神。当东西方文化或中国与美国文化差异很大时，两者组织行为表现不同，即使类似的组织行为产生的组织绩效也可能有很大差异。工业性的西方文化促使中国传统文化转型，中国传统文化需要理性继承与扬弃，才能真正适应全球化、信息化的现代公共组织。

项目式学习（Project-Based Learning，简称 PBL）以美国教育家杜威（John Dewey）“做中学”（Learning by doing）教学原则为指导，由克伯屈 1981 年的设计教学法发展而来，是一种基于建构主义理论的学习模式。项目式学习实质上是运用项目及项目管理的理念进行教与学的方式，项目式学习四要素就是内容、活动、情景、结果。与问题式学习（Problem-Based Learning，也简称 PBL）强调真实问题与案例不同，项目式学习除了问题更强调活动全过程中的“做中学”。项目式学习作为一种基于建构主义理论教学方法，重视学生在项目问题情境与干中学时进行探究式学习，可以通过项目构建情境来实现公共组织行为学课程重构。一些学者[2][3]认为，项目是学生面临的“真实世界”的非结构化问题，没有固定的解决方案与过程，是一种主动参与的、探究式的教学过程。项目式学习的主要特征就是向心性，就是课程以项目为中心，教学过程以学生为中心，学习内容以项目为主轴架构，并强调学习过程和成果评价的多样性和个性化。关于项目式学习在教育改革和大学课程中的应用上面，一些学者[4][5]系统研究了项目式学习的概念、特征、模式与策略：有学者结合 45 项实验与准实验研究，深入分析项目式学习的作用效果；有学者基于国内外数据库开展项目式学习文献的引文分析，总结项目式学习研究热点、趋势与启示等；有学者将其具体应用于大学英语、高级财务管理等国家精品课程建设上。

二、基于项目式学习的特征

从传统课堂教学到项目式教学模式，教学形式转变背后是教学思维的本质转变。与传统教学模式相比，项目式学习在课程目标、课程内容、教师角色、学生角色、评价机制、教学资源、教学环境、人才培养目标等方面都有一些区别，如表 1 所示。

表 1　项目式学习与传统课堂学习特征比较

维度	传统教学模式	项目式学习
课程目标	事实性知识、知识覆盖面广	综合性知识、知识与技能并重
课程内容	固定知识单元，顺序传授	多个单元知识构成复杂问题
教师角色	讲授者、指导者	建议者、参与者、引导者
学生角色	听讲者、知识记忆与复制者	发现者、综合者、阐述者
教学评价	试卷分数	作品、报告、论文等产品
教学资源	文本、讲稿、网站等教学资源	一手或二手案例、图片、多媒体
学生关系	个体独自学习，相互竞争	小组学习，竞争合作并存

项目式学习的具体实施要解决学习这个首要问题。首先，在教学理念上解决“为什么学”，解决公共组织行文领域的真实问题，实现知识的社会价值。探索适应项目式学习的教学目标、教学内容、教学方法。通过跨学科知识整合，构建问题导向的情景化教学场景，由教师创设公共组织行为的文化情境，激发学生探索兴趣；通过异步 SPOC（Small Privatc Online Course，小规模限制性在线课程）开展课程预习，借助在线教育资源普及课程知识，通过线下课堂展示与互动教学相结合完成知识点掌握，逐步完善线上线下教学资源，构建以学生为中心的教学模式。其次，在教学过程上解决“怎么学”，通过项目驱动、小组学习、自主探究来获取知识与技能，开展探索式教学。学生选定感兴趣的公共组织行为热点问题，分团队成立项目小组。通过教师支持引导，学生自主合作与讨论交流，开展探索式教学过程，每个团队都要撰写项目分析报告，涵盖问题分析、逻辑思考与观点结论。再次，在教学结果上“学得如何”，即学生获得知识、方法与作品。重视学生批判性思维、沟通能力、协作能力、创新创造能力的提升。针对学生特点，创新教学模式，采用柔性化管理和在线交流互动，完善课程教学质量评价体系。促进学生系统思考，理性分析公共事业管理社会热点问题。通过有效思考、有效表达、有效协作、有效创造，提升学生的分析思考能力和综合创新能力。

三、基于项目式学习的课程设计

项目式学习（PBL）四要素分别是内容、活动、情景、结果。基于项目式学习的课程教学模式，也主要依据这四要素进行重新设计与构建，具体如图 1 所示：

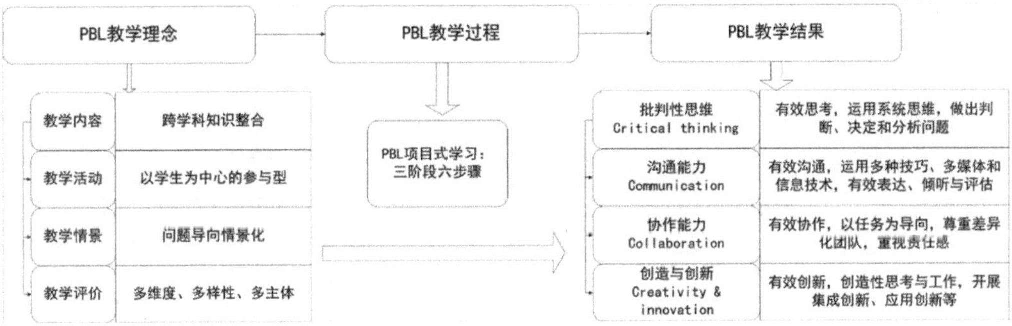

图 1　基于项目式学习课程重构与实施

（一）内容设计

建立跨学科知识整合型课程内容。项目式学习（PBL）教育理念的跨学科知识整合核心在于整合。首先，跨学科整合是以“中国文化背景下公共组织行为学”为导向，凝练相关课程知识点，融合其他公共管理学科及文化比较等维度，形成科学合理、相互支撑的知识结构和课程内容。其次，跨学科课程整合要求扩展交叉相关公共管理学科，如信息技术学、公共管理学、经济学、城市规划等学科关联内容，通过优化整合，增强课程的知识渗透力，拓展学生知识面。再次，知识整合还包含对学生前期知识储备和初始概念的整合。知识整合教育理论认为，注重学生已有知识积累，并将新旧知识进行有效对比，学习效果更佳。

组织行为学上的中国文化特殊性体现在个体、群体和系统三个组织层面。中国传统社会是建立在农业基础之上的，拥有5000多年绵延不断的文明传承。首先，组织个体层次。个体特征与行为上，等级观念、权威主义导致极端化个性，领导权威性格与一言堂，员工依附性格与忍让顺从；激励问题上，面子和地位的激励效果最为关键；压力问题上，典型依附性格，倡导忍让和顺从；决策问题上，决策高度集权化，集体决策实质上是高层个人决策。其次，组织群体层次。重视等级观念，表现为“宁为鸡头，不为凤尾”；沟通问题上，面子导致沟通高度情景依赖，表现为含蓄表达；领导问题上，对下要求严，自己却经常破坏规则；忽略制度构建，重视关系网络建立，“任人唯亲”与“窝里斗”；冲突问题上，倡导和为贵，无原则忍让，“惹不起躲得起”“大事化小，小事化了”。最后，组织系统层次。组织设计上，表现为差序格局和人情关系，朝里有人好做官；组织文化上，人治、中庸、面子、和谐；组织权力上，重视忠义报恩、合情合理合法，情、理、法三位一体；组织变革上，变革涉及权力、利益分配，人员变革，管理者常常会根据关系远近来重新调整。

（二）课程活动安排

项目式学习（PBL）教学模式倡导以学生为中心，实现“自主、合作、探索”的学习方式。项目活动可以分为三阶段六个步骤。

表2 项目式学习（PBL）活动过程

项目活动阶段	教师活动	项目流程	学生活动
项目引入阶段	提出问题创设情境	确定项目步骤	感知项目了解问题
	明确任务指点引导	制订计划步骤	明确计划任务分工
项目探究阶段	提供资源支撑教学	问题探究步骤	协作交流自主探究
	提供帮助指导反馈	作品制作步骤	实践创作完成报告
项目展示阶段	汇报组织综合点评	成果交流步骤	汇报展示交流评价
	项目评定总结反思	总结评价步骤	经验总结反思修正

1. 项目活动引入阶段

通过创设情景，教师与学生共同明确项目，制订项目计划。教师充分利用疫情等公共事件的中西方组织行为现象对比，创设中国文化情境下组织行为问题情境，激发学生学习与探究公共组织行为学的课程兴趣，并由此引出项目式学习的驱动性问题、公共组织行为中西方差异原因的复杂问题。学生通过自由组合已经形成了多个基于项目的合作学习共同体。教师明确项目活动的要求与成果形式，并指导学生在项目小组中利用思维导图、流程图等认知工具分析项目真实问题，并掌握课程知识、项目活动所需要的方法与工具。各项目小组协商制订项目计划各阶段的任务要求、成果形式以及完成时间。

2. 项目活动探究阶段

以问题为导向，以作品制作为核心，教师与学生共同开展探究式学习。教师围绕项目活动与任务，为学生提供多种媒体形式的探究学习资源，并针对项目学习过程中学生的反馈与表现提供个性化的支架式教学。学生根据教材和在线资源自主浏览学习资源，结合自身需求，自定步调学习知识点，也可以利用互联网查询所需资源并通过交流协作平台的支持与小组成员合作完成项目任务与活动。在学生完成项目活动过程中，教师需要为学生提供或指引学生掌握学习工具、问题解决工具和协作交流工具等。在作品制作环节中，教师需要提供并指导学生掌握合适的教育信息工具，指导学生利用多媒体制作出项目作品。

3. 项目结果展示阶段

成果交流与展示。在成果交流环节，教师组织项目式学习成果展示活动，明确作品评价规则，指导与协调汇报流程，对展示结果进行综合点评。分小组开展不同项目，项目小组成员共同思考、设计、制作和完善项目作品，并向全班汇报项目活动计划、小组合作情况、作品成果等。采用多媒体技术，使项目式学习的成果展示形式更加丰富，例如微电影、情景剧、设计方案、研究报告、幻灯片等。各小组成员浏览其他小组作品，采用交叉互评、小组自评相结合的方式进行综合评价。项目展示后有专门的评议学生和提问环节，激发全体同学共同参与。教师最后点评学生项目，通过补充完善和引导启发，帮助学生实现知识迁移。项目团队成绩综合加成给出，项目成绩包括项目选题与阐述、项目展示与交流、现场辩论与互动等环节，真正让学生全方位参与课堂教学中。

（三）课程情境塑造

营造问题导向型情境化课堂环境。项目式学习（PBL）教学理念强调以问题为导向，通过引入和创设虚拟现实情境，引导学生通过还原、思考、创造，获得创新型学习成果。中国文化深刻影响公共组织行为，中国传统文化是大陆民族文化、农业社会文化和宗法制度文化的典型代表。中国传统文化更多地表现为社群主义、德性主义及人文主义的精神，西方文化则更多地强调个体主义、理性主义与功利主义的精神。中国文化主要特征表现为等级观念与权威主义、差序格局与关系社会、面子与人情法则、和为贵与中庸之道、唯圣思维与直觉体悟、实用主义与短期导向等。课程情景注意如下：

首先，课程大量采用中国案例与实例来丰富教学。课程大量采用原汁原味、鲜活生动的中国组织行为学案例，每章节都有中国组织行为案例或分析材料，以便学生结合中国组织实践环境，系统思考中国文化背景下的组织行为问题。其次，课程基于中国文化情境来丰富组织行为学教学内容。教师根据公共组织行为学课程内容，结合疫情暴发、传播、扩散等不同阶段，设计和营造真实公共组织问题情境，激发学生求知欲，唤起解决问题的需要，激发学生参与兴趣。引导学生深入思考公共组织行为学问题，结合中西方文化比较研究的现有成果，中国文化情境下组织行为的一般规律，以及工业革命以来组织行为学历史变迁，以及中国各层组织行为的特殊性进行现象描述，以帮助学生理解组织行为学的一般规律与文化特殊性。再次，理性看待中国传统文化与中国现代文化。中国传统文化是建立在农耕文明基础上的，在历经三次工业革命碰撞以后，需要从中找到传统文化与现代化、工业化、信息化发展相融合的文化基因，并将其发扬光大。通过场景还原、发散思维、小组协作等活动调动学生参与的积极性，促使学生思考，引发学生新旧知识与概念的认知冲突，激发学生探索兴趣。学生或学习小组从不同视角探寻思路，提出个性化分析和解决方案。教师根据学生学习风格和认知方式差异，提供个性化引导和指导，营造学生个性化学习空间。

（四）教学结果评价

构建实践创新型导向的多维度、多主体评价机制。项目式学习（PBL）教学理念强调创新性分析问题和创造性解决问题的综合能力。首先，构建多维度评价机制。在教学过程中结合实践创新型培养目标，突出课前准备、课堂表现、课后复习等过程性考核比重，挖掘学生学习潜能、进步幅度等发展性评价标准，构建诊断性评价、形成性评价、总结性评价等多维度评价机制；其次，根据评价内容、考核目标和评价对象差异，采用实践报告、小组展示、成果汇报等多种评价方式相结合的方法，形成多样化评价机制；再次，引导学生参与制定学业评价过程。引导学生完成自我评价、小组自评、交叉互评，有条件情况下组织外部行业专家对学生作品进行多元化评价。学生以个人与小组的形式使用合作评价表、成果评价表等工具对自身表现、小组表现进行客观评价。项目式学习的总结包括个人自我总结、小组总结和教师总结。总结经验与反思环节中，教师对项目的实施进行综合性评价，最终针对项目小组作品和学习成效，形成个性化、项目订制的评价结果；学生通过小组讨论、跨小组交流、在线互动等形式进行反思总结，在问题解决过程中丰富和巩固课程知识体系，进一步提高个人综合能力。

四、结论与建议

本文基于项目式学习的课程教学模式重构的视角，分析了中国文化视角下公共组织行为学课程开展项目式学习的优势，结合实践构建了基于项目式学习与中国文化视角的课程重构模式，并以公共组织行为学课程为例，介绍了项目式学习在大学课程教学实践中的应用过程，希望为项目式学习的进一步推进和实施提供借鉴与参考。课程创新性体现在基于中国文化背景下的公共组织行为学课程内容与情景的重构。

参考文献

[1] 威廉·哈维兰．文化人类学[M]. 10版．上海：上海社会科学出版社，2006.

[2] 张文兰，苏瑞．境外项目式学习研究领域的热点、趋势与启示——基于CiteSpace的数据可视化分析[J]. 远程教育杂志，2018, 36(05):91-102.

[3] 李志河，张丽梅．近十年我国项目式学习研究综述[J]. 中国教育信息化，2017(16):52-55.

[4] 聂卫东，胡林凤．基于工商管理类专业项目化课程重构的研究——高级财务管理课程设计建设案例[J]. 产业与科技论坛，2016(16):154-155.

[5] 孙思佳．项目式学习研究的文献述评[J]. 科教文汇，2019(03):54-56.

课程思政与通识教育协同推进的必要性及路径探索——以环境保护与可持续发展课程为例

◎徐萌[①] 汪凝[②]

摘　要：立德树人是高等教育的主旨，在高校开展课程思政建设势在必行。通识课程是传统专业教学的有效补充，旨在拓宽学生的知识面、拓展其创造性思维，搭建跨学科平台，全面提升其综合能力和素质。通识教育与课程思政业已成为当代高校培养新时代高素质人才的共同需求。基于此，本文通过浙江财经大学环境保护与可持续发展这一课程的教学实践，分析通识教学和课程思政协同推进的必要性和可行性，进而从教学方法和教学手段方面进一步探索通识课程进行课程思政建设的主要途径。

关键词：课程思政；通识教育；环境保护与可持续发展；协同推进

课程思政是将“立德树人”作为教育根本任务的一种综合教育理念，它是践行习近平总书记提出的“要坚持把立德树人作为中心环节，把思想政治工作贯穿教育教学全过程，实现全程育人、全方位育人”根本任务的有效途径。课程思政是将高校思想政治教育融入各类课程的重要载体。基于此，高校应全力构建课程思政的育人格局，在传授课程知识的同时融入思想政治教育，使思政教育与专业教学协同推进，“用好课堂教学这个主渠道”，使“各类课程与思想政治理论课同向同行，形成协同效应”，从而进一步提升和改善各种专业学科的育人成效。然而，如何有效地将立德树人贯彻到高校课堂教学全过程，打破长期以来思想政治教育与专业教育相互隔绝的“孤岛效应”，推动高校专业课程与课程思政的协同前行是新时代中国高校面临的重要任务之一。

通识教育（general education）又称博雅教育（liberty education），源于19

①徐萌，浙江财经大学公共管理学院副教授，博士，研究方向为生态环境规划、水资源管理。
②汪凝，浙江财经大学公共管理学院副教授，硕士，研究方向为城市规划设计。

世纪，是针对现代教育中学术分科过于专业、知识面严重割裂、思维狭窄僵化等问题而提出的教育模式。通识教育更注重非专业性和非功利性的教育，是高等教育的重要组成部分，也是对我国多年形成的以学科为导向的教育模式的纠正和有效补充。近年来，通识教育的重要性已日渐凸显，各大高校不仅积极开展通识类教育课程，且在逐渐加大通识课程的学分和比重。

通识教育重在“育”而非“教”，它的根本目标是培养学生成为能独立思考，且对不同的学科有所认识，从而将不同的知识融会贯通，最终培养全面发展的人，使之具备“有效的思考能力，交流思想的能力，做出恰当判断的能力，辨别价值的能力”。基于此，通识教育可谓高校进行课程思政最好的抓手和载体。在通识教育中展开课程思政，是高校推进专业教育与课程思政相结合的强有力的突破口。因此，合理有效地在通识课程中开展课程思政教育势在必行。

环境保护与可持续发展是浙江财经大学通识教育“科学精神与技术进步”模块下开设的通识课程，也是浙江财经大学首批“课程思政”示范课程。该课程以可持续发展理论为主线，强调以系统的发展观、批判性的思维阐释环境与发展的现实问题，旨在将可持续发展、生态文明的理念融入课程教学之中，全面分析环境—人类—发展之间的关系，并寻求解决之道。课程的主要教学目标包括:（1）使学生了解目前人类面临的全球性和区域性环境问题；（2）培养学生正确的发展观和良好的环境伦理观；（3）掌握环境保护和可持续发展战略需要的基本知识和实践手段；（4）树立强烈的环保意识和责任感，使学生成为具有可持续发展理念和环境伦理素养的新一代管理者、实践者及现代社会公民。本文将基于环境保护与可持续发展这一通识课程，将通识课程与课程思政在高校教学中的融合推进的必要性及可行性进行深入探讨。

一、通识课程与课程思政协同推进的必要性及可行性

第一，通识课程旨在提升学生的人文、心灵和智慧等通识教育方面的素养。而课程思政也正是把立德树人作为教育的根本任务，将思想政治工作贯穿教育教学全过程。在春风化雨式的通识课程教学中，可将社会主义的核心价值观、科学伦理观及家国情怀等核心价值在潜移默化中输送给青年大学生，有助于新时代大学生树立坚定的理想信念、培养奋斗精神和奉献精神。以浙江财经大学环境保护与可持续发展通识课程为例，该课程组的三位授课教师均为中国共产党党员，其中两位主讲教师有25年以上的党龄，具有较高的思想政治觉悟。在授课过程中，教师始终将生态哲学的思想贯穿于教学过程中，以生态哲学的视角去观察和感悟世界，把人类作为这个自然系统下的一分子，而非核心。将八大公害事件和目前存在的各类生态环境问题逐一抛出，用具体的事件展开讨论，

让学生在潜移默化中感受人类的发展之痛，感触人类在与自然为敌的过程中试图改造自然引发的各类生态环境危机，进而运用马克思主义人与社会辩证统一的哲学思想以及生态伦理观等深度剖析在目前这个高度人工化的生态系统下，全人类应采取何种生态发展观才可以与自然和谐共处。由此，“生态价值观”这一讳莫高深的理念以春风化雨的方式深深地根植于大学生的思想中。

第二，通识教育非专项教育，它将专业边界模糊化，通过引导、启发式教育拓展学生知识基础。同时，课程思政作为一种理念创新，它在可持续发展思想的指导下有效培养学生的思考能力和解决实际问题的能力，培养学生的独立人格与独立思考的可贵品质，而这也正是通识教育的终极追求。因此，在通识课程教育中融入课程思政将更有效地帮助高校搭建跨学科教育平台，提高学生的综合素质，培养全面发展的跨学科人才。在环境保护与可持续发展课程建设过程中，授课团队认真备课，翻阅资料，结合实事，以环境专题的形式对当前存在的资源环境问题逐一解析，形成了体系完整、内容丰富的课程教学体系。课程团队将专业知识与通识教育相融合，通过一些环境治理和生态规划的专业视频和案例，以启发式、引导式问答的方式，启发学生运用多学科专业的视角在生态环境保护和规划上提出自己的看法和意见，为各专业背景的学生拓宽思维视野，提升环境伦理意识。此外，授课过程中授课团队还结合财经类院校的专业特点，将习近平总书记的“绿水青山就是金山银山”理念以案例的形式进行解读，从经济学的视角来进一步诠释生态的价值体现，由此帮助大家确立良好的生态价值观和生态治理观念，为培养具有生态发展理念和整体思维的高素质经管类人才奠定了坚实的基础。

第三，通识课程教育作为一种非功利教育模式，它希望摒弃传统专业基础教育过程中引发的思想单一、思维狭窄、僵化、缺乏思辨性、创造性思维的模式。而课程思政作为一种思维创新，它也同样希望运用科学的思维方式，培养创新思维，提升当代大学生的科技创新能力。教育，特别是高等教育，并非车间的生产流水线制造出同一规格、同一思维、统一模式的大学生产品。时代需要高等教育可以培养出具有独立思考能力、独立潜质和精神气质的时代精品大学生。因此，环境保护与可持续发展课程教学团队在课程设置中十分注重培养学生的独立思考和创新思维能力。授课过程中，授课团队将理论思辨与案例剖析相结合，将可持续发展、生态文明的理论知识拓展与案例思考相结合，通过国内外著名环境事件及可持续发展实践案例分析，提升学生分析问题及思辨能力。此外，授课团队还通过案例式教学组织学生自发组队，针对某一环保话题进行主题宣讲或主题辩论，并邀请部分学生作为评判，共同点评和打分。这样，在鼓励学生自主查阅资料、关注时事的同时，培养了学生的独立学习能力、逻辑思维能力、表达能力和辩论能力。更为重要的是，学生在此过程中也培养了自己的环境保护意识、社会责任感和使命感。此外，一些学生通过环境保护与可持续发展通识课程的学习对环境保护产生了浓厚的兴趣，也激发了一些学生在课余时间积极参与环境保护相关的社团和组织，甚至有部分学生还积极投入一些环境保护的产品设计和研发中，从而申报了各类学生课题和国家专利。

第四，通识教育注重知行融合，特别强调学生实践能力的培养，讲求理论实践协同育人，它是对传统教育出现的“高分低能”教育的一种有效纠正。而课程思政也强调“育人为本”的理念。正如习总书记指出的，课程思政要高度重视思政课的实践性，把思政小课堂同社会大课堂结合起来，在理论和实践的结合中教育和引导学生把人生抱负落实到脚踏实地的实际行动中来。坚持向实践学习，向人民群众学习。因此，通识课程在课程建设过程中既不可难度过低，成为“水课”，也要合理调整课程难度，避免雷同传统专业课程的“高精尖”。例如，在环境保护与可持续发展课程中，授课团队通过线上线下混合式教学模式，搭建实践教学平台，分别在课前、课堂和课后针对垃圾分类及其管理这个主题给学生进行分析和讲解。首先，课前以“社区居民垃圾分析参与度及参与意愿”为主题请学生设计相应的实践调研问卷或访谈提纲，让学生通过前期的资料搜集整理，对研究主题进行充分的个人思考；接着，在课堂上介绍国内外先进的垃圾分类标准和不同类型的垃圾回收利用的相关技术，让学生切实了解“垃圾是放错地方的资源”；最后，通过课后的课程实践带领学生走进社区，进行垃圾分类的相关宣传和调研走访，并将调研问卷和访谈记录进行分析整理，以此为依据提出切实合理的垃圾分类收集和管理的对策建议。这些公益性的社会服务和实践调研，不仅可以增强学生的垃圾分类责任意识，同时潜移默化地锻炼了学生的实践能力，提高了他们的综合能力。此外，作为“科学技术精神与技术进步”模块下主要的通识课程，课程团队还特别在授课体系中加入了科技论文文献检索和写作规范及方法的课程内容，为低学年学生初步进行科技论文的撰写奠定了良好的基础。其实在通识课程中实践内容的设置不仅能够很好地培养学生知行合一的能力，同时对学生也是良好的思政教育，它鼓励学生求真务实、踏实严谨，是我们中华民族精益求精的工匠精神的继承和传扬。

二、通识课程与课程思政协同推进的教学方法与手段

通过以上分析可见，通识课程和课程思政的协同推进不仅是非常必要的且是切实可行的。结合环境保护与可持续发展通识课程的教学实践，课程团队在致力于该通识课程的课程思政方面主要采取了如下主要教学方法和手段，希望可以为同类型课程思政的建设提供有益的参考。

（一）以“教师为主导、学生为主体”的教学思想贯穿始终

在教学中，教学团队注重将“教师为主导、学生为主体”的教学思想贯穿于教学实践中。借助学生对教师的“亲合定势”，对学生加以影响，激发学生对环境知识的渴求、对环境技术的应用和探索，进而调动学生学习的主观能动性。在实际教学中教师可通过现实环境污染案例，以自身对环境现状的忧虑及改善环境质量的热忱去激发学生的热情，以自己的智慧启迪学生的智慧，进而实现与学生在审美观、道德观、价值观等方面的“共鸣”“共振”，实现教与学的完美结合。

（二）通过探究式教学方法激发学生自主学习热情

在教学中教师选取一部分较易结合实践的教学内容，请学生提前查找资料，可采取小组合作或个人准备两种方式进行自主探究式学习，充分发挥学生的积极性。学生有效地利用网络资源和多媒体教学资源对所设计的主题进行自主学习，并将所研究主题在课堂讨论课上分别以小组或个人两种方式进行专题发言，课堂讨论交流，教师及时点评，从而改变传统的教师一言堂，激发学生的主动思考和创新思维。

（三）通过案例式教学方法提高学生的实践能力

针对环境治理技术掌握的难点问题，教师通过在课程中结合实际案例展开教学。用案例说明基础理论的运用以及设置实践性的项目，一方面，可以使学生通过案例教学的方式及时巩固对基础理论知识的理解，另一方面，也使学生能够通过实际的案例，有效认识和掌握基础理论的运用，解决问题，从而提高其实践能力。

（四）线上线下教学模式相结合，优势互补

线上教学手段具有信息量大、图文并茂、视觉效应好等特点，但传统的线下教学手段也有其自身的优势，如在授课过程中可以根据学生对某些知识点的兴趣度及接受度做出相应的知识延伸，因此在本课程的教学中教学团队注重两种教学手段的有效结合，在利用精心制作的多媒体课件和网络课件进行教学的同时注重辅以传统手段：恰到好处的板书起到了突出重点、画龙点睛的提示作用；教棍的运用摆脱了鼠标的单调化，拉近了师生之间的距离，更增强了教与学的默契配合。两种教学手段的有效结合起到了优势互补的作用，同时也丰富了课堂教学。

（五）通过教学视频和课外阅读及作业开阔学生视野

由于本课程讲授的环境科技一直处于日新月异的过程中，因此在授课过程中如果仅仅局限于现有书本的内容，势必不能跟进现在的环境治理技术。针对于此，主讲教师尽量通过长期搜集和积累的国内外环境保护相关资源，在教学中为学生提供最新的环境科技教学视频，并提供一定的课外阅读材料，以帮助学生在

课外涉猎更多的前沿科技知识，从而更好地开阔视野。

三、结语

国无德不兴，人无德不立。教育是国之大计，思想政治教育应当贯穿教育教学全过程。由此当前的高等教育应在传授课程知识的同时融入思想政治教育，使课程思政同高等教学协同推进。通识教育旨在拓宽学生的知识储备、开拓创造性思维，搭建跨学科平台，全面提升其综合能力和素质。通识教育与课程思政无论就其培养目标还是推行实践方面而言都很好地契合了培养新时代高素质人才的需求，因此两者的协调推进是必要的也是切实可行的。本文借助浙江财经大学环境保护与可持续发展这一课程，解读了如何在传授课程知识的同时将思政要素加以有机融通，在潜移默化中对高校学生进行教书育人的协同并进，从而培养出具有生态发展理念和整体思维的高素质人才。

参考文献

[1] 王天民，闫智敏．思政课程与课程思政协同运行：理据、契机与对策 [J]. 教育与教学研究，2020，34(6)：39-47.

[2] 宋美超．协同育人视角下思政课程与课程思政的融合与创新 [J]. 湖北开放职业学院学报，2020，33(10)：18-19.

[3] 陈丹，褚琳琳，邵光成．基于课程思政的工程经济课程教学改革探讨 [J]. 教育进展，2020，10(4)：414-419.

[4] 林怡．基于“思政课程”和“专业课程”改革的高校课程思政建设 [J]. 人文之友，2020(5):81.

[5] 庞国楹，等．课程思政融入概率论与数理统计课程教学的探索与实践 [J]. 教育进展，2020，10(2):104-109.

[6] 雷艳萍．自媒体时代思政课程走向课程思政的必然性研究 [J]. 百科论坛电子杂志，2020(2):824-825.

[7] 李薇．互联网思维下思政课程与课程思政协同育人机制研究 [J]. 成都理工大学学报（社会科学版），2020，28(3):48-55.

[8] 李超琼等．课程思政背景下分子生物学课程思政元素教学探索 [J]. 教育教学论坛，2020(37):68-69.

[9] 蔡静，张艳．高校思政课程与课程思政协同育人模式探析 [J]. 兰州文理学院学报（社会科学版），2020，36(3):35-39.

[10] 董强．课程思政在通识教育改革中的目标实现与路径探析 [J]. 江西科技师范大学学报，2020(3):123-128.

[11] 柳叶，胡佳杰，张胜威 . 自然科学课程思政的教学探索——以微生物学为例 [J]. 微生物学通报，2020，47(4):1168-1177.

[12] 李亦文 .“中外文学鉴赏与写作”课程思政示范教学探索 [J]. 科教导刊 ,2020(6): 146-147.

[13] 李扬 . 新时代医学院校课程思政与思政课程同向同行探究 [J]. 新丝路 ,2019(18): 206-207.

[14] 李艳午 . 基于课程思政的大学数学课程体系重构 [J]. 芜湖职业技术学院学报，2019，21(1): 1-3.

[15] 汪宜敏，袁旭音，李一平等 . 基于“课程思政”的环境经济学课程教学改革 [J]. 创新教育研究，2018(06): 487-490.

[16] 王继芬 . 立足课堂教学，提高通识化学课程育人效果 [J]. 创新教育研究，2018(5): 393-397.

[17] 聂迎娉，傅安洲 . 课程思政：大学通识教育改革新视角 [J]. 大学教育科学，2018 (5) :38-43.

[18] 王春兰 . 高校思政理论课与通识教育课程良性互动机制的构建——基于系统论的思考 [J]. 社科纵横，2013(2): 157-159.

[19] 高玉琼 . 环境生物技术课程思政教学探索 [J]. 教育教学论坛，2020 (36) :63-64.

[20] 王慧，张芸香，郭晋平 . 形成性考核在“课程思政”教学效果评价中的应用研究——以高校城市生态学课程为例 [J]. 高教学刊，2020(29):178-180.

面向公共管理大类本科生的城市学导论课程教改初探

◎王萌[1]

摘　要：城市治理体系化和治理能力现代化是新型城镇发展和高质量城市发展的重要途径，也是公共管理进程的重要一环。本文从现今公共管理领域城市治理人才的培养要求的分析出发，对城市学导论课程的内容架构和教学方式进行了探讨，提出了体系化的课程内容和多样式的教学方法，以促进公共管理大类本科生的城市治理思维和实践能力的培育。

关键词：城市治理；公共管理；城市学导论

一、公共管理领域城市治理人才的培养要求

随着我国城市的快速发展扩张，城市问题愈加凸显，亟须探索新型城市治理体系和模式。中共十八届三中全会通过的《关于全面深化改革若干重大问题的决定》，提出了“完善和发展中国特色社会主义制度，推进国家治理体系和治理能力现代化”的改革目标，也为城市治理体系和治理能力建设指明了方向。2014年新型城镇化的国家战略提出；2015年，中央城市工作会议明确提出了“促进城市治理体系和治理能力现代化”的要求，城市治理成为公共管理领域的重要方向。我国城市发展已然进入高质量发展的阶段，而城市治理的工作呈现出复杂、繁重、琐细的特征，这也对城市治理相关人才培养提出了严峻的挑战。

城市作为特殊的公共品，是公共管理的主要对象。而城市作为人类公共活动的主要空间和场所，是公共管理建立和实施的重要载体。为面向国际的复杂形势和我国城市的发展趋势与需求，对城市管理和治理的人才培养与教育提出了几点主要要求：

第一，复合型管理人才。城市本身具有巨系统特征，生产、生活和生态空间

---

①王萌，浙江财经大学公共管理学院讲师，博士，研究方向为城市管理。

在此交叉融汇，人口密集，活动聚集，在其空间之上又承载了多方功能——社会、经济、政治和环境，土地、人口、住房、交通、市容等多方面问题叠加交会，城市管理活动多方多元参与，因此对体系性管理思维和综合性管理方法提出了较高要求。

第二，现代化管理人才。一方面，伴随着人类社会发展进展，城市的动态发展性使其不断涌现新鲜事物活动以及新的城市特征，需要现代化的思维及时应对新的挑战，适应新的环境。例如近几年出现的共享经济，如共享单车等为城市民众带来了新的出行方式，也为城市管理带来了前所未有的问题，传统的交通管理思维并不适用于这样的新兴出行方式，需要探索新的管理方式。另一方面，由于城市的快速扩张和延伸，城市体量越来越大，出现了愈来愈多的巨型和特大城市，需要更加多样的数据、精准和复杂的模型计算方法分析城市问题，模拟城市现状和发展趋向，为快速的城市决策提供基础。数字化技术的革新也为城市管理提供了更加丰富和先进的管理手段。因此，需要基于大数据获取、多样性数据分析处理流程设计和数据建模等技术的专业现代化城市管理人才。

第三，法治逻辑的管理人才。在依法治国和法治社会的框架下我国城市治理的三大支撑点之一为依法治市，所有城市的管理制度和措施只有在法律的框架下构建实施，才能够保障管理治理工作的有效、顺利进行。这要求城市管理工作人员对法律制度有基本的认知和理解，并且拥有法治逻辑思维以对待城市治理工作。

第四，人性化情怀的管理人才。城市建设和城市管理以人为本，只有围绕以人为本的核心，城市生活才更加美好，并推动社会的和谐发展。儿童友好城市、老年友好城市、包容城市、柔性执法的提出和推进，都标志着人性化思维和情怀在城市管理治理工作中的重要性。

二、基于公共管理视角的城市学导论课程内容设置

城市学导论课程是面向公共管理大类学科大一学生的选修课程，目标在于让公共管理专业学生对城市的特征、结构和管理方式有基本的认识，以及系统的了解和理解，并激发学生对城市的兴趣，对城市现象的观察敏锐度和思考。而目前现有的教材鲜有对城市整体以公共管理的角度进行系统的介绍、梳理，因此，对于该门课程的教学内容设计，笔者有几点思考：

（一）城市基本要素的认识

在课程之初，应让学生了解城市的体系构成以及不同构成要素之间的关系。因此，可以城市历史进程和形成过程为开篇导入，之后逐一以人口、土地、住房、交通、市政设施、公共服务设施（医院、学校等）和环境（包括市容环境）

为主要内容，简要介绍各要素的特征，以及其在城市中的空间位置和承担功能，对城市发展的影响等。之后将各要素内容进行整合，分析各要素之间的关系，以及如何共同构成城市，并辅之以空间感观。

（二）城市结构体系的认知和理解

作为城市学导论的重要章节，城市结构应从宏观着手，逐渐向微观深入。开篇可承接上一章节内容，从城市规模的内容引入，基于人口要素分析城市在城市体系或区域中的规模等级，以及人口特征的空间、行政和社会意义。从人口规模可引入对城市发展趋势和现今城市问题的探讨，比如城市人口缩减和经济萎缩带来的收缩城市现象，其在发达国家的表现以及这些国家的应对策略和启示，我国收缩城市的异同点、趋势判断以及对策探索等，从而从公共管理的角度对城市治理进行思考。其后，依次介绍城市体系和城市网络，其特征以及主要的治理维度；区域级别的城市群—都市圈，以我国三大城市群为代表，进行国内外竞争力比较分析；大都市区，以城市增长管理为例，引入城市管理政策、城市增长边界的规划、政策可行性和影响进行探讨；城市以及城市内部，包括城市中心、新城、城乡接合部等，分析城市中心和新城建设的关系，讨论城市中心衰退及新城的再开发，旧城改造不同治理模式，新城大规模扩张造成的“鬼城”“空城”问题，城乡接合部城中村管理问题等；城市的基本构成单元；城市基本单元城市社区，包括城市社区的行政性和社会性特征，探讨封闭社区与开放街区的利弊，未来社区的设想和方向，社区活动中公众参与的治理方式，等等。最后，从城市的纵向层面进行系统梳理总结，让学生获得对城市的总体完整认知。

（三）城市公共管理专题

此章节为基于前两章基础知识的深入分析和探讨。可选取城市住房、城市交通、城市市容环境、城市绿地公园、城市基础设施等领域，结合前面的知识要点，从不同层次介绍这些领域的普遍挑战和难点，以及管理的维度和要点，以国内外具有特点和比较成功的城市为案例，对其治理方法措施、管理体系和组织构架的介绍，并提出思考题，拓宽学生的国际视野，激发学生对我国城市相关问题的思考，以及这些管理模式在我国城市的借鉴性和可行性的探讨。

（四）城市学前沿进展初探

对目前城市管理领域的全球关注、热门和亟须发展的城市管理概念、理论和思路进行简单介绍，并探讨我国城市的发展路径。以紧凑城市、全球或世界城市、新城市主义、韧性城市、海绵城市、智慧城市、包容城市等为专题，每一专题在介绍理论基础之后，以该概念为视角，分析和讨论这些概念在我国城市的适应性和制度政策、法规体系的建立。

三、教学方式的改进

（一）课堂互动式教学

第一章和第二章的教学以课堂互动形式为主，教师对基本知识框架和核心知识点进行讲解，随堂穿插思考题和讨论题，以独立思考、任意讨论和小组讨论的形式组织，以高频度提问的形式激发学生主动思考的能力，并在有限的课堂教学时间内让学生扎实掌握城市知识体系。

（二）学生为中心的展示教学

第三章专题以学生为中心，可以让学生在某个专题领域，自选案例进行结构化展示，并自行组织问题设置、课堂讨论（以无领导小组讨论为主）和反馈，教师以点评和辅助的角色参与，并进行最后的总结和梳理。以此培养学生的自主学习能力，包括信息搜集、资料整理和问题提出归纳的表达能力。

（三）实践教学

另设置两次左右的实践实习教学活动。一次以城市观察为主，挑选城市中契合某一专题内容的案例地，带领学生以分组的形式，以某一主题，进行现实观察和调查。例如，以城市更新某项目地为实践地点，让学生对其更新实效或者影响进行调查分析并展示，培养学生自主发现问题和观察敏锐度。另一次以管理实施探查为主，以某一城市管理参与方的工作地点为调查地，对其管理方式进行了解和分析。例如，数字化城市管理中的“城市大脑”所在的智慧城市管理中心，或者社区组织，或者城市垃圾分类管理中的第三方公司等，以此建立学生对城市管理工作的实际感受以及工作方式改进的思考。

四、总结

城市治理在公共管理领域逐渐占据重要一隅，城市的快速化发展和其系统的复杂特性，带来城市治理和管理工作的广度和难度。这都对城市治理人才的培养提出了较高的要求，现今城市发展亟需复合型、具有现代化思维和技术手段、法治逻辑和人性化情怀的城市管理治理人才。因此，城市学导论作为培养该类人才的基础入门课程，需深入浅出、由浅入深的综合体系阐述城市学知识体系，并让学生能够接触到前沿热点城市问题和思想，从而激发其对因地制宜的城市制度政策的思考。本文对该课程的内容和教学方法进行了初步设想和探索，课程内容主要包含城市基本构成要素的概论、城市结构体系的深入理解、城市专题的讨论及城市前沿思想的认知，教学方式主要包括互动式课堂教学、以学生为中心的展示教学及实践实习活动式教学。以此培养学生对城市的综合体系认知、国际化前沿视野及独立分析思考能力，为新型城镇化和高质量城市发展的国家目标和战略提供专业化服务人才培养基础。

参考文献

[1]孙涛.高起点、国际化的城市管理专业建设[J].城市管理与科技，2016(5)：12-14.

[2]胡佳.面向创新创业能力培养的城市管理专业课程体系改革探索[J].教育教学论坛，2018(4)：111-112.

[3]彭黎君，向铭铭，喻明红.以实践为导向的城市设计课程教改探索[J].教育教学论坛，2020(37)：168-169.

面向卓越公务人才培养的公共管理学课程教学机制创新与实践

◎宋晓清[①]

摘　要：针对公共管理本科课程教学中存在的授课视角单一、学生学习主动性不够、教学内容前沿性和实践性不足等问题，本文基于浙江财经大学本科课程公共管理学中的教学改革经验，提出按照“教材革新＋机制创新＋数字赋能”三位一体创新的思路，开展对公共管理类课程进行改革的方法与路径，并按照“两性一度”的“金课”标准，分析了教学改革在提升教学理念、教学机制和技术方法等方面所取得的成效和下一步继续深化改革的方向。

关键词：教学改革；教学机制创新；公共管理学

一、教学改革背景

为适应新时代本科专业建设的新要求、新定位，浙江财经大学公共管理学院行政管理系坚持“以本为本”，以学生为中心，提出以培育掌握财经行政管理前沿理论，具有政策分析与制度创新能力、国际视野与本土意识、公共精神和家国情怀的卓越公务人才为目标，构建并依托生态型公务人才培养体系，努力打造国内重要的财经行政人才培养高地。

围绕卓越公务人才培养方案，行政管理系按照“专业素养、知识体系、实践能力”三大培养要求，打通课堂内外的教学环节，将课程教学、课外专业阅读、项目研究、学科竞赛、考研（出国）就业辅导等活动有机结合起来，形成全流程人才培养生态链。在此背景下，传统的专业课程面临着教学方式转型的压力，同时也获得了改革创新的空间，部分公共管理学科、行政管理专业的核心课程先行开始改革。其中，本科课程公共管理学的教学团队，聚焦传统课程教学中

①宋晓清，浙江财经大学公共管理学院讲师，博士，研究方向为公共事务管理。

的痛点难点问题，按照“高阶性、创新性、挑战度”的金课标准，积极探索课堂教学机制创新，在激发学生学习主动性、提升教学和人才培养效果方面取得了一定的成效。

二、公共管理学课程的基本情况

（一）公共管理学课程设置的基本情况

浙江财经大学公共管理学本科课程设置于 2001 年，一直是行政管理、公共事业管理等专业的主干必修课程。2018 年，学校进行本科大类培养分流改革后，本课程被列为公共管理类各专业的学科必修课程，同时被财政学、税务等专业列为专业选修课程，每学年的教学任务都有十多个教学班，修读本课程的学生达到 300 人次 / 年以上。

（二）公共管理学课程的定位

经过学校和公管学院教学委员会认定，教学团队将公共管理学定位为面向公共管理学科各专业及财税等相关专业本科生的专业基础课，其教学目标为：通过课程教学，帮助学生建立公共管理学的知识体系，包括基础概念、理论架构、思维模式和发展新动态；培养对当代公共管理实际问题的认知、分析和决策能力，学会运用公共管理学的基本原理和方法分析和处理公共管理中的实际问题；形成公共管理学的专业视角，让学生能够从公共管理的视角去看待、理解国家政策和经济社会现象，提升学生认知格局与思维能力，培养学生公共管理的中国关怀与国际视野。

（三）公共管理学课程的特点

公共管理学本科课程在教学内容和安排上具有以下三方面的特点：

多学科视角的交叉融合。公共管理学课程需要运用公共管理学、管理学、经济学的一般原理来解释公共管理活动中的各种现象；需要以相关法律法规为基础来介绍政府管理的制度安排；需要运用公共管理学、行政学、经济学的知识来分析政府管理的体系、流程和操作实务；需要用政治学、社会学理论来分析政府管理的过程。总之，公共管理学课程涉及经济学、管理学、法学、政治学、社会学等社会科学主要学科的原理、知识和视角的交叉融合。

理论与实践的密切结合。公共管理学课程既要讲解有关公共管理学的基本概念和一般原理等理论知识，也要介绍公共管理全过程涉及的制度、程序、方法、手段等实践操作知识。这就要求学生不但要掌握有关公共管理理论和实践的系统知识，而且要将两者融会贯通，形成综合分析、思考和解决问题的能力。

发展性和前沿性。一方面，我国公共部门正处于深化改革的过程中，几乎每年都有相关的改革举措颁布执行；另一方面，国内外学术界有关公共管理的理论与方法也在持续发展，国家治理、社会治理、“放管服”改革、数字政府等公共管理的新理念、新思想不断被提出。面对公共管理实践领域的改革和学术领域的发展，需要不断更新公共管理学课程的知识体系，积极引导学生去探索公共管理领域的改革进展和学术前沿。

三、公共管理学课程传统教学中存在的问题与原因分析

（一）公共管理学本科课程教学存在的普遍问题

由于公共管理学课程的特点，这门课程的教学难度较大，对任课教师的知识结构和授课水平要求较高，同时也要求学生必须投入较多的学习时间。如果采取传统的以教师讲课为主的“灌输式”教学，一方面，教师受限于知识面，一般只能从自己所学专业或较为熟悉的一个或两个学科视角来讲解；另一方面，课程涉及大量知识性内容，靠教师单方面的讲解灌输，较难引起学生的兴趣，影响到学生对课程的投入程度。因此，在公共管理学本科课程的教学中，授课的学科视角单一、理论与实践知识脱节、缺乏对学生的能力培养以及教学内容较为陈旧等问题较为普遍。

（二）浙江财经大学公共管理学本科课程教学存在的特殊性问题

针对上述问题，浙江财经大学行政管理系基于多年来在公共管理学本科课程的教学实践经验，结合课程的特点，采取了案例教学、课堂辩论、专题讲座等多种形式的教学方法改革，取得了较好的改革成效。但是，受限于师资结构、授课人数、教室硬件设施等主客观原因，公共管理学本科课程的教学效果距离理想状态依然有一定差距，主要体现在以下四个方面：

一是难以针对不同专业背景的学生因材施教。选修公共管理学本科课程的学生涵盖了行政管理、社会保障、城市管理、土地资源管理、财政、税务等专业。在传统的教学模式下，难以将学生按专业分成人数较小的教学班，由不同专业背景的教师分别讲授，因此很难对不同专业的学生开展差别化教育。

二是学生课外学习投入不够。公共管理学本科课程涉及大量有关公共管理学的概念、原理和知识。要真正对其进行系统掌握，除了需要教师的细致讲解外，还需要学生在课外投入较多的学习时间。在传统的讲授式教学模式下，学生对知识的学习较为被动，以听讲、笔记和考前复习为主，缺乏自觉自发的学习。尽管教师可通过发布课前预习材料、布置作业、提供课后拓展阅读资料等方式引导学生，也能对部分学生起到一定作用，但是能够调动所有学生投入学习的机制仍较为缺乏。

三是对学生综合能力的训练不够。公共管理学本科课程的教学不仅应让学生掌握相关的系统知识，还要培养学生提出问题、分析问题和解决问题的实际能

力。在教学过程中，由于学生课外学习投入的不足，教师需要花费较多的课堂时间用于课程知识的讲授，余下用来培养学生综合能力的课堂讨论、互动等教学环节的时间相对较少。此外，目前在教学中所布置的课程论文写作等课后作业，虽然在理论上也能培养学生的综合能力，但由于教学班人数较多，教师很难对每位同学的论文做十分细致的指导，也影响了这种教学方式实际效果的发挥。

四是难以有效引导学生关注公共管理学前沿问题。针对公共管理领域改革实践和理论研究的新进展，课程教师在更新讲授内容方面做了一定的努力。然而，由于许多公共管理的改革实践仍处于探索的过程中，许多公共管理学的前沿理论也往往具有较大争议性，因此一般不列入最终考试的内容。因此，教师对前沿问题的介绍虽然能引起部分学生的学习兴趣，但对大多数以通过考试、取得高分为目标的学生而言，由于其不属于考试范围，较难调动其学习的兴趣。

四、公共管理学课程教学机制的创新与实践

（一）教学改革拟解决的问题

教学团队将拟解决的问题主要聚焦于在既有的教学制度、教学条件、教学班规模等约束条件不变的情况下，如何通过课程教学机制的设计，充分调动学生对公共管理学课程的学习积极性，从而更为有效地实现课程专业知识传授、学生综合能力训练和现实、理论关怀培养等教学目标。

（二）教学机制创新的思路

教学团队综合借鉴国内外教学实践中的新方法新理念，通过构建“1+3+1”教学机制，对学生的学习组织机制、课堂教学机制（包括“知识学习”“能力训练”“前沿探索”三个教学环节机制设计）和课程考核机制进行线上线下混合教学机制重新设计，增强教学互动性，调动学生学习的主动性。

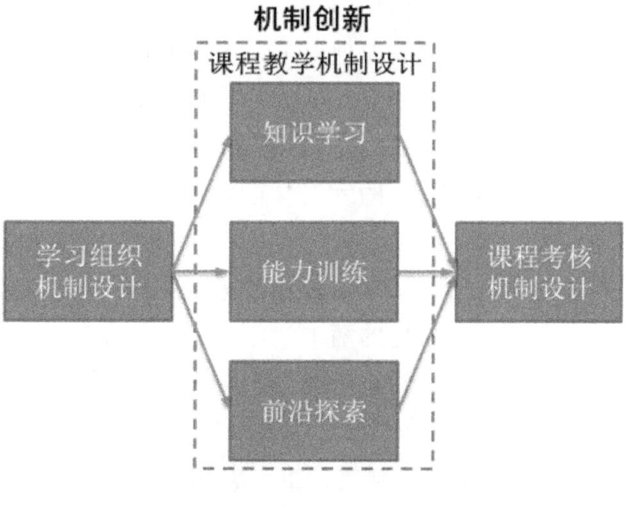

图 1　公共管理学课程机制创新的基本思路

（三）“1+3+1”课程教学机制创新

教学团队结合公共管理学课程的特点与教学目标，将课程主体教学活动分解为“学习组织”“课堂教学”“考核机制”三大模块，通过机制创新与有机组合，推进课程教学、完成教学目标、提升教学效果。

在学习组织模块，引入基于“角色扮演”的学习组织机制。其机制设计理念是引入“角色扮演”教学法，让学生进入某类公共部门主体的角色定位，通过与扮演其他组织角色的互动，体会不同主体在不同专业、学科视角下对公共管理的认知和理解。具体的做法是将每个教学班平均划分为若干组，分别担任国家机关组织（人大、中央政府、地方政府、职能部门）、事业单位、社会组织、企业等主体。通过这一机制设计，可以在组织形式上突破大班教育的局限，更好地开展案例教学、讨论等互动式的课堂教学活动；以小组作为课外学习的基本单位，让成员相互督促、探讨、互助学习，为差异化教学和多学科融合创造组织条件。

在课堂教学模块，将其分为知识学习、能力训练、前沿探索三个教学环节，每个教学环节由一个教学机制来支撑，分别是：

基于学生自主命题的知识学习环节教学机制。其机制设计理念是通过学生自主出题、课堂自主测验等方式引导学生的自主学习。其具体做法是在前一次课中，教师公布下次上课内容要讲的知识点；要求事先安排到的小组在课后根据知识点出客观题（单选题、多选题、判断题），并给出标准答案；出题小组每周轮流，要求没有轮到出题的学生根据知识点做好课前预习。正式上课时请出题组代表上台，由教师在其他小组同学中随机抽取学生答题，并记录问答的正误情况，作为计算各组在本周知识学习环节团队成绩的依据。教师针对知识点中的重点和难点进行讲解，公布下次上课内容要讲的知识点，并安排好下一组的出题工作。通过这一机制设计，可以有效引导学生通过课外自学掌握课程的基本知识点，让学生对课程知识体系有更为全面巩固的掌握。随堂检验学生对知识点的掌握程度，让教师可以在课堂上有的放矢地讲解课本中的难点重点，提高授课效率。

基于无领导小组讨论的能力训练环节教学机制。无领导小组讨论是一种采用情景模拟的方式进行人才评估的技术，一般会设立一个主题而不指定讨论的主持人或领导者，参与讨论的人就主题发表各自的观点，既可以是竞争性的辩论，也可以是合作式的达成共识。将这一形式引入教学中，主要是要培养学生对公共管理的现象、问题进行分析、思考和陈述的综合能力。该机制的具体做法是：教师提前公布讨论主题，要求轮到的两个学习小组进行准备。正式上课讨论时，请学习小组成员上台讨论，每人轮流限时发言，最后派一名代表作总结陈述，要求两组学生从所在组代表机构的立场、视角来发言。两组同学讨论完毕后，由不参加讨论的小组同学举手表决，判定各组对主题的贡献度。教师记录投票结果，作为计算各组在能力训练环节团队成绩的依据，并对整个讨论进行总结点评，同时公布下次课讨论主题。通过这一机制设计，可以确保所有的学生都有参与课堂讨论的机会，引导学生综合运用所学知识来分析、思考公共管理领域的问题，让学生体会在公共管理领域不同主体和不同学科视角下的观点异同，培养学生多维度思考的能力。

基于文献阅读的前沿探索环节教学机制。在这一环境，运用案例教学和专题讲座等教学方法，让学生了解公共管理领域最新的改革动态和理论前沿。其具体做法是：在前一次课中，教师公布下次课的案例或讲座主题，并发放相关的文献资料让学生课后研读，做好笔记，准备发言。上课时由教师先做引导式发言或介绍，内容主要包括公共管理实践方面的典型案例、公共管理改革进程中相关法律法规政策的解读、公共管理研究领域的新进展等。之后，教师和学生开展互动讨论，并记录学生发言情况，作为学生个人平时成绩的依据之一。通过这一机制设计，可以有效增加学生对公共管理文献、资料的课外阅读量，为学生提供更多的学术探讨与交流机会，进一步激发学生对公共管理问题的兴趣。

在考核机制模块，引入选择性激励机制，将课程考核分为两部分：平时成绩占40%，其中，知识学习环节的个人成绩为10%，根据课前抽查学生预习情况评分，学习小组团队成绩为10%，根据各小组在能力训练环节的讨论情况评分；个人成绩为10分，根据个人考勤和个人在前沿探索环节的讨论情况评分；期末考试成绩占60%，申请为开卷考试，其中客观题选自学生在知识学习环节的自主命题，主观题出自能力训练和前沿探索环节的案例、问题和讨论主题。通过激励机制的合理设置，确保课堂教学各环节的顺利实施，避免学生在团队学习中出现“搭便车”行为，引导学生调整学习动机，从“为考而学”转变为“为学而考”，激发其内生学习动力。

五、改革成效与局限性

从整体成效上来看，此次教学改革形成了满足不同层次、专业学生学习需要的公共管理学课程教学新模式，提升了教学内容的前沿性，激发了学生的内在学习动力，有效实现了“知识传授、能力培养、前沿探索”的课程教学目标（见图2），按照“两性一度”的“金课”标准，课程在教学理念、教学机制与技术方法上都有较大提升。

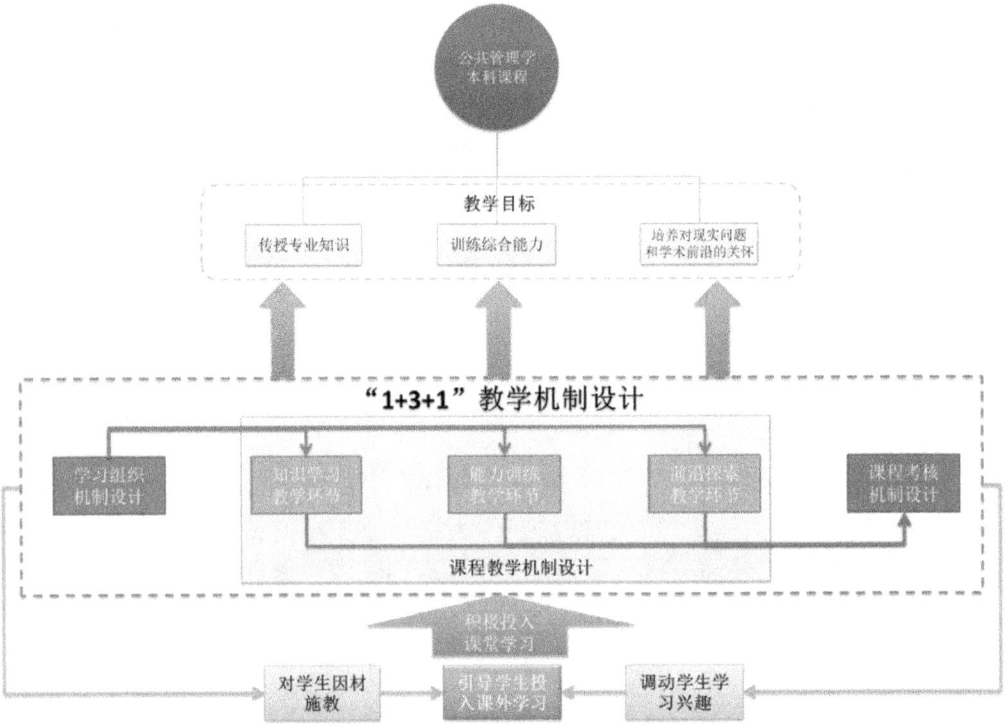

图 2 “公共管理学”课程教学的教学目标

课程的高阶性体现在教学内容具有前沿性，实时反映当前公共管理学的理论与政策动态；培养目标的高层次，对标卓越公务人才的培养目标，着重对学生的思辨、沟通和决策能力进行培养。课程的创新性体现在教学组织形式的互动性，既有线上线下的互动，也有师生和学生间的互动；教学机制的集成式创新，将翻转课堂、案例教学、无领导小组讨论、学生自主命题等多种教学理念和方法整合融入课程中，发挥机制间的协同效应。课程的挑战度体现在：教学内容的专业定制性，针对不同专业学生的培养需求，在基础知识结构统一的前提下，调整教学内容的侧重点，定制公管类、财税类专业的教学方案；教学过程的双向性，借助思维导图、线上平台和相关教学机制，促使学生变被动接受知识为主动探索、辨析知识，形成自己的知识体系；教学考核的综合性，教学考核方式既有个人考核也有小组考核，既有书面考核也有综合考核，并且将学习的主动性、协作性和探索性纳入具体考核指标。

公共管理学课程教学改革依然处于探索与试错阶段，还面对不少问题与挑战：在教学内容方面，培养卓越公务人才是一个动态化的目标，随着改革深化与技术进步，数字治理、整体型政府构建等公共管理领域的新知识、新实践、新技能还将不断涌现，传统教材的修订与更新频率越来越难以匹配，需要及时启动新形态教材建设、加快迭代；在教学机制方面，新机制的有效运转需要教师和学生投入更多的时间精力；在教学业绩评价、绩效激励、师资引进与培养方面，有必要完善相关配套政策，调动教师和学生的积极性，建立起长效保障机制，方可让教学改革可持续。

参考文献

[1] 曾文婕，周子仪，刘磊明. 怎样设计“以学生学习为中心”的大学翻转课堂[J]. 现代远程教育研究，2020,32(5):77-85.

[2] 母小勇. 一流本科教育：培养目标与实现路径[J]. 中国高教研究，2020(7):33-39.

[3] 许祥云，张茜. 从本科与研究生教育共存度看一流本科专业建设——基于2018年卡内基高校分类数据的研究[J]. 中国高教研究，2020(7):40-46.

[4] 韩筠. 以在线课程为重要抓手，促进一流本科专业建设[J]. 中国高等教育，2019(18):26-28.

[5] 张萍，张文硕. 翻转课堂的理念、演变与有效性研究[J]. 教育学报，2017,13(1):46-55.

[6] 李燕凌. 公共管理教学中案例教学法的理论与实践研究[J]. 高校教育管理，2016,10(2):103-110.

[7] 唐德龙. 行政管理专业管理学课程开展启发式阅读与研究型教学的思考[J]. 教育理论与实践，2015,35(12):47-48.

[8] 林闽钢，高传胜.“三三制”教改下公共管理类本科人才培养模式的探索[J]. 中国大学教学，2014(10):41-44.

[9] 李燕凌，胡扬名，张云英，等. 培养公共管理类卓越农林人才的实践教学基地探索——以湖南农业大学为例[J]. 高校教育管理，2013,7(4):30-34.

[10] 张金磊，王颖，张宝辉. 翻转课堂教学模式研究[J]. 远程教育杂志，2012,30(4):46-51.

实践教学篇

SHIJIAN JIAOXUE PIAN

城市管理专业实践教育模式创新与思考①

◎杨雪锋② 谢凌③

摘　要：改革现有城市管理专业的实践教育模式十分必要。浙江财经大学城市管理专业在实践教育基地建设方面，以校政合作为抓手，全方位开展合作，夯实合作基础，创新实践教育模式，初步收到良好的效果。

关键词：城市管理专业建设；实践教育；校政合作

随着中国经济的发展，大型国际活动频繁在中国举行，对城市管理综合性专业人才需求也不断增加。通过参与服务国际、国内重大活动培养城市管理专业人才，是对传统人才培养模式的突破，必将为城市管理专业的建设积累宝贵的经验。杭州确立了建设“世界名城”的发展目标，并提出国际化方向，城市管理将迈上更高台阶。接踵而至的国际、国内重大活动对城市管理提出更高要求，对城市管理保障提出新任务，也为我校城市管理专业人才培养尤其是实习实践提供了新机遇。

城市管理专业是一门实践性很强的专业，本科生人才培养如何体现实践性要求是业界普遍关心的话题。浙江财经大学城市管理专业充分利用杭州市打造“世界名城”的历史机遇，抓住各种合作机会，全方位开展校政合作，改革实践教育模式，为实践型人才的培养探索出新途径。

---

①基金项目：浙江省教育科学规划课题“基于城市重大活动的城市管理专业实务课程群改革研究”（2017SCG201）。

②杨雪锋，浙江财经大学公共管理学院教授，博士生导师，研究方向为城市管理。

③谢凌，浙江财经大学公共管理学院研究生。

一、创新实践教学模式的重要意义

（一）创新创业型人才培养模式的新探索

培养大学生的创新精神和创业能力是落实素质教育、培养高质量应用型人才的重要体现，加强大学生创新创业能力培养可以实现大学生自身的可持续发展，符合如今“大众创业，万众创新”的新趋势。改革实践教育模式和实践教学方式既是教学实践的需要，也是实践教学理论创新的需要。

（二）城市管理实践教学范式改革的新举措

实践教学改革的基本点就在于打破各门课程的分割，脱离条条框框的知识堆，通过综合能力的实践得到知识、能力的拓展和延伸，真正达到学以致用，知行结合。在学生实习过程中，城市管理专业任课教师全程跟班指导，利用业余时间将课堂教学的多门实务性课程的学习任务布置给学生，让学生在实践中运用理论、掌握理论，并用理论学习更好地指导实践。

（三）以人才培养为中心的校政合作领域的新拓展

杭州城市管理将接轨国际，城市管理面临体制改革、品质提升、队伍建设等重大形势变化和发展要求。这种发展态势为我校城市管理专业开展实践教学提供宽广的舞台。在联合开展人才培养的基础上，校政双方还将在实习基地常态化建设、学术交流及课题合作、执法局专家进校园、执法管理人员业务培训、毕业生就业等方面开展更为广泛的合作。

二、实践教育改革的合作基础及主要成绩

（一）形成了集群化、网络化、协作化的校外实习基地群

浙江财经大学城市管理专业与杭州市城市管理部门有着长期、稳定的合作关系，杭州市城市管理委员会所属职能部门、各直属单位、市辖多个城区城管局、街道办事处都能够为课程实习提供便利条件。学校建立了以杭州市城市管理委员会为主体、覆盖全市 9 个城区（管委会）城管局、50 多个街道办事处的实习基地网络体系。学生参与城市管理实践已形成常态化机制，有机会参加城市重大活动保障辅助性工作。该校城市管理专业学生参与 2016 年 G20 杭州峰会保障工作，积累了丰富的经验。特别是在迎接 G20 杭州峰会期间，城市管理专业学生参与峰会保障工作，在西湖景区城管执法局，进行长达半年的城市管理实习，取得了丰硕成果，积累了丰富经验，探索出了持续双赢的合作新模式。

（二）建立了持续性、常态化、全方位的政产学研用协同创新机制

该校城市管理专业与杭州市城市管理部门开展全方位合作，并利用实习基地平台，实现两个转化：学术成果向实践应用转化，科研成果向人才培养转化。教师为城市管理建言献策，提供咨政报告和政策建议，研究成果转化为教学素材，

指导学生更好地掌握专业技能，推进政产学研用协同创新。三年来，城市管理专业教师承担完成相关合作项目10余项，完成杭州市政府重点课题招标项目“杭州市城市管理‘十三五’规划编制研究”，其研究成果已由杭州市政府作为政策文件发布，且目前正在承担“十四五”规划编制项目，完成杭州市及各城区委托的城市管理课题丨余项。在课题研究过程中，大量吸收优秀研究生、本科生参与其中，包括问卷编制、调研开展、数据处理、论文撰写等工作，让学生在研究中掌握科研方法，提高学术素养。

（三）打造了开放式、交互性、多维度的校政资源共建共享合作共同体

该校公共管理学院利用校政合作纽带多角度地开展共建活动，包括师资共建、支部共建、基地共建等。（1）城市管理专业开展教师“双进双培”，“双进”即基地精英进课堂，专业教师进基地，“双培”即培养专业教师的实践教学能力，培养实习导师的理论素养。具体措施：到有关政府部门或基层管理机构“挂职”“兼职”；鼓励教师参与基地的课题调研和管理咨询工作；将教师的实践能力训练纳入基地建设计划，建立教师在基地顶岗锻炼的规章制度。（2）党建方面，学院党委开展“双师双行”活动，该活动入选全省高校思政辅导员工作精品项目（全省仅5项），入选全国高校“两学一做”支部工作案例优秀作品（全国仅30项）。支部共建方面，校政双方利用各自教育资源交互式开展党员教育活动，教师学生党员到实习基地参加志愿活动，实习单位党员到校园参观学校教育设施，听讲座，做交流。（3）杭州市城市管理部门定期开展专家交流会，邀请该校城市管理专家建言献策，征求城市管理在落实“四问四权”方面的意见建议。双方从平台共建到资源共享再到建设成果的共享，实现双赢，进一步巩固了合作关系。

三、以人才培养为中心，以实习基地为平台，探索城市管理专业实践教学创新模式

按照“请进来，走出去”的要求，充分挖掘实习基地教育资源，开门办学，用实践来丰富城市管理理论教学。

（一）设定主要目标

1．课程教学学习目标

主要在知识体系、能力结构、素质培养方面实现新提高。掌握管理学知识和专门的业务知识，培养与人沟通协调的能力和对人、财、物合理配置的能力，培养具体业务问题的处理能力，培养发现、识别、化解问题的能力及创造性开展工作的能力。培养学生具备“一基双能”（掌握城市管理基本理论，具备城市运行管理能力和实操技能）的素质结构。

2．师资队伍建设目标

包括专业教师队伍和相对稳定的实习指导老师队伍。培养理论基础扎实、实践能力较强的“双家双能型”专业教师团队，即“专家 + 行家”“学术创新能力 + 实践操作能力”；通过长期合作、共享发展、互为促进，形成一支富有教育教学经验、社会责任感强、业务技能娴熟的实习指导教师队伍。

3. 实习平台建设目标

以课程实习为切入点，结合新生见习、专业实习和毕业实习以及暑期社会实践、课题调研、社会调查等活动，与实习单位建立密切联系，按照持续性合作、机制化运作、常态化管理的要求建成优质高效、开放共享的实习平台。

（二）创新实践教学方式

在具体的城市管理专业实践教学组织中，主要采取以下方式：

1. 课程实习与专业实习相结合

城市管理专业的学生通过在不同环节的实习和体验，能够把在课堂上学到的理论知识，通过专业实习，融合进实践过程，从而提高自身对理论知识的理解，掌握一些实际操作程序和方法，对实践操作能力和分析能力的提高都有极大帮助。同时学生一些良好的建议也会被城市管理部门采纳，使实践操作与学校教学更加紧密结合。

2. 分批实习与集中实习相结合

分批实习与集中实习各有利弊，适用于不同阶段的人才培养。具体而言，在专业基础教学阶段或是低年级学习阶段，宜安排集中实习。集中实习阶段，由于每天能见面，同学之间能互相交流、沟通彼此对实习内容的心得与体会，从而产生互相促进的竞争意识；分批实习则有利于发挥学生个体的主观能动性，同时在实习内容的选择上，也更具灵活性。两者相结合，互为补充，可以达到实习内容与深度的“点”“面”结合。

3. 轮岗交叉实习与重点培训相结合

轮岗交叉实习是校外实训基地最重要的实践形式。轮岗实践的时间和内容依据不同的实践教学环节而有所不同，应选择合适的岗位交叉实践。重点培训是根据拟轮岗位对专业的实际需要情况，在轮岗之前，对学生有针对性地开展重点培训。培训人员可以是专业教师，也可以是校外引进的有实践工作经验的导师。

4. 专题讲座与课外辅导相结合

对于当前城市管理领域的热点问题，将校外导师请到学校，把他们的实际工作经验及对专业的把握和理解，以大讲堂的形式，传授给学生，使更多的人受益，提高培养人才的速度。同时校内外教师根据自己的特长，不定期地开展相关方面的课外辅导，增加学生理论与实践结合的能力。通过专题讲座与课外辅导相结合，既保证了对本领域研究重点与热点的把握，又兼顾了专业教师的专业特长。

5．专业主干知识学习与专业辅助技能训练相结合

结合实际城市管理工作中存在的问题与挑战，以及对专业主干知识的学习，使学生了解城市建设及综合管理的基本原理、技术和方法，能运用数学统计学方法和计算机技术、计划和控制等管理手段解决城市管理中的问题，从而学会分析和研究城市运行状况；同时也应注重培养专业辅助技术训练相结合，掌握城市规划以及城市土地利用与规划的理论与方法等。围绕改革目标，结合改革内容，勾画出实践教育改革路线（图 1）。

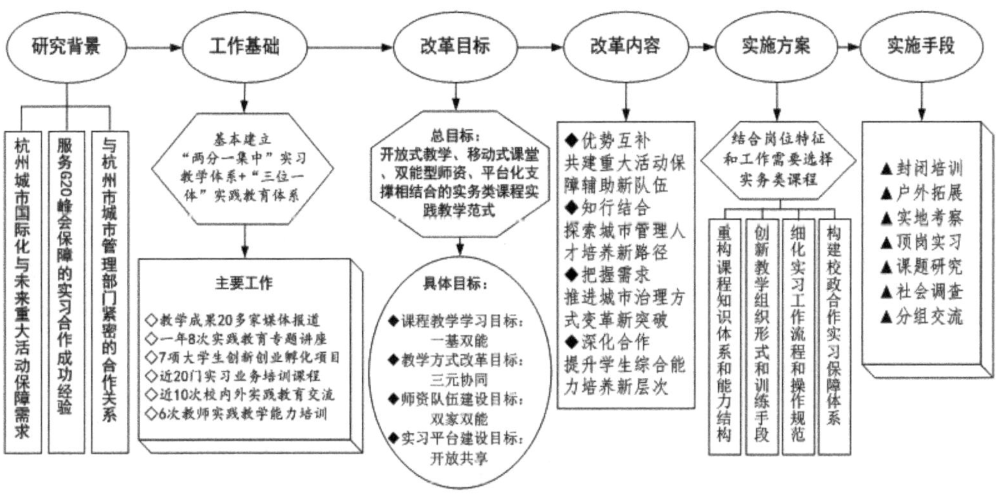

图 1　城市管理实践教育改革路线图

四、特色与创新之处

（一）主要特色

1. 在参与城市重大活动保障中开展实践教学改革

充分利用未来六年杭州进入“后峰会、前亚运”时代、城市管理大提升的历史机遇，把人才培养紧密嵌入杭州市重大活动保障工作之中。浙江财经大学城市管理系与杭州西湖风景名胜区城管执法局在 G20 杭州峰会期间的精诚合作为本课题研究提供了坚实的实践基础，通过课程实习把资源优势转化为人才培养成果。

2. 在集成学校教学资源和凝练专业特色中着力于实践教学

形成本硕博一体化多层次办学体系，涵盖城市规建管一条龙全流程运行管理专业群，构建城市发展、行政管理、公共事业、社会工作等相互支撑的学科群，并组建城市管理专业基础课、技能课、实务课为一体的特色课程群。这些集群化人才培养体系为本次教学改革提供了丰富的教育教学资源。

3. 在统筹校内外实践教育要素中构建特色化实践教学体系

结合各阶段学生特点和学习任务的要求，初步建立“分散与集中相结合”的实践教学体系。大一：开展“专业认知见习”。利用新生入学教育和专业教育，开展集中参观实习基地活动，邀请基地专家做专业思想教育，树立专业认识。大二：集中开展课程实习。根据学生选课情况，按课程内容分组派遣到城市管理、行政执法、城市规划、城市建设等部门开展课程实习。大三：先集中进行专业实习，再分头开展创新活动。在专业实习中探索工作方法，提炼学术问题，学院资助学生“创新创业”项目，把专业实习与创新项目相结合，实现从理论到实践，再从实践到理论的双向转化，真正做到知行合一。大四：集中毕业实习（顶岗实习）。由于专业课程基本上全部修完，比较适合开展城市管理综合社会实践，可以给学生安排合适的岗位，全方位锻炼学生，为其下一步就业做好准备。

（二）创新之处

多主体参与，构建实践教学新格局。全方位开展校政合作、开门办学，全新改造课程、课堂、教师，充分利用参与城市重大活动保障，整合校内外教育教学资源，把实习单位、业内专家引入实践教学环节，参与课堂、课程、教材建设，产生知识集聚效应，构建学生实践能力培养的多主体参与格局。

多途径实践，丰富实践教学新手段。以移动式课堂作为教学改革新载体，通过多种形式、多种手段来达成教学目的：既有封闭培训、户外拓展、实地考察、顶岗实习、社会调查、分组交流多样化教学组织方式，又有模拟操作、承担任务、转换角色、设置情景、深度参与等丰富多彩的活动形式，能激发学生参与热情。

多功能开发，打造实践教学新平台。以课程实习为切入点，结合新生见习、专业实习和毕业实习，以及暑期社会实践、课题调研、社会调查等活动，面向校内外、多专业，发挥课程学习、课外实践、能力训练、素质拓展、就业培训、师资培养等多种功能；与实习单位建立密切联系，按照持续性合作、机制化运作、常态化管理的要求建成优质高效、开放共享的实践教学新平台。

多维度整合，搭建实践教学新体系。围绕实践教学，形成融学科、专业、课程于一体的知识研发、转化、运用、传播集群，实现“政产学研用”协同的校内外教育教学资源集聚，推进点、面、网紧密结合的校外实践教育基地集成，建设集约高效、协同发展的实践教学新体系。

五、需要破解的关键问题及有待改进之处

（一）关键问题

理论教学与实践教学内容的有机衔接与深度融合。课堂的理论与具体的实践内容有明显的差别。如何在实践教学中较好地衔接理论，如何在理论教学中提

前融合实践的需要，是本研究拟解决的关键问题。破解该问题的重要途径是基于学生的培养需求，提前厘清理论教学内容与实践教学内容。

实习指导老师教学引导的主动性和知识传授的系统性。实习指导老师主要来自实习基地，实践经验丰富，但毕竟不是专业的授课老师。关键问题是引导实习指导老师提高教学的主动性和知识传授的系统性。破解该问题的重要途径是积极推进实习指导老师与本校专业老师的互动，促使双方互相交流专业教学与实习教学经验。

学生实习过程中的知识迁移和知识转化。学生实习的收获，最终需要提炼升华。因此如何帮助学生完成实习过程中知识迁移和知识转化，是需要解决的关键问题。破解该问题的重要途径是做好实习教学范式的研究与运用。

（二）需要改进之处

合作模式尚待深化。尽管有了前期的合作经验，但长期合作的经验仍然不足。需要学校跟实习基地的同志探讨研究，需要制定合作机制，其中，成果共享是关键。

校外专家持续合作的积极性有待保障。制定校政长效合作机制，探索校政共赢模式，尊重专家的劳动。实习单位都有自身的工作重心，担任实习指导老师的管理骨干和业务骨干自己工作任务已经很繁重，学校频繁的实习要求势必会增加他们的负担。要妥善处理好这种关系，需要一定的补偿机制和协调机制。

教师投入课程实习改革实践的热情和创造力需要制度化、长效化的激励机制。建议增加课程实习特别是校外实习的工作量，把校外实习作为课程教学的重要考核指标；服务城市重大活动的校外实习活动成果应予以适当提高成果认定的层次。

教学硬件条件不足。需加大必要的硬件投入，也可以采取校内外合作共建实验实习场所的方式，实现校政、校企资源共享。

参考文献

[1] 杨雪锋．校政合作为G20峰会保驾护航[N]．中国建设报，2016-08-17(2).

[2] 杨雪锋．城市管理人才是如何炼成的[N]．中国城市报，2016-01-18(3).

[3] 孙克辉，李长庚，盛利元，等．专业性实践教学模式的改革与探索[J]．高等工程教育研究,2003(2):87-88.

[4] 李寿和．论“五位一体”办学模式[J]．教育与职业,2006(14): 31-33.

从课程教学思政到实践教学思政：土地资源管理专业实践教学模式探索①

◎薛继兵② 徐保根③ 肖月④

摘　要：当前的高校思想政治教育存在“孤岛”困境，思政教学与专业教学“两张皮”现象普遍存在。土地资源管理专业实践性强，在传统的课堂教学思政外，宜在实践教学环节中增加相应的思政教学理念与实践教学内容。本文以土地资源管理专业思政实践教学为例，探索了实践教学的建设思路、建设路径、具体方式等内容。

关键词：思政教学；实践教学；土地资源管理

一、引言

长期以来，高校思想政治教育存在“孤岛”困境，思政教育与专业教学“两张皮”现象未能根本改变[1]，究其原因，有培养方案、教学理念、师资队伍等诸多方面的影响。2016年12月，全国高校思想政治工作会议召开，习近平总书记出席会议并指出：“要用好课堂教学这个主渠道，思想政治理论课要坚持在改进中加强，提升思想政治教育亲和力和针对性，满足学生成长发展需求和期待，其他各门课都要守好一段渠、种好责任田，使各类课程与思想政治理论课同向同行，形成协同效应。”[2]笔者以为，对于实践性强的专业，在加强课堂教学思政外，宜在与课程教学紧密相关的实践教学环节中增加相应的思政教学理念与实践教学内容，从而实现将思想政治教育贯穿于课程教学、实践教学的全过程，

---

①基金项目：浙江省哲学社会科学规划项目（20NDJC140YB）。
②薛继兵，浙江财经大学公共管理学院副教授，博士，研究方向为土地可持续发展。
③徐保根，浙江财经大学公共管理学院副教授，博士，研究方向为土地资源管理。
④肖月，浙江财经大学公共管理学院讲师，博士，研究方向为房地产经济与管理。

实现全方位的思想政治教育。

土地资源管理专业旨在培养学生具备现代管理学、经济学、信息科学及资源学的基本理论，使学生掌握新时代土地资源开发利用和国土空间规划等方面的基本技能，并最终成为熟悉我国土地管理方针、政策、法规和技术的创新型高级专门人才。通过土地资源相关专业课程的学习，要求学生能全面掌握土地资源管理的相关基础理论和应用技术，初步具备开展土地资源调查与评价、国土综合整治与保护、国土资源规划与管理等方面的综合技能[3]。因此土地资源专业是一个综合性较强的学科，要求学生不仅能掌握本专业的相关基础理论，同时需要具备解决实际问题的能力。因此，土地资源学专业具备实践性强的特点。在学生培养的过程中，开展实践教学环节的思想政治教育具有非常重要的意义。

二、实践教学总体目标

党的十八大以来，习近平总书记从生态文明建设的整体视野提出“山水林田湖草是生命共同体”的论断，强调“统筹山水林田湖草系统治理”“全方位、全地域、全过程开展生态文明建设”。根据“山水林田湖草是生命共同体”的系统思想，结合土地资源管理专业实践教学的主要内容，要求在开展土地整治中更加注重统筹兼顾[4]。基于此，土地资源管理专业实践教学总目标是根据习近平新时代中国特色社会主义思想，积极响应美丽浙江建设、城乡融合发展，进一步拓展、整合、提升国土调查评价，规划实践教育资源，完善实践基地软硬件设施建设，加强校政合作办学平台，探索实践教育基地协同共建新模式，联合培养“土地综合整治”的综合型、复合型人才，将土地综合整治实践教育基地建设成适应自然资源和规划部门需求的人才培养基地、科研成果转化基地以及实践教育传播推广基地。具体目标如下：

（一）创建特色人才培养模式

一方面，在经管类院校建立土地综合整治实践教育基地，可在土地资源管理专业实践教育体系中融入财经类大学的人才培养特色，探索技术与管理兼备的复合型人才培养新模式。另一方面，突出土地综合整治的特点，特别是“山水林田湖草是生命共同体”的系统思想，将学校的理论与技术融入土地综合整治实践中，将土地综合整治经验传授到课堂里，实现优势互补。到建设末期，完善协同创新人才培养机制，建成土地综合整治实践教育中心等特色办学平台。

（二）构建模块化课程体系

针对不同行业和岗位的要求构建模块化的实践教学体系，包括土地整治规划设计、耕地保护与管理、生态环境修复等实践课程模块。在不同模块的实践教学体系中，均应体现“山水林田湖草是生命共同体”的系统思想。

（三）建设“思政型”师资队伍

通过内引外联，打造一支坚持不懈传播马克思主义科学理论，坚持不懈培育和弘扬社会主义核心价值观，坚持不懈促进高校和谐稳定，坚持不懈培育优良校风和学风的师资队伍。为此，要推动建设高水平学科(方向)带头人、技术人员、基层乡镇管理人员、行业专家等组成的理论基础扎实、实践能力较强、教学经验丰富的“思政型”实践教学队伍。

（四）推进思政教学改革与研究

结合实践基地合作单位的优势特点，积极开展与土地综合整治类相关的思政教学研究与教学改革，提高校外实践教学的水平和效果。为此，在实践教学过程中，应定期组织土地资源管理专业实践教育研讨会，促进实践教学(课程)改革课题立项，鼓励发表思政教研、教改论文。开发有针对性的土地综合整治实践教学项目，建成相对成熟的土地资源管理学科竞赛制度，从而使学生受益面广，实践能力进步明显，大学生创新创业训练项目申报踊跃，就业机会不断增多，就业层次逐年上升。

三、实践教学建设思路

以培养“土地综合整治”的综合型、复合型人才为目标，根据“政治正确、夯实基础、拓宽视野、强化实践、培养能力”的实践教育理念，寻求课堂理论与土地综合整治实践教育协调发展，从土地整治规划设计、自然资源管理、生态修复等多元角度出发，将传授知识、培养能力和提高素质相结合，形成学校与基地、理论与实践良性互动的办学机制，进一步提高学生的实践能力和创新能力。

（一）科学规划实践教学基地建设方案

根据土地资源管理专业发展定位及土地综合整治实践教育基地的建设目标，以土地综合整治人才需求为导向，努力实现基地建设的高起点与高要求；精心设计具体建设实施方案，为实践教育基地各项建设工作提供蓝图。

（二）协同共建，促进合作

学校与基地双方通力合作，推进经费、场地、设施、师资、管理等方面实现资源的有效整合与共享。学校与合作单位分别提供经费与场地，共同培养土地综合整治思政实践指导教师，共同开发土地综合整治主题的教学项目，共同指导与土地综合整治实践紧密相关的创新创业训练项目和毕业论文设计等实践环节，共同管理实践教学过程，共同评价学生实践效果，形成学校与合作单位共建、共管、共评的校外思政实践教学模式。

（三）强化特色，全面发展

一是依托学校经管学科强的优势，将财经大学的人才培养特色融入土地综合整治实践教育体系中，形成崭新的调查与评价、规划与设计、技术与经济有机结合、相互渗透、交叉融合的基地办学特色；

二是以土地综合整治为导向，在国土资源调查与评价、土地整治规划设计、生态环境修复等方面开展实践研究，突出我校土地资源管理专业的优势；

三是扩大基地现有的辐射面，统筹土地资源管理专业相关基地，完善特色鲜明、功能互补、协同发展的基地群网络，以满足相关专业不同教育背景和不同层次学生的多样性、个性化的培养需求。

（四）开放办学，资源共享

积极借鉴吸收国内外高校优秀的校外土地综合整治思政实践教育基地的建设成果和成功经验，坚持开门办学方针，开展与本校及兄弟院校的相关学科专业合作交流，通过扩大土地综合整治基地利益规模，提高基地建设质量，塑造实践教育品牌，吸引校内其他专业和校外学生利用本基地开展实践教育活动，共享土地综合整治基地优质思政实践教育资源与建设成果。

四、实践教学建设的路径

（一）完善实践教育条件

根据学校自身实践中心建设的实际情况以及与实践基地单位的合作协议，落实校外土地综合整治思政实践基地场所和学校实习场所，确保组建土地综合整治实践教学所需要的各种软件和硬件设备环境，建立分类实践教学试点和自主学习教学平台等；制定过程管理制度，落实学生在基地学习期间的各项教学安排，与合作单位共同做好学生在基地学习期间的安全、保密、知识产权保护等工作；定期公布可提供的课程、实习岗位、指导教师等相关信息，提供更多元的教育实践机会。

（二）推动“双进双培”工程

高校与基地单位优势互补，协同发展，共同实现人力资源素质的提高。实现“双进”，即学生实践教育实行双导师制，一位校内专业导师，一位校外实践导师，校内导师进基地，校外导师进课堂。同时，实现“双培”，即高校与基地单位之间加强沟通合作，高校教师到基地单位实践学习，提高自身教学能力和社会服务能力，使师资队伍得到培养；基地单位管理者和员工到学校听课、进修、培训、理论学习，甚至接受学历教育，使管理队伍和业务人员素质得到提升。

（三）构建思政实践教育课程体系

结合校外实践培养方案的制订过程，制订土地综合整治思政实践课程方案，开发相关的实践课程内容和实践项目，着力将党的方针、政策落实到实践项目，将实践的各环节纳入实践课程化体系，打造政治正确、专业性强、实训效果好的实践类精品课程。

（四）创设有针对性的实习实训项目

由土地综合整治问题作为牵引，以学生为中心，充分利用实践基地的教师团队和软硬件平台，增设乡镇政府及相关机构的土地综合整治实习机会，让学生更全面地了解和熟悉基层乡镇政府的相关管理工作，同时与乡村开展合作，鼓励学生参与到土地综合整治的规划设计等项目中，通过实际项目切实体会党的方针路线的科学性。在实训方面，要丰富实训内容，开展土地综合整治调研、城乡生态人居环境考察、国土空间生态修复等一系列新的实训活动。

（五）搭建虚拟实践教学平台

为满足开放教学与示范辐射作用的需要，土地综合整治基地将联合校内外专家及技术人员利用现代录像、多媒体技术、计算机远程通信技术等，建立虚拟实践教学平台，开展实践教学。

（六）充实本科生毕业设计和毕业论文题目库

在校外土地综合整治思政实践教学过程中，发现的问题及实训项目都可成为本科生毕业设计和论文选题的素材。实践基地将组织本单位骨干和高校教师合作，精心选题，补充有关土地综合整治的本科生毕业设计和论文题目库，方便学生开展毕业设计和论文工作。

五、实践教学具体方式

（一）常规形式

常规实习形式包括课程实习实训、专业实践、毕业实习等。

1. 课程实习实训

通过实践课程安排学生到实践基地所在地——海盐县开展校外实践活动，包括通过开展国土资源调查评价、土地整治规划设计、自然资源生态修复等见习或参与的形式，使学生对相关课程知识有更全面深入的掌握。

2. 专业实践

专业实践主要进行的是专业阶段性实习和专业综合实习，学生通过实习后可在教师指导下完成一个项目的初步研究。可开展与合作单位的交流访谈，开展工程管理、项目考察、测绘调研等活动。专业实践一般安排在暑期短学期，通过 10—15 天的室内学习、实地调研、场地操作等，锻炼学生综合实践能力。

3. 毕业实习

毕业实习主要安排在第 8 学期，直接安排学生到相关的单位实习，理论与实践相结合，进行一次系统的实践锻炼。学校与基地单位共同设置与相关专业相匹配的实习工作岗位并安排好实践内容和实践岗位指导教师。通过师傅带徒弟等形式使毕业生提前适应工作环境，使其参与到工程管理、规划设计、国土资源与环境管理、国土空间利用创新等具体的工作中，在实战中提高学生的职业能力和素养。

（二）特色形式

特色实习形式包括专业大讲堂、规划设计竞赛、自主调研、项目化实践等。

1. 专业大讲堂

将校外导师请到学校里来，把他们的生态文明发展观和丰富的土地综合整治经验，以大讲堂的形式，通过不定期地开展相关实践方面的讲座进行传授，增加学生理论与实践结合的能力。实践能力优秀的同学也可以利用这样的形式，在同学间相互交流，以此激励学生的创新能力。

2. 规划设计竞赛

每年组织一次全校性规划设计竞赛，不定期组织班级学科竞赛，选拔相关专业优秀人才，推广教学经验，传播教学成果。

3. 自主调研

学生根据自己的研究兴趣或研究课题，深入实践基地开展自主调研，获取翔实的资料和数据，提出自己对乡村建设的设想与观点，培养学生的创新能力。

4. 项目化实践

开展土地综合整治规划设计等项目，让学生进行真题实战，根据专业要求分配给学生不同的子项目，让学生成为项目参与主体，校内外导师共同指导学生进行项目研究，培养学生理论联系实际的工作能力。

六、结语

根据人才培养的要求，实践教育基地以学校为主阵地，以培养正确认识时代责任和历史使命，正确认识远大抱负和脚踏实地的社会主义接班人为基础，以满足专业现状与发展和教师个体现状与发展需求为出发点，以职业道德和教师基本素质培养为前提，以专业技能和综合职业能力培养为重点，建设一支由高水平学科（方向）带头人、技术人员、管理人员、行业专家等组成的理论基础扎实、实践能力较强、教学经验丰富、结构合理、相对稳定的“思政型”实践教学队伍。通过实践思政教育过程，在理论教学方面给予学生指导，同时又以实践形式丰富学生的课外实习经历，培养学生基础知识技能、实践能力和创新能力，促进教学与实践的融合，这有助于土地资源管理专业人才牢固树立为人民服务，为中国共产党治国理政服务，为巩固和发展中国特色社会主义制度服务，为改革开放和社会主义现代化建设服务的理想信念。

参考文献

[1] 高德毅，宗爱东 . 从思政课程到课程思政：从战略高度构建高校思想政治教育课程体系 [J]. 中国高等教育，2017(1):43-46.

[2] 习总书记谈高校思政：把思想政治工作贯穿教育教学全过程 . 中华人民共和国教育部 [EB/OL].[2017-10-16].http://www.moe.gov.cn/jyb_xwfb/xw_zt/moe_357/jyzt_2017nztzl/2017_zt11/17zt11_xjpjysx/201710/t20171016_316349.html

[3] 赵华甫，吴克宁 . 土地资源管理类课程思政建设路径探讨——以国家精品资源共享课“土地资源学”为例 [J]. 中国农业教育 ,2020,21(3):60-67.

[4] 文兰娇，胡伟艳，张安录 . 习近平生态文明思想与课程思政的融合和教学设计——以土地资源管理专业课程为例 [J]. 黑龙江教师发展学院学报 ,2020,39(2):38-40.

基于校企合作的大学生实践创新能力培养模式探索①

◎韩璐② 方步青③

摘　要：校企合作的大学生实践创新能力培养是实现教育与生产可持续发展的重要途径。本文以校企合作为基础，提出了大学生实践创新能力培养的七种模式，即“竞赛＋企业”的团队合作模式、“校内＋业界”的双导师制模式、“专业＋职业”的合作办学模式、“学生＋教师”的双向育人模式、“教育＋就业”的无缝对接模式、“理论＋实践”的项目实习模式、“竞赛＋平台”的人才孵化模式，为探索国家未来发展需求的人才培养之路和实现校企可持续的合作发展提供有力的保障。

关键词：大学生实践创新能力；校企合作；培养模式

一、引言

随着全球新一轮产业革命和竞争格局的调整，我国在很多领域与科技发达国家之间的竞争也愈加激烈。特别是在新冠疫情的全球爆发和中美贸易战升级以来，全球产业链断裂风险加大，以美国为代表的西方发达国家对中国的技术封锁和产业限制也日益凸显。从深层次来看，产业和技术竞争实质上就是对全球人才、资本、技术等各个方面资源要素市场的竞争，而人才竞争是其中最重要的竞争要素之一。国务院办公厅出台了《关于深化高等学校创新创业教育改革的实施意见》，指出“深化高等学校创新创业教育改革，是国家实施创新驱动发展战略、促进经

①基金项目：教育部2020年产学合作协同育人项目——基于“科技竞赛+行业实训”的高质量创新实践人才培养机制研究（202002300010）；浙江省“十三五”省级产学合作协同育人项目——新工科背景下以竞赛为载体的学生创新能力提升新范式（浙教办〔2019〕365号）。

②韩璐，浙江财经大学城乡发展研究院副研究员，博士，研究方向为土地政策、城乡治理。
③方步青，浙江传媒学院媒体工程学院助理研究员，硕士，研究方向为实验教学与管理、学生创新创业。

济提质增效升级的迫切需要，是推进高等教育综合改革、促进高校毕业生更高质量创业就业的重要举措”，并强调“促进高等教育与科技、经济、社会紧密结合，加快培养规模宏大、富有创新精神、勇于投身实践的创新创业人才队伍”。而当前的高等教育，大学生在实践创新创业能力培养过程中，存在资金有限、师资缺乏、动力不足等问题。因此，探索与完善我国大学生实践创新人才能力培养问题，对于应对日趋激烈的国际竞争和渐趋复杂的国内外发展挑战具有重要意义。

在公共管理学科领域，培养具备“科学精神、实践能力、创新思维、社会责任感、国际视野”的高素质、高层次公共管理人才的任务更为迫切，使命尤其重大。浙江财经大学公共管理学科为浙江省一级学科，是学校重点建设的四个高水平优势学科之一，也是服务国家特殊需求博士项目的重要支撑学科，在国内三大权威学科排名均列省属高校前茅。学院重点培养“应用型、复合型、国际型”高级专业人才，培养成效显著。近五年，专业学生参加国家级大学生创新创业训练计划、浙江省“新苗人才计划”“挑战杯”等项目 80 余项。在取得成效的同时，我们也发现，从整个公共管理学科来看，当前公共管理学科的理论体系、思维方式乃至研究方法等仍然受西方公共管理学的较大影响，创新能力与科研实践之间的协同运作失调，集教学、科研、创新、就业于一体的“贯通式”教育培养模式尚未真正形成，较大地限制了研究生创新能力和培养质量的有效提升。

因此，本文以校企合作为依托，提出了大学生实践创新能力培养的创新模式，为探索符合国家未来人才发展、公共管理学科转型发展及其下设的土地资源管理专业的可持续发展培育新型人才，并为实现校企可持续的合作发展，乃至为国家“一带一路”“互联网 +”“创新驱动发展”“中国制造 2025”等国家战略的实现提供坚实的基础和保障。

二、大学生实践创新能力培养模式

（一）“竞赛 + 企业”的团队合作模式

校企协同竞赛指导团队的组建就是将高校专业教师与企业的研究者、生产者和管理者联系起来，投入各自的智力资源、物质资源和技术能力，以各类学生竞赛为载体，围绕企业需求和重大科技项目，相互协同合作、创新，共同探讨行业关键和共性技术，以及解决生产实际中的重大问题，从而力求在科学研究、技术开发上取得重大进展和突破，提高经济效益和社会效益。以校企共建大学生科研创新中心为依托，由专业教师和业界导师共同组建指导团队，接受大学生科研创新中心管理。校企共建的专兼结合竞赛指导团队以行业技术发展为导向，带来行业一线的理念，通过解决行业一线的技术难题，弥补了以往教师指导团队“不接地气”的不足，使得竞赛更好地与市场接轨，为企业培养实用型人才。主要有两种模式：

（1）人才共有模式。基于高校与企业的人才资源存在互补性，校企双方应该统一人才使用的指导思想，建立共享机制，形成引才、养才合力。校企双方应共同成立人才工作领导小组，统一规划、统一部署、统一行动，鼓励行业一线人才和高校科研人才双向流动，通过共有、共管等方式，在提升高校学科研发实力的同时，也减少企业人员招聘与培养的成本，实现人力资源的优化整合。（2）校企人才互聘模式。对于少数高层次人才，打破传统的聘用模式，破除阻碍发展的天花板，建立校企人才互聘的新机制。一方面，高校引进的掌握知识产权、具有产业化能力的创新型人才，可以鼓励其先到企业进行技术学习和技术创业，在此期间保留教师的待遇；另一方面，由企业引进的创业型人才，高校可以通过特聘、项目合作等柔性引进的方式灵活聘用，让他们成为校企协同竞赛指导团队的成员，同时参与到学校人才培养工作中。

（二）“校内＋业界”的双导师制模式

双导师制是指校内导师（第一责任导师）与业界导师联合指导学生，共同制订个性化培养计划，并监督和指导计划的实施落实，负责科研训练工作的具体指导，论文撰写的指导、修改和定稿。其中，校内导师负责指导学生制订中长期学习规划、选择课程、学习前沿理论与方法、学位论文的选题和写作等，指导学生参与学科前沿课题攻关。而业界导师则负责讲授实践类专业课程、指导学生的实习工作和毕业设计、解决工作中的问题等。业界导师具有丰富的实践经验，参与过重大项目的策划、研究或运作，能够给学生提供一线实践机会并加以指导。从以往只有校内老师参与教学到现在业界导师参与实践课程教学、毕业实习等环节，有效地实现工科新模式。在这种模式下，学校开设的课程与工程实际密切联系，业界导师向学生传达行业内的最新动态、指导学生创新创业等，更加注重对学生应用型实践能力及创新能力的培养，可全面提升学生素质，提高人才培养质量。

（三）“专业＋职业”的合作办学模式

根据人才培养方向，在专业培养的基础上，制定相关的校企合作办学规章制度。企业需要根据产业发展的需求，利用自身的技术和资金优势，形成校企合作办学、人才共育的各项保障机制和激励措施，为行业人才的培养开辟渠道。通过引进“有形”的设备，引入先进的企业管理制度与文化系统，将企业的人力培训“前置”到学校教育中，让学生提前进入“员工”的角色，缩短毕业生入职后的适应期。

（四）“学生＋教师”的双向育人模式

首先，培养具有工匠精神的学生。通过制定标准，对学生必备的职业素养进行分析，总结出培养相关素养的教学方法，在此基础上将此类方法运用到日常教学活动过程，使学生真正具备爱岗敬业、诚实守信、遵章守纪、团队合作能力良好的职业素质，且具有服务意识和奉献精神。结合每一个专业的实际情况，将工匠精神融入日常教学活动，在专业课程中融入工匠精神的培养方案，营造弘扬工匠精神、宣传工匠事迹、讲好工匠故事、培育工匠人才的浓厚氛围工匠精神，树立“干一行、爱一行、精一行”的质量精神，以求在潜移默化当中培养和塑造学生的工匠精神。其次，培养“双师型”教师队伍。通过不断探索适合学院办学实际的“双师型”教师培养体系，结合师资队伍建设工作需要，多措并举，鼓励从高校来的教师参加专业技能培训，利用寒暑假去企业、行业挂职锻炼等，鼓励从行业来的教师，赴国内外高水平大学做访问进修，提高理论水平。根据不同的教师群体，有选择性地提高教师的专业实践应用能力或理论水平，以提高教师的综合素养为重点，科学引导、整合资源，加强“双师型”教师队伍建设，建设一支师德高尚、技艺精湛、结构合理、专兼结合、教学和科研能力强、整体素质高的“双师型”教学团队，助力高素质、应用型的人才培养目标的实现。

（五）“教育 + 就业”无缝对接模式

更新人才培养观念，校企合作就业新模式以学生就业为导向，切实从专业学科本位向职业岗位和就业本位转变，实现教育与就业的对接。通过校企合作，开展“人才直销”，与企业建立订单培养的就业模式，合作企业需要什么样的人才，学校就有针对性地培养什么样的人才，让部分学生在学习初期就进行未来职业定位，个性化地进行课程置换，有针对性地进行技术实训，学生还没毕业，就已经掌握了就业需要的技能，为以后就业打下基础，使得学生在毕业和就业之间平滑过渡，避免“毕业就是失业”的窘境，从而促进就业。通过合作就业，摆脱以往企业对新招的应届毕业生要投入大量的人力物力，从头培训才能入职上岗的尴尬局面，使企业能够快速地培养出“所学即所用”的人才，节约企业的人才培养成本。

（六）“理论 + 实践”的项目实习模式

通过校企合作联合培养，使一部分学生的学习在学校和企业交替进行。其中，实践学时占总学时的比例要超过 50%，注重培养学生的实际动手能力，同时给予一定的薪酬鼓励学生进入企业实习。学生通过在企业的带薪实习，既可以锻炼自己的实践技能，又可以增加工作经验，为以后正式参加工作打下良好基础。对企业而言，也有利好，既可以及时填补临时的人力资源缺口，降低企业招聘成本和用工成本，还可以享受各级政府给予的优惠政策。学生在企业的实习情况应随时反馈给学校，学校可以根据这些信息，及时调整教学大纲以适应企业或行业需求，避免和一线脱节。同时，还能提供教师赴行业一线挂职交流的机会，使得教师的教研和科研紧密贴近企业实际，实现学生的发展、教师的发展、学校的发展和用人单位的发展进入良性循环，四方互惠互利，合作共赢。

（七）“竞赛 + 平台”的人才孵化模式

学校可以通过成立校企共建大学生科研创新中心，用于各类学生竞赛培训和科研训练，主要包括各类学科竞赛、专业大赛、行业竞赛、学生科研项目、创新创业项目、专利申请、产学合作及成果转化等。该中心以学生竞赛作为内在驱动力，激发学生创新激情，预期形成学生第一课堂、第二堂课有机衔接，实现“课堂—实践—竞赛—创业”彼此孵化。学生还可以像在图书馆借书一样，方便快捷地借用各类常用设备和元器件，真正实现掌上实验室随身带着走。将大学生科研创新中心打造成为学生的“实践图书馆”，使其成为学生流连忘返的创造力乐园。重点打造两大平台：（1）科研创新能力平台，包括大学生科研训练基地、大学生创新创业训练基地、大学生竞赛培养基地等，是高校和企业协同育人的根据地，是学生的创新场。各类基地既可对接不同的竞赛，也可承接企业的项目，成为学生实战的战场，锻炼学生的实践能力。（2）科研创新孵化平台，包括项目孵化基地、初创企业工作室和风险投资洽谈中心。项目孵化基地将对创新能力平台的一些成果进行初步孵化，形成学生创新创业的基础。初创企业工作室是扶持已经创业的项目，给予其场地、资金等方面的优惠，甚至可以由学校投资入股。风险投资洽谈中心是为项目落地或初创企业引进风险投资提供顾问服务，由各法律、经济、金融、会计等专业的老师形成顾问团队。组建学生创业导师团队，由目前成功创办企业的老师或校友组成，希望把创新孵化平台打造成让创意变为现实的梦想世界。

三、结论

随着地方本科高校向应用型大学转型发展，公共管理学科及其下设的土地资源管理专业要走一条符合自身优势且有专业特色的发展道路。在这一过程中，为了有效地适应公共管理学科及土地资源管理专业实现理论教学和应用创新结合的需求，本文探讨了通过校企合作为基础，提出的大学生实践创新能力培养的七大创新模式，实现校企双方互相支持、互相渗透、双向介入、优势互补、资源互用、利益共享，这是推动大学生实践创新能力培养和协同育人、实现教育与生产可持续发展的重要途径。推动形成大学生实践创新能力培养的创新模式，努力探索出一条符合国家未来发展需求的人才培养之路，为国家“一带一路”倡议和“互联网 +”“创新驱动发展”“中国制造 2025”等国家战略的实现，输送大批高素质技术技能人才，为企业的发展注入活力和创新力，为实现校企可持续的合作发展提供有力的保障。

参考文献

[1] 国家中长期教育改革和发展规划纲要工作小组办公室．国家中长期教育改革和发展规划纲要（2010-2020 年）[EB/OL].(2010-07-29)[2020-01-10]. http://www.moe.gov.cn/srcsite/A01/s7048/201007/t20100729_171904.html.

[2] 国务院办公厅．关于深化高等学校创新创业教育改革的实施意见 [国办

发（2015）36 号][EB/OL].(2015-05-13)[2020-01-10].http://www.gov.cn/zhengce/content/2015-05/13/content_9740.htm.

[3] 娄成武，魏淑艳，曹丁．“校府合作”：公共管理专业人才培养模式的新探索 [J]. 中国行政管理 ,2009(9):103-105.

[4] 魏进平．地方高校研究生培养模式——产学研合作教育的探索 [J]. 国家教育行政学院学报 ,2008(9):65-68.

[5] 贾海彦，周慧，韩祎祎．公共管理学科研究生创新能力和科研实践的协同培养研究——基于 S 省高校的调研实践 [J]. 中国高校科技 ,2020(8):56-61.

[6] 杨振南，陈泽顺．“校企合作 + 学科竞赛”的大学生创新创业能力培养模式探索 [J]. 湖南科技学院学报 ,2020,41(3):99-101.

[7] 董毅．新建地方本科院校应用型人才培养方案的设计——基于对“厚基础、宽口径”的反思 [J]. 高教探索 ,2010(3): 74-77.

[8] 丁广龙，夏镇波，辛志宏，束浩渊．创新创业教育：新工科类大学生学科竞赛体系构建创新创业教育 [J]. 创新与创业教育 ,2019,10(2)：121-125.

[9] 殷孝雎．新工科视角下新能源专业应用型人才培养模式研究 [J]. 教育界，2018(23):133-134.

[10] 孙金岭．兰州理工大学创新创业教育课程建设做法探讨 [J]. 长江丛刊，2019(24):127-128.

[11] 杨越．我国高等教育中独立学院学风建设研究——以杭州 Q 学院为例 [D]. 上海：复旦大学 ,2012.

[12] 刘晶磊．基于校企合作的实践创新能力培养机制研究 [J]. 科技资讯 ,2020,18(10):243-244.

[13] 彭顺绪．地方应用型本科高校公共管理学科转型发展路径探索 [J]. 科教导刊（下旬刊）,2020(7):21-23，40.

（该文部分内容发表在《文化学刊》2020 年第 11 期：《新工科背景下提升学生创新能力的“竞赛 +”模式》）

竞赛嵌入式实验教学的嵌入、实施和激励——以“斯维尔杯”嵌入BIM技术应用课程实践为例[①]

◎王鸿迪[②]

摘　要：竞赛嵌入式实验教学是受到关注的一种BIM实验教学模式。本文研究了学科竞赛与BIM实验教学相结合的可行性，通过在BIM技术应用课程中嵌入“斯维尔杯”大赛的教改尝试，形成了竞赛嵌入方法、教学流程设计和综合激励模式等教学经验，并取得了一定的积极效果。本文能为竞赛嵌入式BIM实验教学提供理论和实践参考。

关键词：竞赛嵌入式；BIM实验教学；流程设计

一、引言

随着国家对高校应用型、复合型、创新型人才培养的高度重视，学科竞赛越发受到各类院校的重视。竞赛嵌入式实验教学模式因其对学生专业知识的掌握和实践能力的提高所发挥的积极作用，在当今高校教学育人体系中越发得到认同[1][2][3][4]。同时，建筑信息模型（BIM）技术对建设领域的发展具有革命性影响，但我国目前面临巨大的BIM人才缺口。目前很多高校在BIM教学方面开展了积极的实践和探索[5][6]，尤其是一些院校积极组织学生参加全国和地方BIM竞赛，并通过“以赛促学”“以赛育人”的模式促进BIM教学的发展[7][8][9]。在此过程中必须谨慎应对竞赛嵌入式实验教学模式的一些挑战，如竞赛培训教师固定化、高质量完成竞赛培训的学生有限、竞赛培训与日常课程的联系不够紧密等[10][11]。

近年来，BIM软件科技公司积极参与举办各类BIM大赛，如广联达的造价

---

①基金项目：教育部产学合作协同育人项目（201901223024）；浙江财经大学实验教学课程建设项目（10122419003）。

②王鸿迪，浙江财经大学公共管理学院讲师，博士，研究方向为建筑信息化、项目管理、数字治理。

大赛和毕业设计大赛、斯维尔的 BIM-CIM 创新大赛、品茗的 BIM 技能应用大赛和毕业设计大赛、鲁班的 BIM 毕业设计大赛、欧特克公司的 BIM 创新杯等。随着各赛事的连续举办，赛制越来越完善，影响范围越来越广，高校参赛的积极性越来越高。尤其是全国高等院校学生“斯维尔杯”BIM-CIM 创新大赛（简称“斯维尔杯”），自 2010 年以来已成功举办了 11 届，比赛内容从 BIM 拓展到 BIM 和 CIM（城市信息模型），比赛形式在技能应用基础上不断创新。本研究以 BIM 技术应用课程作为教改研究对象，通过在实验教学中嵌入“斯维尔杯”的实践尝试，对竞赛嵌入式实验教学模式进行了深入的思考。

二、学科竞赛与 BIM 实验教学结合的可行性分析

首先，BIM 实验教学的教学目标与学科竞赛的考核内容之间必须具备较高的契合度。“斯维尔杯”坚持多年举办和持续完善，每年会征询行业和学界的专家意见并更新题库，既保证了对 BIM 技术应用能力的全面考察，也兼顾了 BIM 技术的最新发展动态。而 BIM 技术应用课程的教学目标主要是使学生掌握 BIM 技术的理论知识，了解 BIM 技术的发展前沿，熟练运用 BIM 技术进行建模和管理应用的基本操作技能。“斯维尔杯”对 BIM 建模、BIM 项目管理和 BIM 工程造价等内容的考核与本课程的教学目标具有很高的一致性。“斯维尔杯”在 2019 年将 CIM 纳入竞赛范围，正好符合 BIM 技术应用课程中对 BIM 技术发展前景的展望。在一定意义上，该赛事正好是本课程内容的外延，可以提高学生的知识面，满足学生求知的进阶需求。

其次，该赛事的权威性和专业性得到了长期的检验。主办方中国建筑教育协会隶属住房和城乡建设部，是国家一级社会团体，为全国建设教育工作者服务。这保证了该赛事的专业性、影响力、稳定性和延续性。2020 年，全国共有 500 多所院校报名参赛，2000 多支代表队进行角逐，1249 支代表队成功晋级总决赛，最终 800 多支队伍获奖，该赛事是我国高校 BIM 类赛事中参赛队伍最多、影响力最大的赛事。一方面，该赛事对 BIM 技术的知识和应用能力的考察比较全面，学生参赛训练充分、获奖更有成就感；另一方面，通过参赛，学生可以接触技术发展前沿，紧跟时代潮流，既拓宽了认知视野，也能培养出更好的思考问题、解决问题的能力。

再次，笔者接受了“斯维尔杯”赛事的 BIM 师资培训，指导学生连续参加过三届“斯维尔杯”比赛，在参赛经验的积累过程中不断探索将竞赛内容引入课程日常教学中。另外笔者所在专业与斯维尔公司建立了长期校企合作的关系，并立项了一个教育部协同育人项目，在 BIM 人才培养和 BIM 课程设计等方面开展了系列合作。竞赛嵌入式实验教学模式的实践过程得到了斯维尔公司的鼎力

支持，这既保障了 BIM 技术应用课程的开展可以得到充分的技术支持，也提高了本课程训练对学生参赛的助益效果。

三、竞赛嵌入式实验教学的经验总结

要使学科竞赛更好地嵌入教学活动，需要在竞赛嵌入方法、教学流程设计和综合激励模式等方面精心设计和执行，并有机融合服务于培养应用型、复合型、创新型人才的专业培养日标。

（一）竞赛嵌入方法

从实操层面考虑，竞赛嵌入式实验教学模式的载体比较适合实验实训类课程。从内容安排来看，BIM 技术应用课程与“斯维尔杯”赛事在考核内容和具体形式上都有较多相通之处。在考查内容上，安排学生在熟悉 BIM 建模的基本技能后进行基于实际建筑图纸的快速翻模训练，该内容正是“斯维尔杯”的 BIM 建模技能的考察；另外，本课程教学内容中的基于 BIM 模型的施工图导出、明细表生成和施工过程模拟属于“斯维尔杯”项目管理专项的考察范围。在具体形式上，本课程综合运用专题讲座、课堂讨论和上机操作等多种方法，以及多媒体课件、网络课堂、项目任务驱动教学法、实际案例教学法等教学手段，努力将 BIM 技术应用的知识和技巧通过边做边学的方式有机结合起来。这些具体形式与“斯维尔杯”赛事考察形式中的知识点问答、案例分析、项目任务等形式具有较高的相似性。

在课程安排时竞赛嵌入时机需要巧妙安排。在秋季学期，经过四周的 BIM 知识介绍和 BIM 建模基本技能熟习后，正好适合竞赛内容的嵌入。“斯维尔杯”的报名参赛时间一般是每年的 10 月或 11 月，正好是本课程的期中至期末。每年选课的同学中都会有几人报名参加“斯维尔杯”赛事，课程学习和赛事准备同时进行，参赛过程遇到的一些问题会在老师指导和企业技术支持下解决。

（二）教学流程设计

“斯维尔杯”初赛的 BIM 建模内容要求根据自备或给定图纸进行高质量建模并提交模型说明文档，要求体现 BIM 技术的综合运用能力并说明作品难点和亮点。针对赛事要求和本课程的教学目标，本课程采用了项目式实训的形式，将实验流程设计成四个主要环节：确定选题（组队、选择图纸、完成识图），项目分工（任务分解、团队分工、制定计划），项目执行（协同建模、模型优化、完成作品），效果反馈（点评、成绩、激励）。其中组队参赛的小组必须于初赛作品提交截止日期前完成任务。

1. 确定选题

一般“斯维尔杯”会在九月份发布参赛指南，对本年度赛事的具体形式、内容、要求和时间节点进行详细说明。参赛指南会在某节课上分享给同学们并对其进行适当解读。此时，同学们要从研究选题和技能匹配等方面考虑，完成组队和实际图纸选择，然后进行充分识图。该过程强调不仅要训练BIM技术应用能力，还要训练职业素养，包括严谨的工作态度、良好的数据管理习惯和团队合作精神。

2. 项目分工

可以根据建筑分区、按子项、施工缝或楼层对建模任务进行拆分，再根据协同建模的几条原则进行任务分解，合理选择工作集模式或模型链接模式进行模型汇总；然后，将分解后的任务落实到每一位团队成员身上；最后，制定建模任务的计划。该过程着重强调模型拆分的注意要点和分工合作的规范性要求，特别是要全组同学一起完成项目概况的介绍、标高与轴网的设置、文件命名规范等准备工作。

3. 项目执行

在任务分工后，各组便开始进行建模。一般情况下，建模软件内置库中缺少一些异形构件或特别对象，需要通过在线构件库搜索或Dynamo自行设计才能实现，因此在课程安排上插入一节课进行Dynamo介绍。该过程需要强调提高模型质量的技巧，通过多方位、多专业、多成员的质量检查，并遵循模型碰撞检查问题的解决原则，根据“斯维尔杯”模型质量评判标准进行模型优化。该过程还将邀请斯维尔企业的技术人员进入课堂集中答疑。同时，该过程强调问题发现和解决过程的经验总结和记录。最后，各组同学要提交电子作品，包括RVT文件、说明文档和在线展示链接。

4. 效果反馈

除了同学们在完成属于自己的3D建筑模型后获得满足感外，模型质量评价、课程成绩、比赛荣誉等都是很好的激励和反馈。授课老师将会对每一份作品进行点评（一般安排在最后一两节课），并发送电子反馈意见给各组。点评后会留出一周左右的时间，同学们可以进一步完善后提交最终作品。课程成绩的打分会在点评成绩的基础上根据最终作品质量进行调整。如此一来，学生实战代入感强，业务综合能力得到全面训练，而且课程作品质量高。最终，学生的课程成绩普遍不错。

（三）综合激励模式

反馈和激励在竞赛嵌入式实验教学中有着必要的意义。对于教学工作来说，激励不是目的，而是促进学习的手段。但客观上来说，获得各种形式的激励却是很多学习行为的动力和目的。正确理解和使用激励手段更有利于实现人才培养的最终目的。通过总结和思考，本研究将竞赛嵌入式实验教学的激励归纳为学业激励、物质激励、精神激励三种模式。

学业激励主要包括获得学分、得到理想的课程成绩、年度测评加分和升学（或工作）的加分。根据课程安排，同学们基本上都可以完成一个较高质量的 BIM 模型，最终拿到比较高的课程成绩。部分同学经过初赛、复赛和决赛后可以拿到奖项，在每年的综合能力测评中可以得到加分，提高获得奖学金的概率。而对于考研、留学或应聘中的面试环节，专业竞赛的经历也是一个加分项。

物质激励主要包括奖金和资格证书。除赛事举办方会设置一定奖金外，学校也会对专业竞赛取得优异成绩的同学给予奖学金等形式的奖励。《浙江财经大学大学生竞赛奖励标准》强调刺激“高度”，鼓励“广度”，同时兼顾学科竞赛成绩的“质”与“量”。进入“斯维尔杯”决赛的每名同学都可以获得荣誉证书，并获得免试申请 BIM 工程师资格证书的机会，这对于未来从事 BIM 相关职业或研究的同学具有较大帮助。

精神激励主要是指授予竞赛获奖师生的荣誉。物质激励是刺激的、强烈的，而精神激励却是深刻的、持久的。竞赛获奖对于学生的专业认同感、能力自信和价值肯定等方面都具有助益，也会对学生的第二课堂学习起到激励作用。

当然，对指导老师的激励也不能忽略。高校一般都明确了对竞赛指导教师的奖励办法，如颁发奖金、工作当量、教学评优、职称评定加分等。总的来说，只有充分调动指导教师的积极性，才能更好地完成竞赛嵌入式实验教学的组织和指导工作，才能为学生参赛带来更好的条件和氛围。

这些激励模式需要灵活运用才能发挥最大功效。首先，激励内容的清晰阐述对于提高学生学习和参赛的积极性具有重要意义。其次，激励不应一次性完成，而需要在不同的时间节点上巧妙运用，特别是当学生参赛遇到挫折或课程知识点难度较高时，进行必要的激励引导显得尤为重要。最后，激励应该与惩罚相结合，本课程重视职业素养的培养，多次强调了违反职业素养和参赛搭便车行为的惩戒后果。

四、教学成果

竞赛嵌入式实验教学充分吸收了“斯维尔杯”赛事的高标准和积极因素，既可推动基于工程管理专业的课程改革，又能促进学风建设和学生综合能力的培养。此外，师资队伍的 BIM 水平也得到了提高，多名专业教师完成了 BIM 竞赛师资培训，并积极投身工程管理信息化教学改革。本课程获批一个校级教改项目，并得到了一个教育部协同育人项目的重点支持。师资队伍 BIM 水平的整体提升带来了较好的溢出效应，BIM 技术逐步被引入了工程造价、项目管理、建筑识图和制图等课程中，这契合了建筑信息化发展和高等教育信息化发展的大方向。

学生参加 BIM 类专业竞赛也取得不俗的成绩。2017 年以来，本校学生参加第

九、十、十一届“斯维尔杯”赛事获得六个奖项，包括一个全能一等奖；参加广联达第四、五届全国高校 BIM 毕业设计大赛分别取得三等奖；参加首届“优路杯”全国 BIM 大赛获得两组银奖；参加首届品茗杯全国高校 BIM 毕业设计作品大赛获得三等奖；参加浙江省历届高校 BIM 技能应用大赛获得奖项近十组次。还有学生在课堂之外积极探索 BIM 创新，在国家级大学生创新创业训练计划项目、浙江省新苗人才计划项目、浙江省青年创新创业大赛、浙江省智能建造与工程管理创新竞赛等学生竞赛中多有斩获。

五、结语和反思

学科竞赛的“以赛促学”和“以赛育人”作用在当代高校的人才培养体系中不断凸显，研究和实践竞赛嵌入式实验教学模式有着较大现实意义。本研究通过将“斯维尔杯”嵌入 BIM 技术应用实验课程的实践，对其进行了实施路径和人才培养方式的研究，总结出竞赛嵌入方式、课程流程设计和激励模式等方面的教学思路。

以 BIM 类专业竞赛为载体推动 BIM 技术应用等工程管理专业课程的教学改革，进行了一些有益探索，取得了一定成效，但不可避免地会遇到一些问题。首先，激励模式需要灵活使用且因人而异，一定要明确激励的目的是激发学生学习和应用 BIM 技术的内在动力，不可滥用更不可乱用。其次，鼓励学生参赛的同时需要明确机会成本和育人本质，不可助长“逢赛必报”“一个作品多处参赛”“组多支队伍参加一个比赛”的坏毛病。虽然学生参赛肯定是希望获奖，但教师一定要强调参赛过程的学习和锻炼才是最重要的。再次，参赛和教学结合的过程离不开批判意识，对参赛作品的质量打磨需要不断精益求精。而对于竞赛嵌入式实验教学模式的效果也需要综合老师的自评和学生的反馈对实施过程和实践结果进行检查，进而完善。最后，能够参赛获奖的学生数量非常有限，因此教师在竞赛嵌入式实验教学过程中要正视学生完成课程任务质量的差异性：一方面，在课程任务设置时需要在保证 BIM 基本能力训练的基础上设置一定任务难度梯度；另一方面，在激励过程中需要合理引导学生的参赛心理，要追求高质量完成课程要求而不是执着参赛结果。

教学改革应该是一个逐步推进、不断完善的过程。笔者希望此项研究能对学科竞赛和课程教学之间的有机融合提供一些思路和形式上的参考价值，从而为我国高校培养面向未来、满足行业需求的复合型、应用型、创新型人才做出微薄贡献。

参考文献

[1] 李苏北 . 以学科竞赛为载体推动课程建设与学生创新能力培养 [J]. 大学数学 ,2009,25(5):8-10.

[2] 池峰 . 以学业竞赛支撑教学体系的高职教育探索——以金融专业为例 [J]. 高教探索，2014(4):131-134.

[3] 刘琼，张韦深，付裕，等 . 以学科技能竞赛为契机推进药学实验教学发展 [J]. 高教探索，2016(1):87-88.

[4] 秦红 . 地方本科院校培养应用型人才的实践与思考 [J]. 高等工程教育研究 ,2016(2):91-94.

[5] 张静晓，李慧，翟颖，等 . 工程管理 BIM 教育课程建设与融合分析 [J]. 工程管理，2016,30(3)：153-158.

[6] 蒋杰 . 工程管理专业 BIM 技能教学课程体系的构建研究 [J]. 黑龙江教育（理论与实践），2017(3):48 50.

[7] 吴小强，刘雅君 .BIM 大赛下的土木毕业设计教学改革与实践 [J]. 山西建筑 ,2014,40(10):271-273.

[8] 王邵臻 . 应用型本科土木工程专业基于设计竞赛机制的 BIM 实践教学研究 [J]. 信息记录材料 ,2018,19(1):140-141.

[9] 石晓娟，王邵臻，李金云 . 以设计竞赛为载体推动基于 BIM 的土木工程专业课程改革——以土木工程施工课程为例 [J]. 教育教学论坛 ,2018（26）:89-90.

[10] 杨扬，李鸿旭，张旭昌 . 以竞赛带动教学的 BIM 教学模式研究 [J]. 人力资源 ,2018（8）:157.

[11] 杨扬，哈明虎 . 以竞赛带动教学模式下 BIM 教学质量影响因素研究 [J]. 河北工程大学学报 ,2018,35(3):106-109.

大学生危机意识现状评估①

◎黄莉② 彭毅③ 陈思珂④

摘 要：危机意识是危机教育的重要内容。大学生的危机意识培育能激发大学生的社会责任感与历史使命感。本文以浙江省在校大学生为研究对象，采用网络问卷形式，从危机认识、危机态度和危机应对三个方面对当前大学生危机意识现状进行评估。结果表明，大学生危机意识整体较为薄弱，对社会环境认识较为乐观；大学生的危机意识存在性别差异。

关键词：大学生；公共危机；危机意识；危机教育

一、引言

中国经济与社会发展正步入危机多发、频发时期，面临着复杂的国际环境与严峻的内外部挑战。风险社会理论昭示，在一个高风险和多危机的社会中继续推进现代化和社会转型时，风险防范和危机意识的极端重要性[1]。大学生是社会现代化的建设者与接班人，肩负着全面建设社会主义现代化强国的历史使命，更加需要尽可能适应社会和环境的变化。然而，实践表明大学生在应对危机时存在许多亟待解决的困境与问题。例如，在2020年初爆发的新冠肺炎疫情官方新闻报道中，疫情初始不少大学生并没有意识到疫情严重性，很多人还抱有侥幸心理，认为自己不可能被感染而不采取相关防护措施，致使最终被感染甚至传染给家人与其他密切接触人员；甚至还有人明知存在感染风险却仍不汇报、不隔离，刻意隐瞒且不做防护措施，四处游玩。因此，面对日益复杂的社会风险环境，培育大学生的危机意识，

---

①基金项目：浙江省哲学社会科学基金青年项目（21NDQN258YB）。

②黄莉，浙江财经大学公共管理学院讲师，博士，研究方向为社区应急能力、大学生危机意识。
③彭毅，浙江财经大学公共管理学院教授，博士，研究方向为社区应急能力。
④陈思珂，浙江财经大学公共管理学院本科生，研究方向为大学生危机意识。

激发大学生的社会责任感和历史使命感是现阶段高校教育非常重要的一课[2]。

二、危机与危机意识

“危机”一词，最早源于三国名士吕安《与嵇茂齐书》中的“常恐风波潜骇，危机密发”。在《辞海》中，关于危机的表述是“潜伏的祸害或危险，亦指严重困难的关头”[3]。公共管理学术界对危机较为规范的定义是：个人、群体或者组织由于突发事件的出现而受到破坏，严重威胁到其正常生存与发展的状态[4]。在这种定义下，危机既表示情境状态也表示突发事件，但两者关注的侧重点不同，前者强调某种情境状态的威胁性和不确定性，后者强调突发事件的危害性。

“意识”到目前为止还是一个不完整的、模糊的概念。研究者对其尚未形成一个确切的定义。在哲学上，意识是与物质相对应的范畴，也是与物质相对立又相统一的精神现象。马克思主义哲学认为意识是人脑的机能和属性，是社会的人对客观存在的主观映象。在心理学上，意识是人特有的心理反映形式[5]，指透过事物的外部现象来认识事物的本质特性各事物间的内部联系，能依据对事物本质和规律的认识来指导自己的行动或调整自己的内部状态[6]。

关于危机意识，学术界并没有明确统一的定义。有学者认为危机意识指的是在危机还没发生以前对环境和局势持有的忧患意识，它促使人们对客观局势进行清醒的认识和评估，尽可能避免和减少危机的发生，并做好准备对抗可能出现的危机事件[7]。也有人认为，危机意识就是主体以事实为根据，科学地认识和预测潜在危机、综合诸种危机现象认识危机的本质特性，并依据对危机本质和规律的认识来指导自己的行动或调整自身的内部状态。其内容包括依据客观现实对潜在危机的预测和认识、综合诸种危机现象和信息评估发出警报意识、预防潜在危机的意识和责任意识[6]。

三、大学生危机意识评估模型

教育学界对大学生危机意识的关注较少，更多的是关注高校层面对大学生的危机教育[8][9][10][11]。在已有的研究中，对大学生危机意识的评估均采多问卷调查方法[8]，局限于校园场域，以“是否觉得校园生活中存在危机隐患”“是否留意校园的逃生路线示意图”等问题来评估大学生的危机意识。这些问题具有一定的代表性，能从一定程度上反映大学生的危机意识状态。但是，现有的大学生危机意识评估的局限性也较为明显，一是局限于校园场域，无法全面了解大学生对危机的认知；二是根据危机意识定义，其应包含主观认识、心理素质以及危机知识等方面内容，这些调查问题无法度量大学生的心理层面。因此，本文根据危机意识定义以及大学生的主体特征，建立大学生危机意识评估模型，如图 1 所示。从危机认识、危机态度和危机应对三个方面来综合评价大学生危机意识，并根据大学生学习生活场域以及个体特征，从主观认识、心理素质、危机知识来设置调查问题，力求获得全面客观的评价。

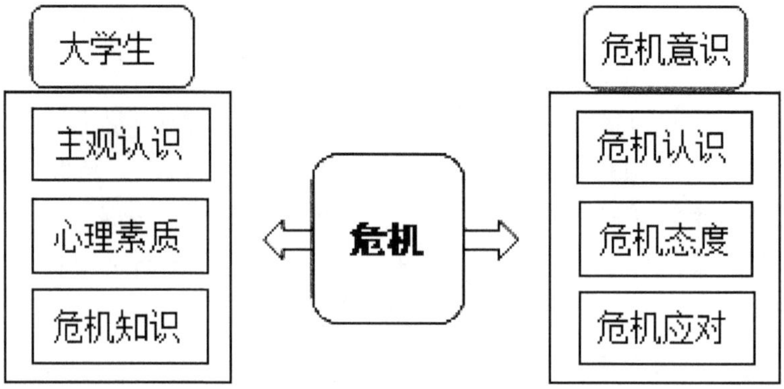

图 1　大学生危机意识评估模型

四、大学生危机意识现状评估

（一）样本与方法

本次研究的调查样本取自浙江财经大学等多所浙江高校的全日制在校本科生。调查方式为问卷调查，采用非概率抽样方法，调研时间段为 2020 年 3 月 10 日至 5 月 10 日。首先，根据大学生危机意识评估模型，编制一份相对全面的问卷。问卷除学生基本信息外，涵盖不同的危机种类、教育方式、教育参与主体及学生的主观认知、心理状况等方面。其次，通过网络向大学生发放问卷，共收回问卷630份，删除无效问卷后，获得最终样本量为 609 份。所有样本来自四个年级学生，其中大一 189 名（31.03%）、大二 246 名（40.39%）、大三 68 名（11.17%）、大四 106 名（17.41%）；男生 228 名（37.44%）、女生 381 名（62.56%）；覆盖法学、工学、理学、农学、文学和医学等专业大类。

（二）大学生危机意识现状评估

1. 大学生对“危机”的认识

对“危机”的概念及其内涵的了解是危机意识产生的前提。因此，通过危机概念了解程度、社会整体安全状况及身边存在危机三个问题进行调查。调查结果显示，9.52% 的大学生对危机的概念完全不知道，82.27% 的大学生则表示了解一些，仅有 8.21% 的大学生完全明白危机的意思（如表 1 所示）。这表明，绝大多数的大学生对“危机”的认识较少。

表 1 大学生对“危机”的认知程度

了解程度	数量（名）	百分比（%）	有效百分比（%）	累积百分之比（%）
完全不知	58	9.52	9.52	9.52
了解一些	501	82.27	82.27	91.79
完全明白	50	8.21	8.21	100
合计	609	100	100	—

社会整体安全状况调查（如表 2 所示）中，有 14.61% 的大学生认为社会整体环境非常安全，60.76% 的大学生认为较安全 ,20.36% 的大学生认为一般安全，而有 3.78% 和 0.49 的大学生认为不太安全与不安全。

表 2 大学生对社会整体安全状况的认识

了解程度	数量（名）	百分比（%）	有效百分比（%）	累积百分之比（%）
非常安全	89	14.61	14.61	14.61
较为安全	370	60.76	60.76	75.37
一般安全	124	20.36	20.36	95.73
不太安全	23	3.78	3.78	99.51
不安全	3	0.49	0.49	100
合计	609	100	100	—

身边可能发生的危机调查中，为便于统计将危机进行了类型划分，其中自然灾害指地震、台风等灾害；卫生事件指食物中毒、传染病传播等；消防事件指学生取暖、用电不当而造成火灾、触电等事件；校园事件指校内斗殴、受校外不法之徒侵害等。调查结果显示，69.46% 的大学生认为身边最可能发生的危机为卫生事件，其次为消防事件（57.14%）、校园事件（42.36%）、自然灾害（41.22%）。这一结果主要受到新冠疫情的影响，以及和大学生日常安全教育中消防安全教育最为普遍有关。但是也有极少数大学生（0.66%）认为身边没有危机。

表 3 大学生身边可能发生的危机类型统计

危机类型	数量（名）	百分比（%）
卫生事件	423	69.46
消防事件	348	57.14
校园事件	258	42.36
自然灾害	251	41.22
没有危机	4	0.66

综合以上分析，95% 以上的大学生认为社会整体状况安全，更有学生认为身边没有任何危机，这表明大学生对危机还没有较为综合全面的认识。

2. 大学生对“危机”的态度

危机经历会影响主体对“危机”的态度。首先，通过选项及开放式回答，对大学生的危机经历进行调查，得到结果如图 2 所示。整体而言，83.42% 的大学生经历过各类危机，16.58% 的人目前没有经历过危机。其中，15.76% 的大学生经历过地震、台风、水灾等自然灾害；74.38% 的大学生经历非典、新冠等公共卫生事件以及食物中毒；10.02% 和 4.93% 的大学生经历过消防与社会事件。

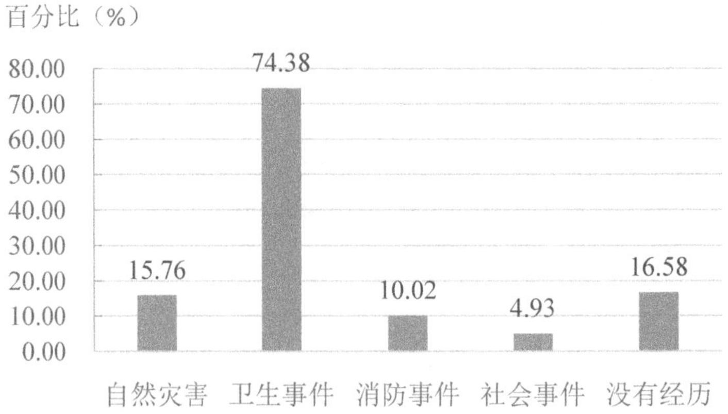

图 2 大学生危机经历统计

如表 4 所示，89.98% 的大学生表示思考过身边发生各类危机的可能性，约有 10% 的大学生则表示从来没想过。其中，仅有 5.58% 的学生认真思考过应对措施。

表 4　是否思考过身边发生危机

发生类似危机	数量（名）	百分比（%）	有效百分比（%）	累积百分之比（%）
认真思考过	34	5.58	5.58	5.58
一定程度想过	209	34.32	34.32	39.90
偶尔思考过	305	50.08	50.08	89.98
从没思考过	61	10.02	10.02	100
合计	609	100	100	—

“面对大学生失联、被性侵、卷入传销等恶性案件，是否会感到恐慌或害怕”调查时，如表 5 所示，70.45% 的学生选择了“是”，29.55% 选择“否”；35.14% 认为可能会发生在自己身上，64.86% 则认为不会。

表 5 大学生恶性案件发生态度

大学生相关的恶性案件		是否感到恐慌或害怕		
		是	否	合计
是否会发生在自己身上	会	29.56%	5.58%	35.14%
	不会	40.89%	23.97%	64.86%
合计		70.45%	29.55%	100%

综上分析，绝大部分的大学生对各类危机会感到害怕，并思考过危机发生的可

能性，但是仅有极少数的大学生认真思考过相应的应对措施。

3. 大学生对“危机”的应对

根据大学生生活的环境，以大学生最为熟悉的校园安全设施为例，同时结合本次新冠疫情设置问题，探讨大学生危机意识现状。

首先，以校园中避难场所和安全出口的位置了解状况为例，调查了学生对危机的应对。如表 6 所示，对于紧急避难场所的位置，知道者占比 51.23%，不知情者占 48.77%；而对安全出口，知晓者占比 71.92%，不知者占 28.08%。

表 6　校园避难场所和安全出口的位置了解

了解	避难场所	安全出口
是	51.23%	71.92%
否	48.77%	28.08%
合计	100%	100%

其次，以新冠肺炎为例，调查大学生对传染疾病的认识与预防技能。如图 3 与图 4 所示，33.83% 的被访者表示对此类传染病有了较为清晰的认识，97.21% 的被访者更是表示学习到了预防传染性疾病的技能。虽然新冠疫情受关注度非常高，防护措施等相关信息通过各种途径铺天盖地地传播，但是仍有极少数大学生不了解预防措施。

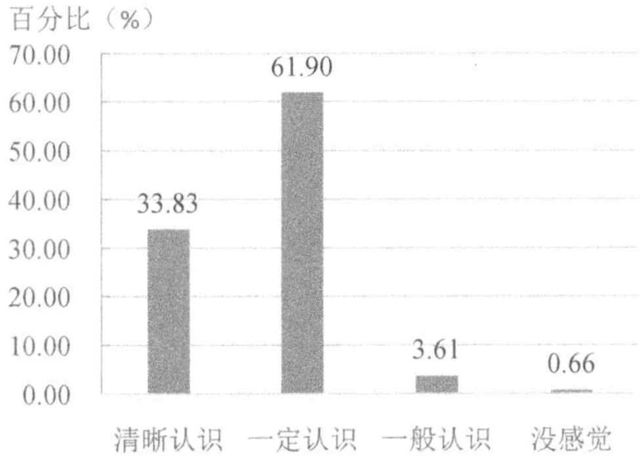

图 3　大学生对传染疾病的认识

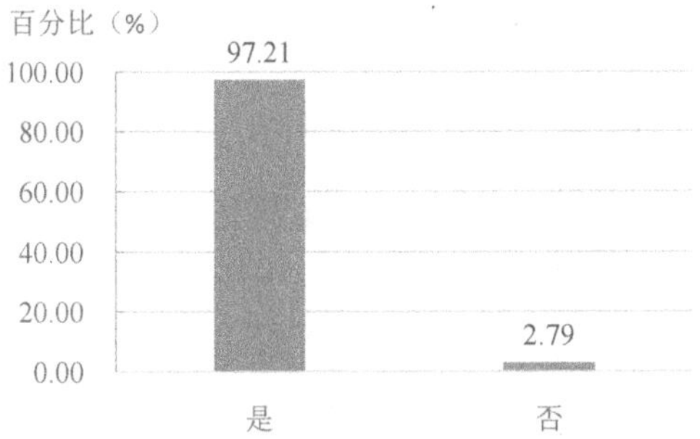

图 4　大学生对传染疾病预防技能的了解

（三）大学生危机意识的性别差异

已往相关研究中并未考虑危机意识的性别差异。本次研究将“性别”与“遇到危机可能产生的心理”两个因素进行对比，如表 7 所示。整体而言，绝大部分学生都处于“有点担忧，尚能决策”与“理智冷静，学以致用”的状态。但是，从表格可以看出，男生在“感到恐怖，不知所措”一项的百分比低于女生，而“充满信心，自我面对”一项的百分比高于女生。这表明，男生面对危机时心理状态更好，危机意识更明显。

表 7　男生与女生的心理状态比较

心理状态	男生		女生	
	数量	百分比（%）	数量	百分比（%）
感到恐慌，不知所措	18	7.89	53	13.91
有点担忧，尚能决策	104	45.61	257	67.45
理智冷静，学以致用	92	40.35	67	17.59
充满信心，自我面对	14	6.14	4	1.05
合计	228	100	381	100

由于危机意识还包含社会责任感，就“危机发生时是否会帮助其他同学”开展调查，结果如表 8 所示。51.75% 的男生会在危机发生时帮助其他同学，26.25% 的女生也会这么做；45.18% 的男生和 72.70% 的女生会视情况而定。

表 8　危机发生时是否会帮助其他同学

帮助同学	男生		女生	
	数量	百分比（%）	数量	百分比（%）
是	118	51.75%	100	26.25
否	7	3.07%	4	1.05
视情况而定	103	45.18%	277	72.70
合计	228	100	381	100

五、研究结论

本文通过对浙江省多所高校的全日制在校本科生的危机意识进行调查，得到如下结论：

（一）大学生对危机缺乏综合全面的认识

调查结果显示，绝大多数学生认为现在社会整体状况安全，甚至有学生认为身边没有危机；此外，虽然经历了全国乃至全球性的新冠疫情危机，但 90% 以上的大学生对危机仍然只了解一些，约 10% 左右完全不了解。

（二）大学生对危机发生抱有较乐观心态

调查中约有 16% 的大学生是没有经历过任何危机的，而本次调研正处于新冠疫情期间，这表明部分学生并未将新冠作为危机对待。此外，约 10% 的学生从未思考过危机发生在自己身边，而 60% 以上的学生则认为不会有大学生恶性案件发生。

（三）大学生日常中缺乏危机意识培养

以大学生最熟悉和了解的校园安全出口与紧急避难场所为例，仍有约半数学生不知道紧急避难场所的位置，约三成大学生不知道安全出口位置；以新冠疫情为例，仍有极少数大学生不了解传染性疾病的预防措施。

（四）大学生危机意识存在性别差异

通过对男生、女生面对危机时的心理状态分析，虽然男生、女生在面对危机时的心理状态分布整体接近，但是从百分比上看，男生心理状态较女生更稳定些。

整体而言，本次调查表明大学生的危机意识薄弱，亟须加强大学生危机教育，培育大学生的危机意识与危机应对能力。

参考文献

[1] 徐瑞萍 . 论现代化进程中的社会风险与危机教育 [J]. 自然辩证法研究 ,2006(6): 81-83, 100.

[2] 向立文 , 张茜 . 高校危机教育研究述评 [J]. 创新与创业教育 ,2018,9(2): 166-169.

[3] 夏征农 , 陈至立 . 辞海 (第六版)[M]. 上海 : 上海辞书出版社 ,2016.

[4] 诺曼 · R. 奥古斯丁 . 危机管理 [M]. 北京 : 中国人民大学出版社 ,2001.

[5] 林崇德 . 心理学人辞典 [M]. 上海 : 上海教育出版社 ,2003: 1551.

[6] 郑昭信 . 高校国防教育与大学生危机意识的培养研究 [D]. 长沙 : 中南大学 ,2010.

[7] 张丽莲 . 关于危机意识培养的若干思考 [J]. 管理观察 ,2008(8):21-22.

[8] 向立文 , 张茜 . 高校危机教育研究述评 [J]. 创新与创业教育 , 2018, 9(2): 166-169.

[9] 李永海 , 钟慧澜 . 大学生危机教育研究 : 危机意识缺失与风险管理回应 [J]. 知识经济 , 2012(3): 145-146.

[10] 刘宇霞 , 张斌 , 赵子丽 . 我国高校危机教育存在的问题、诱因及对策研究 [J]. 内蒙古工业大学学报 (社会科学版), 2014, 23(1): 28-31.

[11] 魏彤儒 , 齐秀强 . 危机教育研究述评 [J]. 求实 ,2009(10): 84-88.